지텔프(G-TELP)
시험 직전 문법
모 의 고 사
총정리!

한 장이면 문법 정리 끝

지텔프 문법 마지막 정리

꼭 가져가야 할 준비물!
☐ 신분증　☐ 컴퓨터용싸인펜　☐ 필기도구　☐ 수정테이프　☐ 아날로그 시계

시제
핵심정리

가정법
핵심정리

준동사
핵심정리

Should 생략
핵심정리

관계사
핵심정리

조동사
핵심정리

연결사
핵심정리

공인 영어 시험은 지텔프!
지텔프 레벨2 고득점 프로세스
스피드 지텔프 레벨2

상세한 독해 구문분석 추가 파일 제공
영어 청취 mp3 파일 무료 제공
파트별 주요 어휘&구문독해 수록

2026 최신개정판

10회 만에 끝내는

지텔프 문법 모의고사

군무원 | 경찰공무원 | 소방공무원 | 경찰·소방간부후보생 | 5급·7급 공무원
공무원 | 공기업 | 대기업 | 변리사 | 세무사 | 노무사 | 회계사 | 관광통역안내사

케이티 지음

**문제 풀이는 Skill
빠르게 푸는 전략!**

실전 모의고사

시대에듀

10회 만에 끝내는
지텔프
문법 모의고사

CHAPTER

1
실전 모의고사

시간 안에 풀 수 있도록
해보세요. 파이팅!

TEST 1 실전 모의고사

01 Susan noticed her dryer wasn't working this morning and called an appliance repair technician. He recommended that she _____ a new dryer due to the significantly higher cost of repairs.

(a) buys
(b) bought
(c) buy
(d) will buy

02 John gathered his fellow adventurers and shared the exciting news. His group _____ for a climb tomorrow, aiming to reach the summit and capture breathtaking views.

(a) is leaving
(b) will be leaving
(c) will have been leaving
(d) had left

03 As the team struggled to make progress on the project, Mia observed their struggles and thought if it were her decision, she _____ a different approach to solving the problem.

(a) will take
(b) would take
(c) has taken
(d) would have taken

04 Most of my friends already started their winter break after final exams. _____, I am stuck in the midst of a few additional exams, so I can't take a break until after my class.

(a) Otherwise
(b) Meanwhile
(c) Eventually
(d) In addition

05 The ecosystem of Yellowstone Lake has recently been threatened. To prevent overfishing, the government has decided _____ the number and size of fish that can be caught in the lake.

(a) to have restricted
(b) restricting
(c) to restrict
(d) having restricted

06 The coelacanth and horseshoe crab are two remarkable examples of marine creatures, _____. They have remained virtually unchanged for millions of years, captivating scientists.

(a) which are called "living fossils"
(b) who are called "living fossils"
(c) what are called "living fossils"
(d) that are called "living fossils"

07 There are certain things you should always pay attention to in order to prevent traffic accidents. It's crucial to avoid _____ other vehicles on sharp curves and blind corners.

(a) passing
(b) to have passed
(c) to pass
(d) having passed

08 Christopher is moving to Chicago next week for a new job. If it had not been for his wife's persuasive arguments and unwavering support, he _____ the job offer.

(a) would never accept
(b) will never accept
(c) would never have accepted
(d) has never accepted

09 Despite her affinity for online shopping, Emily maintains a cautious approach. To ensure she makes informed choices, she diligently looks for product reviews on blogs _____ she makes a purchase.

(a) before
(b) because
(c) until
(d) after

10 The village people remember enjoying summer. When the annual summer festival came to town, local artists and musicians _____ visiting tourists with their vibrant performances.

(a) had entertained
(b) were entertaining
(c) will be entertaining
(d) had been entertaining

11 The family-owned bakery on Washington Street _____ as a beloved town spot since 1956. Its delicious pastries and bread are also favorites of the Tyra family.

(a) had been operating
(b) will have been operating
(c) has been operating
(d) has operated

12 With the sea lanes suddenly blocked, they were unable to close any new deals and their inventory was piling up. Had the company not secured that major contract, they _____ down last year.

(a) would have closed
(b) would close
(c) will close
(d) had closed

13 As ocean water warms and expands, sea levels rise. Climate researchers speculate that sea level rises _____ make islands noninhabitable, displacing communities and disrupting ecosystems.

(a) could
(b) might
(c) must
(d) should

14 Most of the grandiose mansions of the Gilded Age were owned by the wealthiest industrialists. They were not only built _____ guests but also lavishly decorated to exude luxury at every turn.

(a) to have received
(b) receiving
(c) having received
(d) to receive

15 Daniel tried to redecorate his house by himself to save money. Seeing the status of his house, his friends recommended that he _____ a professional interior designer for expert guidance.

(a) hired
(b) has hired
(c) hire
(d) will hire

16 Jessica bought her dream sofa, but she soon realized that it was much bigger than she thought. She thought if the room were a little larger, this sofa _____ perfectly.

(a) will fit
(b) would have fit
(c) will have fit
(d) would fit

17 The 'Show Me Bus' App is exceptionally useful when you want to know real-time bus schedules. In addition, it also makes _____ the bus route you need easier with just a few clicks.

(a) finding
(b) to have found
(c) having found
(d) to find

18 Sarah is one of the most dedicated nurses in this hospital. By the time she takes her well-deserved sabbatical next month, she _____ tirelessly for almost 10 years.

(a) have been working
(b) will be working
(c) will have been working
(d) have worked

19 His company frequently reconfigures its workspace to accommodate different team projects. They use modular furniture pieces that are designed _____ easily for flexible arrangements.

(a) to have been dismantled
(b) being dismantled
(c) having been dismantled
(d) to be dismantled

20 The bustling conference room is filled with eager investors and entrepreneurs. Right now, Jason _____ passionately about the future of sustainable technology as one of the keynote speakers.

(a) will be talking
(b) talked
(c) is talking
(d) has been talking

21 Helen usually wears comfortable clothes often opting for cozy sweaters and relaxed-fit pants. If the dress code at the office were more relaxed, she _____ more casual attire to work.

(a) would wear
(b) will wear
(c) had worn
(d) would have worn

22 Ethan submitted a proposal to market the brand with an eco-friendly image, but it was stalled for a long time. It _____ higher sales if the company had implemented the strategy earlier.

(a) will generate
(b) would generate
(c) had generated
(d) would have generated

23 After eagerly anticipating the concert for months, I finally got a chance to ask my friends about their experience. Two of my friends _____ said that it was an electrifying and unforgettable musical experience.

(a) which attended the concert
(b) who attended the concert
(c) what attended the concert
(d) that they attended the concert

24 Banana peels are rich in vitamins. Some claims about their benefits, however, _____ not be taken as fact. For example, there is little evidence that rubbing a banana peel on your skin reduces wrinkles.

(a) might
(b) would
(c) will
(d) should

25 Carter set out on the challenging hiking trail early in the morning. He _____ for a few hours when suddenly his tired legs and blistered feet gave out, forcing him to rest by the side of the trail.

(a) had walked
(b) will have been walking
(c) will be walking
(d) had been walking

26 Tiffany likes her school and friends in town. However, in the face of rising rent prices, her parents started to consider _____ to more affordable neighborhoods in the city.

(a) to move
(b) moving
(c) having moved
(d) to have moved

TEST 2 실전 모의고사

정답 및 해설 p. 14

01 According to the recent employee survey, there is a common sentiment that the training sessions are too long. If the classes were shorter, employees _____ more consistently.

(a) would have attended
(b) will attend
(c) have attended
(d) would attend

02 Julian was thrilled to take on the role of project manager. However, because of growing pressure and the weight of responsibilities he considered _____ from his position.

(a) resigning
(b) to resign
(c) to have resigned
(d) having resigned

03 After a long week of work, April decided to spend her Saturday night on a different agenda. Planning for a relaxing evening, she _____ her car when her roommates have fun at the bar.

(a) will have washed
(b) have been washing
(c) will be washing
(d) was washing

04 The end-of-exam bell rang, signaling the conclusion of a challenging test. When students took their belongings, test proctors _____ around the tables to check the collected test papers.

(a) were gathering
(b) will be gathering
(c) had been gathering
(d) have gathered

05 Houthi rebels and the Saudi coalition agreed to a halt in fighting. This agreement, _____, resulted from intense negotiations between the two parties.

(a) who eventually led to lasting peace
(b) that eventually led to lasting peace
(c) which eventually led to lasting peace
(d) what eventually led to lasting peace

06 Many people attended the 10th-anniversary raffle at Good Morning Mart. Among them, my mother bought lottery tickets, hoping she _____ win a microwave.

(a) will
(b) would
(c) may
(d) should

07 As the boutique owner carefully curated the ambiance, every detail played a role. The alluring scent of scented candles in the boutique may have been used _____ customers.

(a) to attract
(b) having attracted
(c) to have attracted
(d) attracting

08 Following days of persistent and heavy rainfall, the river's water level rose significantly. If it were to rain one more day, it _____ the banks, posing a heightened risk to the surrounding areas.

(a) will submerge
(b) would submerge
(c) would have submerged
(d) submerged

09 Beatrice discovered that she was being paid less than her colleagues for the same work. In light of this, her lawyer suggested that she _____ a formal complaint with HR.

(a) file
(b) filed
(c) files
(d) will file

10 The financial burden of tuition weighed heavily on Mary's aspirations. If the university had offered her a scholarship, she _____ the opportunity without hesitation.

(a) would accept
(b) will accept
(c) accepted
(d) would have accepted

11 As the frequency of seismic activities increased in the region, civil engineers needed innovative solutions. Since 1997, they _____ earthquake scenarios to design resilient structures.

(a) are simulating
(b) had been simulating
(c) have been simulating
(d) will simulate

12 HappyBees company invested in technological improvements. The upgraded website interface simplified navigation, which makes _____ for products online easier.

(a) to search
(b) searching
(c) having searched
(d) to have searched

13 Water molecules in the ocean can persist for thousands of years. However, once evaporated into the air, water particles only stay for about nine days _____ it falls back down to Earth.

(a) before
(b) because
(c) while
(d) even if

14 Relying on the airline's initial schedule, Morris arrived at the airport hours before his flight. Had he known about the delayed flight, he _____ to the airport later.

(a) goes
(b) would go
(c) will go
(d) would have gone

15 Angela discovered that the venue had mistakenly double-booked for the charity event. As the event organizer, she promptly asked that the event _____ for logistical adjustments.

(a) reschedule
(b) rescheduled
(c) will reschedule
(d) reschedules

16 Kent Haruf is famous for his honest storytelling that is compelling and rings true. He _____ English at Nebraska Wesleyan University before he decided to pursue a career as a writer.

(a) will be teaching
(b) has been teaching
(c) has taught
(d) had been teaching

17 Seasoned globetrotters should get traveler's insurance. In addition, most travelers who experienced _____ stress the importance of staying vigilant in unfamiliar surroundings.

(a) to have been mugged
(b) being mugged
(c) to be mugged
(d) having been mugged

18 Jack has received multiple warnings about his reckless driving habits. If he were to violate traffic laws once again, authorities _____ him with license suspension.

(a) had punished
(b) could have punished
(c) could punish
(d) can punish

19 As part of the course requirements, the professor outlined specific tasks for students to engage with art. Students _____ will have to write a reflection for it.

(a) that they are attending the exhibition
(b) which are attending the exhibition
(c) who are attending the exhibition
(d) what are attending the exhibition

20 As the semester comes to a close, students have vivid faces and anticipation fills the lecture hall. Right now, the professor _____ to the students about the final exam schedule.

(a) had talked
(b) was talking
(c) will talk
(d) is talking

21 Parrots have different ways to eat food from other birds. While most birds grasp various food items using their beak, parrots _____ bring food to their beak using their talons.

(a) can
(b) must
(c) will
(d) might

22 As the holiday season approached, the electronics store decided to entice shoppers with a special promotion. It gave consumers the chance _____ one product with a free accessory.

(a) to have bought
(b) to buy
(c) buying
(d) having bought

23 Limestone finds its primary application in construction due to its durability and versatility. _____, it also plays a crucial role in agriculture, enhancing soil PH and promoting healthier crop growth.

(a) Therefore
(b) For example
(c) However
(d) Eventually

24 Despite the ominous clouds gathering overhead, Lora left home unprepared. Had she checked the weather forecast, she _____ an umbrella before leaving the house.

(a) will get
(b) would have gotten
(c) had gotten
(d) would get

25 Researchers decided to conduct an in-depth study on biodiversity in the Amazon rainforest. By tomorrow, they _____ at the field site for a month, collecting data on flora and fauna.

(a) has already been staying
(b) will already be staying
(c) will already have been staying
(d) already stayed

26 Bright lights at night near the nesting area causes the creatures _____, protecting their young. This defensive response highlights the sensitivity of the species to environmental disruptions.

(a) charging
(b) having charged
(c) to have charged
(d) to charge

TEST 3 실전 모의고사

01 Experienced guides emphasize the importance of acclimatization. In high-altitude areas, trekkers are advised that they _____ adequate water to prevent dehydration.

(a) consumed
(b) consume
(c) have consumed
(d) will consume

02 Evelyn is seeking professional growth and a more fulfilling work environment. If she were offered a better job opportunity, she _____ her current position immediately.

(a) would drop
(b) will drop
(c) would have dropped
(d) has dropped

03 Michael is an avid card game enthusiast who enjoys all kinds of card games with friends. He brings a deck of cards to school so that they _____ play a quick game of poker during recess.

(a) can
(b) will
(c) should
(d) might

04 There are organizations dedicated to creating effective leaders. Especially, Arnold Air society, _____, is to create outstanding Air Force Officer candidates through various trainings.

(a) which is named after a general
(b) who is named after a general
(c) that is named after a general
(d) what is named after a general

05 As culinary students embark on their training, instructors stress the importance of hygiene practices. They recommend _____ raw and cooked ingredients separately to prevent cross-contamination.

(a) having touched
(b) to touch
(c) touching
(d) to have touched

06 The Morrison High School organizes an inspiring event once a year. Students _____ a renowned guest speaker for a special lecture series by the end of the month.

(a) is welcoming
(b) will have welcomed
(c) has been welcoming
(d) will be welcoming

07 Issac decided to reevaluate their current methods and explore innovative solutions. If he had chosen a different approach to the project, the team _____ stuck in a cycle of inefficiency.

(a) will probably remain
(b) had probably have remained
(c) would probably remain
(d) would probably have remained

08 The coral reef represented a vibrant ecosystem teeming with life in all its diversity. This intricate underwater world _____ for about 5,000 years before it was cut tragically.

(a) was thriving
(b) had been thriving
(c) had thrived
(d) have been thriving

09 There was the meticulous planning and precise execution of the experiment. If the experiment were to produce unexpected results, it _____ the researchers, making them reevaluate their approach.

(a) had scared
(b) will scare
(c) would scare
(d) would have scared

10 Amid the hustle and bustle of Hannah's busy life, a poignant realization set in. As years pass, it is difficult for her _____ the names and faces of long-lost acquaintances.

(a) having remembered
(b) to have remembered
(c) to remember
(d) remembering

11 Having read that taking the stairs is better than using the elevator, George followed the advice. _____, he can incorporate exercise into his daily work routine now.

(a) Nevertheless
(b) Additionally
(c) As a result
(d) Meanwhile

12 At midnight, an unforeseen issue that the project's life depends on arose, prompting the project manager to take immediate action. Currently, she _____ in to join the discussion at home.

(a) has been logging
(b) was logging
(c) would log
(d) is logging

13 After 20 years of dedication to the company, David decided to retire. His colleagues _____ a heartfelt farewell party for him when the fire alarm blared unexpectedly.

(a) had been holding
(b) were holding
(c) will hold
(d) have held

14 After years of experience, Molly made the decision to open her own nail salon. _____ the initial customers consisted solely of her friends and colleagues, it grew by word of mouth.

(a) Although
(b) As long as
(c) Because
(d) In case

15 Three years ago, Dorothy met her business partner at a friend's party. Had she not accepted the invitation, she _____ the opportunity to meet him, which changed her career path.

(a) would probably not have
(b) will probably not have
(c) would probably not have had
(d) had probably not had

16 Prompt responses are always right for job seekers keenly anticipating updates. They appreciate _____ timely responses from employers, whether it's an interview invitation or a rejection notice.

(a) to have received
(b) receiving
(c) having received
(d) to receive

17. Jupiter, Saturn, Neptune, and Uranus are gas giants with varying compositions toward their cores. As their atmosphere causes dangerous pressure, spacecrafts _____ try to approach the surfaces.

(a) will not
(b) might not
(c) cannot
(d) should not

18. Fidelio is looking forward to traveling with his daughter. As she loves experiencing local flavors and traditions, he found a café _____, preserving traditional recipes.

(a) that serves beverages and pastries
(b) what serves beverages and pastries
(c) where it serves beverages and pastries
(d) who serves beverages and pastries

19. Mandy's friends carefully orchestrated an elaborate plan to divert her attention throughout the day. If she had known about the surprise party, she _____ with shock and joy.

(a) would not react
(b) did not react
(c) will not react
(d) would not have reacted

20. Recognized for her outstanding contributions to the aerospace industry, Jane received an achievement award. She _____ with excellence for Boeing for almost a decade now.

(a) was working
(b) has been working
(c) will work
(d) had been working

21. With the rise in accidents, traffic agencies are urging increased safety measures. In traffic congestion, authorities suggest that drivers _____ using their phones to promote road safety.

(a) stopped
(b) will stop
(c) stop
(d) have stopped

22. Fitness enthusiasts immerse themselves in activities like yoga, seeking a profound sense of well-being. They not only exercise but also enjoy _____ in poses that promote balance and strength.

(a) to stand
(b) standing
(c) having stood
(d) to have stood

23 Many students feel the constraints of a demanding curriculum and tight schedules. If the students had more free time, they _____ additional academic challenges.

(a) would have looked for
(b) will look for
(c) have looked for
(d) would look for

24 In literature, metaphors are not only poetic devices. They are also used _____ complex emotions. Writers harness the power of metaphors to paint vivid emotional landscapes.

(a) to describe
(b) having described
(c) describing
(d) to have described

25 Mr. Cliff hired the best contractor to renovate the entire building. By the time the historic structure undergoes a stunning transformation, his family _____ there for almost 30 years.

(a) will have been living
(b) has been living
(c) will be living
(d) will have lived

26 Fascinated by the game's complexity and determined to explore every secret, Irene devised a clever strategy. She changed the address _____ the system into revealing the hidden level.

(a) having tricked
(b) to have tricked
(c) to trick
(d) tricking

TEST 4 실전 모의고사

01 Professor Pecker is reserved in expressing his true feelings. If he were to offer more praise to his students, they _____ the graduate school and thrive in the academic community.

(a) would never have left
(b) will never leave
(c) would never leave
(d) have never left

02 Hemophilia is a disease that causes a person to bleed profusely for an extended period from a minor cut. One with this condition _____ protect themselves by taking precautions to avoid injuries.

(a) can
(b) must
(c) will
(d) might

03 Jeffrey contemplated whether he should invest in new furniture for his new house. He _____ antique furniture for years before he moved to a modern apartment.

(a) has been collecting
(b) has collected
(c) had been collecting
(d) will be collecting

04 Mike was deeply affected after a series of failed relationships that left him emotionally drained. Contemplating a fresh start, he considered _____ over with a focus on self-discovery.

(a) starting
(b) to have started
(c) to start
(d) having started

05 Hungary has very strict laws regarding taking photos in public. In fact, individuals may not capture pictures in public places _____ they first ask strangers for permission.

(a) unless
(b) while
(c) because
(d) after

06 As the semester began, the teacher spoke with Jeremy separately. To enhance his knowledge of the subject, she recommends that he _____ questions during class discussions.

(a) will ask
(b) asks
(c) ask
(d) asked

07 Lucas is an excellent chess player, but he lost the championship this year. If his opponent's queen had been positioned differently, he _____ him and secured the title.

(a) would probably have beaten
(b) had probably beaten
(c) would probably beat
(d) will probably beat

08 Josephine needed something to focus on after her son was taken away by the military. By this time next year, she _____ to the community for three decades.

(a) is ministering
(b) will have been ministering
(c) will be ministering
(d) had ministered

09 Dermatologist emphasizes the importance of gentle care for healthy skin. For instance, individuals with sensitive skin should avoid _____ their face with harsh towels.

(a) to rub
(b) rubbing
(c) having rubbed
(d) to have rubbed

10 Jason has a fear of heights. However, he bravely decided _____ above picturesque landscapes in a hot air balloon, driven by the special occasion of his honeymoon.

(a) to have flied
(b) having flied
(c) flying
(d) to fly

11 Brazilian Jiu-Jitsu is a martial art which had been practiced exclusively by experts. _____, it gained widespread popularity as skilled masters spread across the world.

(a) Meanwhile
(b) In addition
(c) Eventually
(d) Thus

12 The survival of the garden depends on consistent care and attention. If Keira were to forget watering the plants for a week, the delicate flowers _____ in the scorching sun.

(a) will wilt
(b) would wilt
(c) had wilted
(d) would have wilted

13 Jenny is under pressure as she needs to present the results of her project in class tomorrow. Right now, she _____ to overcome her fear of public speaking by practicing in front of a mirror.

(a) was trying
(b) had been trying
(c) had tried
(d) is trying

14 Abstract expressionism focuses on conveying emotion and energy. The art form, _____, is characterized by gestural brush-strokes or mark-making, and the impression of spontaneity.

(a) what is also known as action painting
(b) which is also known as action painting
(c) who is also known as action painting
(d) that is also known as action painting

15 Everyone acquainted with Sylvia is utterly mesmerized by her beauty. She _____ turn fifty in a few weeks, but she doesn't have a single wrinkle, defying the passage of time.

(a) will
(b) should
(c) could
(d) may

16 Alfred found himself immersed in the concert he had been looking forward to for a long time. If he were not to have a test the next day, he _____ the concert much more.

(a) would have enjoyed
(b) will enjoy
(c) enjoyed
(d) would enjoy

17 Samantha is undergoing rehabilitation training after a life-threatening car crash. If she had been wearing a seatbelt during the incident, she _____ with fewer injuries.

(a) had likely survived
(b) would likely survive
(c) will likely survive
(d) would likely have survived

18 Last year, Maya gave birth to a beautiful baby girl and is grateful for every precious minute. Watching her child take the first steps, she can't help _____, overwhelmed with parental joy.

(a) to smile
(b) having smiled
(c) to have smiled
(d) smiling

19 As the business landscape evolves, embracing digital transformation becomes imperative. Eric's company is required _____ its paper records into a digital database.

(a) to have converted
(b) to convert
(c) having converted
(d) converting

20 Amy wanted a baby and successfully conceived a child after three rounds of IVF. Her doctor consistently emphasized that she _____ nutrient-rich foods for the baby's development.

(a) ate
(b) eats
(c) eat
(d) had eaten

21 Scott has been chosen to represent Seattle at the upcoming Chess Championships. As he _____ with the world champion, he has already commenced his preparations.

(a) will be competing
(b) will have competed
(c) is competing
(d) had been competing

22 Thomas Edison not only revolutionized technology but also forever changed the music industry. He invented the device _____ recording and playing back sound possible.

(a) to make
(b) making
(c) having made
(d) to have made

23 Despite numerous polite requests and complaints, the noise from the neighboring apartment persists. Nicole _____ her neighbors to keep their music down for several years.

(a) had been begging
(b) will beg
(c) has been begging
(d) has begged

24 The average score on the final exam was below 60, revealing the unexpected difficulty. Had we known that the final exam would be that challenging in advance, we _____ harder.

(a) would study
(b) will study
(c) would have studied
(d) have studied

25 Not all scientific research is about discovering mysterious new facts. Victor's team conducted an experiment and revealed that people _____ possess a heightened olfactory sensitivity.

(a) that they can smell certain scents
(b) which can smell certain scents
(c) what can smell certain scents
(d) who can smell certain scents

26 Wilson's dog, Teddy, always craves attention, especially wanting his belly rubbed after a hearty meal. Wilson _____ on the bed when Teddy jumped on the bed, wagging its tail.

(a) was lying
(b) has been lying
(c) had lain
(d) will be lying

TEST 5 실전 모의고사

정답 및 해설 p. 44

01 As a book lover, I always pack more than I need on vacation, stuffing my favorites in a suitcase _____ on the beach. There's nothing like reading books on vacation.

(a) reading
(b) to read
(c) to have read
(d) having read

02 I was hoping to get her input on the proposal, but it looks like we'll have to schedule another meeting when she's available. She said that she can't attend the meeting because she _____ on a deadline for a project.

(a) has still been working
(b) had still worked
(c) is still working
(d) was still working

03 Marshmallow originated in ancient Egypt using sap mixed with honey and nuts for gods and royalty. _____, no one knows what it looked like because the original recipe and appearance were lost over time.

(a) However
(b) Therefore
(c) Finally
(d) Otherwise

04 I was looking forward to hanging out with my friend tonight, but he hasn't called yet to confirm. If he called earlier, we _____ able to make plans. Maybe he's having trouble with his phone or something came up at work.

(a) will be
(b) would have been
(c) would be
(d) had been

05 I had an important exam on Monday, so I decided to stay in and study instead of going out with my friends. I _____ for three hours straight when my roommate reminded me of our dinner reservations downtown.

(a) had studied
(b) have been studying
(c) had been studying
(d) was studying

06 Charles is considering converting to part-time so he can spend more time with his kids. However, the counselor advised that he _____ his decision before making any permanent changes to his current employment status.

(a) reconsidered
(b) will reconsider
(c) reconsider
(d) can reconsider

07 Our company recently invested in a new software program designed _____ repetitive tasks. This has significantly increased productivity and freed up time for our team to focus on more important projects.

(a) to have automated
(b) having automated
(c) automating
(d) to automate

08 After reviewing the patient's medical history and conducting several tests, the doctor suggested that the patient _____ surgery to treat the medical condition. He said that the surgery may be the only treatment needed.

(a) will undergo
(b) undergo
(c) underwent
(d) has undergone

09 I promised myself I would focus on work, but the cliffhanger from the previous episode was too alluring to turn away from. I couldn't resist _____ the latest episode of my favorite TV show.

(a) to watch
(b) having watched
(c) watching
(d) to have watched

10 I used to be unsure about what I wanted to do with my life, but then I met someone who changed everything. If it were not for her encouragement, I _____ my dreams.

(a) will never pursed
(b) would never pursue
(c) had never pursed
(d) would have never pursued

11 When I was in a traffic accident, I _____ down the highway and listening to music, completely unaware of the impending danger ahead. I woke up later in the hospital with a broken arm and several other injuries.

(a) will drive
(b) had been driving
(c) was driving
(d) had driven

12 After several rounds of discussion and compromise, the two companies were able to find common ground. The parties involved in the negotiations finally agreed _____ a contract that satisfied both of their interests.

(a) to sign
(b) having signed
(c) signing
(d) to have signed

13 I had an important meeting scheduled for this afternoon, but I realized that I had misplaced my phone. Since this morning, I _____ to find my missing phone, but despite my best efforts, it seems to have disappeared without a trace.

(a) have been trying
(b) was trying
(c) will have been trying
(d) have tried

14 Most of patients trust the surgeon _____ and feel safe in his hands. This is because they know that he has performed countless successful surgeries before.

(a) that he performed the operation
(b) what performed the operation
(c) which performed the operation
(d) who performed the operation

15 As a high-end restaurant, 'Floral' has a strictly set dress code for all customers. Recently, the restaurant updated their dress code policy for men, so any men _____ wear closed-toe shoes.

(a) should
(b) will
(c) can
(d) might

16 I wish you had let me know in advance that you were coming. Had I known you are coming, I _____ a meal that is specifically designed for vegetarians like you.

(a) can prepare
(b) could prepare
(c) have prepared
(d) could have prepared

17 The workers are dissatisfied with the company's pay-for-performance policy, and the union labor leader decided to organize a strike to rectify the situation. _____ his efforts are unsuccessful, he will persist in his fight until the very end.

(a) While
(b) Even though
(c) Because
(d) If

18 I found a beautiful seashell on the strand, _____ by the waves. It was a reminder of the vastness of the ocean and the wonder and beauty that can be found in the smallest things.

(a) what was washed up
(b) who was washed up
(c) that was washed up
(d) which was washed up

19 The band had been touring non-stop for weeks, and the grueling schedule finally caught up with the lead singer. He had to stop _____ in the middle of the concert due to a sore throat, disappointing the audience.

(a) to have sung
(b) singing
(c) to sing
(d) having sung

20 Robert has always strived to be at the top of his class, but he was unable to give his best on the test, taking care of his younger brother. If he had had more time, he _____ this test again.

(a) will ace
(b) would have aced
(c) has aced
(d) would ace

21 After spending hours getting ready and carefully selecting our outfits, we finally leave for the party, excited to see our friends and enjoy the evening's festivities. By the time we get there, the DJ _____ some of our favorite songs.

(a) will be playing
(b) is playing
(c) will have been playing
(d) had played

22 I hope we can still catch our connecting flight despite the delay, but it seems unlikely. By the time we arrive at the airport, our flight _____ for six hours, and I will be exhausted from all the waiting.

(a) will be delayed
(b) has been being delayed
(c) is being delayed
(d) will have been being delayed

23 After analyzing the data and considering the environmental impact, the task force determined that a change was necessary. The research findings support _____ a new policy to reduce plastic waste in our city.

(a) to implement
(b) to have implemented
(c) having implemented
(d) implementing

24 It seems that his habit of rushing and taking unnecessary risks while driving is the reason why he has been getting into accidents repeatedly. If he were to drive more cautiously, he _____ getting into accidents.

(a) could avoid
(b) had avoided
(c) can avoid
(d) could have avoided

25 Stem cells are special cells that have the ability to develop into various types of cells in the body, such as blood cells, nerve cells, muscle cells, and others. They _____ help repair, replace, and regenerate damaged tissues and organs.

(a) may
(b) can
(c) must
(d) would

26 Mark had been unable to sell his house for a long time, which prevented him from investing the money tied up in it elsewhere. Had he invested in the stock market earlier, he _____ a fortune.

(a) had made
(b) would make
(c) may make
(d) would have made

TEST 6 실전 모의고사

정답 및 해설 p. 54

01 Jane and her friends haven't seen each other since last summer, which was at her wedding. Jane's friends agree very well that they should have dinner together. She _____ there if she were not busy working.

(a) went
(b) would have gone
(c) will be going
(d) would go

02 Last week, two bodies with physical handicaps were excavated in an Egyptian tomb. Based on equipment buried along with corpses, they were respected a lot. Until the discovery, historians _____ that ancient people wouldn't treat the disabled fairly.

(a) has been theorizing
(b) theorized
(c) was theorizing
(d) had been theorizing

03 Nowadays parents tend to give their children a name in fashion. Many educators ask that parents _____ a name to the kid more freely. The given name can prescribe their personalities and it can oppress their lives.

(a) has given
(b) gave
(c) gives
(d) give

04 According to the American Psychological Association, 64 percent of Americans say money is a significant source of stress in their life, and 52 percent admit _____ negative financial impact due to the political unrest.

(a) to experience
(b) having experienced
(c) experiencing
(d) to have experienced

05 Ted got a temporary driving license as soon as he turned seventeen. Although he passed both the written exam and driving course test in one go, at the moment he _____ difficulty in parallel parking.

(a) was having
(b) has been having
(c) has had
(d) is having

06 Elliott's parents promised _____ him PlayStation 5, which was his desired one. He tried hard but he got a lower place in his class and he made a bad decision. Because he lied to his parents, he got grounded.

(a) getting
(b) to have gotten
(c) to get
(d) having gotten

07 Bella just finished her final exams in her college life and felt free and easy. Before the test scores are announced, she will binge-watch her favorite series _____.

(a) where a woman becomes the queen
(b) which a woman becomes the queen
(c) what a woman becomes the queen
(d) that a woman becomes the queen

08 Jarry was notified to be transferred to the new branch office in Texas. Therefore, he got up his nerve and asked out his colleague Laura, whom he had liked for a long time. By suppertime, he _____ dress himself in order to impress her.

(a) may
(b) should
(c) could
(d) can

09 NASA found that one of their orbit satellites didn't follow the given route. This was because when it deviated from its orbit, the satellite _____ pictures, which was transmitted to NASA. They stated that they would fix the problem as soon as possible.

(a) was taking
(b) will be taking
(c) had been taking
(d) takes

10 When I came back home after a morning class, I found out my lunch box was gone. Had I known someone else would eat it, I _____ it in the fridge. I should have labeled it.

(a) hadn't put
(b) wouldn't have put
(c) wouldn't put
(d) won't put

11 Koalas spend most of their lifetime on trees. _____, their body is specially adapted for gripping and climbing. Koalas have strong arms, powerful legs, and sharp claws suitable for climbing trees.

(a) Nevertheless
(b) After all
(c) Consequently
(d) Meanwhile

12 Joe has been an avid gamer for a long time, but it wasn't until he experienced a traumatic incident. He learned video games can be used for more than just having fun. It encouraged _____ his mental health.

(a) to have enhanced
(b) enhancing
(c) to enhance
(d) having enhanced

13 Engineers announced that they would also join the strike if the company doesn't accommodate workers' demands. Management vowed _____ the situation as soon as possible.

(a) settling
(b) to have settled
(c) to settle
(d) having settled

14 Austin is a former officer serving in the navy. Ever since he was discharged, he _____ the merchant vessels run by an international clothing company. He is now happy with his job except for the fact that he misses other officers.

(a) had been piloting
(b) was piloting
(c) has been piloting
(d) has piloted

15 A 10-year-old visually impaired girl Abby started her YouTube channel last year. Her channel is about new technologies for visually impaired and blind people. If it had not been for her, their lives _____ more accessible now.

(a) had not been
(b) cannot have been
(c) could not have been
(d) could not be

16 By the late 1800s, physics was not a popular choice among young women _____ an academic career. Nevertheless, Harriet Brooks got a master's degree in physics in 1901 and made a crucial discovery, "recoil effect".

(a) to seek
(b) having sought
(c) seeking
(d) to have sought

17 In South Africa, one of the mines experienced a conflagration. Many miners got injured, but anyone did not lose their lives. However, unless it had not been put out as soon as possible, it _____ casualties.

(a) would have had
(b) will have
(c) would have
(d) had had

18 The product brochure requested that you _____ your smartphone or tablet sitting out in the blazing sun. Otherwise, exposing your device to extreme heat can permanently damage the battery life.

(a) did not keep
(b) should not keep
(c) will not keep
(d) not keep

19 Compost is a mixture of decayed plants and vegetable waste, _____ to help plants grow. Food composting lowers your carbon footprint by reducing methane emissions from landfills.

(a) that is added to the soil
(b) which is added to the soil
(c) who is added to the soil
(d) what is added to the soil

20 In Singapore, a team led by Ariff Bongso is studying several types of stem cell to treat a variety of diseases. They have recently succeeded in replacing bone marrow with healthy cells. By the time they announce the result, they _____ the research for two years.

(a) will have been conducting
(b) have been conducting
(c) will conduct
(d) will be conducting

21 Chloe loves to purchase postcards, local liquor, or fridge magnets as travel souvenirs. Once she brought with her dried ginkgo leaves _____ they reminded her of the beautiful scenery of Canada.

(a) before
(b) even though
(c) while
(d) because

22 Diana loves drinking coffee but nowadays she had difficulty falling asleep. If she has a coffee machine at home, she _____ decaffeinated coffee herself. There are few cafes where she can get a decaffeinated one.

(a) would brew
(b) is brewing
(c) will be brewing
(d) has been brewing

23 FBI uses the comparison microscope to identify questioned hair and compare it with known hairs. It can help the identification of suspects. If the technology had not existed, John Wayne _____.

(a) would not be caught
(b) would not have been caught
(c) will not be caught
(d) had not been caught

24 Eva got into argument with her husband about naming their baby girl. He asserted that Apple can be a unique and eye-catching name. However, _____ the baby after his grandmother might make her classy.

(a) to name
(b) naming
(c) having named
(d) to have named

25 In Canada, more than 80,000 cases of skin cancer are diagnosed every year. Exposure to ultraviolet radiation is associated with 90% of them. This is why the use of sunscreen, which _____ block the sun's rays, is promoted as an important means of preventing skin cancers.

(a) can
(b) may
(c) would
(d) must

26 Annie is a bookworm. Whenever she takes the bus or subway, she is always reading books. This girl spends most of her free time reading. If she could get a job, she _____ more money on books.

(a) spent
(b) would have spent
(c) will spend
(d) would spend

TEST 7 실전 모의고사

01 We are receiving applications for admission by 1, December. After this, the people in charge _____ completed forms for a month. As soon as the evaluation is over, you can see the results on our homepage within a week.

(a) will review
(b) has been reviewing
(c) are reviewing
(d) will have been reviewing

02 My 80-year-old grandmother takes a walk every day after having breakfast. She does not do anything harmful to her health. That's why _____ her age, she is still very energetic and gets rarely sick.

(a) because of
(b) rather than
(c) as well as
(d) in spite of

03 Recently the new hair salon opened in front of my office. I visited it to try out a new hairstyle. A hairdresser advised that I _____ my hair because I have straight, thin hair. I decided to have my hair cut.

(a) not perm
(b) had not permed
(c) would not perm
(d) will not perm

04 Dave reached the age of puberty. Not only does it cause physical changes, but it also leads to psychological unrest. Nowadays he rejects _____ his room's door open and spends most of his time alone.

(a) having kept
(b) to have kept
(c) to keep
(d) keeping

05 In Afghanistan, there was a long-lived struggle between the Taliban and the United Front. One of the greatest efforts to stop this tragedy was that the brave reporters _____ the civil war on location for some months before the government prohibited them from recording anything.

(a) has been reporting
(b) reported
(c) had been reporting
(d) were reporting

06 Last night, a big fire broke out near Wendy's house. The fire had burnt out two hours after fire engines arrived, and she managed to escape death. Had her scream not gone heard, she _____.

(a) had not been saved
(b) could not have been saved
(c) could not be saved
(d) has not been saved

07 In coming October, Judge Thomas Woodall will retire. He _____ the court's judicial jurisdiction since 1996. Instead of him, judge Ayers made the shortlist because she has sufficient experience and is highly qualified.

(a) has served
(b) has been serving
(c) will serve
(d) will have been serving

08 Aurora recorded her baby's first birthday party but failed _____ the video on her Facebook page. Her husband said she should reduce the file size. Although she knew how to edit the video, she couldn't give up any scenes.

(a) to have uploaded
(b) uploading
(c) to upload
(d) having uploaded

09 She persuaded his husband to repair his old car on his own. This afternoon, while her husband devotes himself to examining it in the garage, she _____ the ice cream section at the supermarket. In fact, she likes to do grocery shopping alone.

(a) will be browsing
(b) has been browsing
(c) would browse
(d) is browsing

10 The reaction to stress and anxiety includes _____ one's teeth. Certain self-help measures like stress reduction and mindfulness may help. However, if you have chronic pain, you should seek professional help.

(a) having ground
(b) grinding
(c) to grind
(d) to have ground

11 James does not believe in the existence of life after death because there is not any scientific evidence but only empirical evidence. _____, he thinks every evil deed rebounds upon the doer in any way.

(a) On the other hand
(b) However
(c) In fact
(d) For example

12 It was after the plane took off that a minor problem with its left wing was reported. Although minor, it was serious enough to reexamine the engine precisely. The control tower called the pilot in haste and told that they _____ return to the airport immediately.

(a) must
(b) would
(c) could
(d) can

13 He is ready to release the new product for the disabled to type more easily. The only problem is that he spent most of his budget to do research and development for this one. He _____ to produce, if he could find the investors.

(a) will start
(b) would have started
(c) had started
(d) would start

14 I learned that my 7-year-old daughter Jenny has a talent for playing the piano. Every time I went to her preschool, she _____ the piano for her friends and other children praised her play. I am thinking about letting her go to an art school.

(a) played
(b) was playing
(c) is playing
(d) had been playing

15 Vivien Leigh was a British actress winning Academy Awards twice. She starred Scarlett O'Hara in *Gone with the Wind*, and after it was released she divorced her husband _____ Olivier.

(a) to have remarried
(b) remarrying
(c) to remarry
(d) having remarried

16 These days most people responded that they want to be highly educated and enter university. In the United States, 50 percent of population in their twenties _____ at public and private universities.

(a) currently registers
(b) are currently registering
(c) will currently register
(d) has been currently registering

17 Kevin Durant is one of the most important assets for the team. When he is injured, he _____ be treated immediately and thoroughly to prevent long-term aftereffects. Otherwise, it can be a factor in cutting his career.

(a) may
(b) might
(c) would
(d) should

18 All kinds of buses have their own fixed route. If you missed the stop, it is customary that you _____ the bus. You had better cross the street and take another bus to go back to the stop that you wanted to go.

(a) get off
(b) would get off
(c) got off
(d) should get off

19 Seven people died underneath a crane that collapsed in 2008. The workers were trying to lift the crane to reach a higher point during construction when part of it snapped. Had they followed the safety rules, the disaster _____.

(a) could be prevented
(b) had been prevented
(c) could have been prevented
(d) can be prevented

20 These days mobile phones have a backup and synchronization function, _____ to the new device. With this, people can use their new device wontedly the same way as they used before.

(a) who transfers contacts, messages, or any files
(b) that transfers contacts, messages, or any files
(c) what transfers contacts, messages, or any files
(d) which transfers contacts, messages, or any files

21 The candidate promised stricter regulations for illegal immigrants. This provoked a raging debate, but all parties agreed _____ the languages and culture of the legal immigrants.

(a) to have respected
(b) respecting
(c) to respect
(d) having respected

22 The fire regulation instructs every building to eliminate or reduce the risk of fire as far as is reasonably practical. In addition, by strictly _____ parking in front of main gates, they should be prepared for an emergency.

(a) having prohibited
(b) to prohibit
(c) to have prohibited
(d) prohibiting

23 The architect Frank Lloyd Wright became famous as the creator of 'organic architecture'. Also, he is well known as a perfectionist. If he had been easy-going, his buildings _____ as good.

(a) would not have been
(b) will not be
(c) had not been
(d) would not be

24 When she was young, Emily's parents took her on many overseas trips. However, when she grew up to be an adult, she couldn't travel abroad as many as before, responsible for her spending. If she did not have to pay, she _____ to trip more often.

(a) will go
(b) had gone
(c) would go
(d) would have gone

25 Tailor is a smart closet that uses miniature sensors _____. It detects the items you own and tracks the garments you wear on a daily basis. Its artificial intelligence can help you get dressed perfectly.

(a) what are embedded in your clothing
(b) that are embedded in your clothing
(c) where they are embedded in your clothing
(d) who are embedded in your clothing

26 He started to learn to ride horses last month. He had lots of work to handle and thought this fun hobby could help release stress. Until now he has been so satisfied, and if he had more time, he _____ to ride every day.

(a) would train
(b) would have trained
(c) had trained
(d) have trained

TEST 8 실전 모의고사

01 People who smoked traditional cigarettes in addition to using e-cigarettes experienced health effects as harmful as those _____. Moreover, those effects are associated with a higher risk for cardiovascular disease and death.

(a) which smoked cigarettes exclusively
(b) who smoked cigarettes exclusively
(c) where smoked cigarettes exclusively
(d) what smoked cigarettes exclusively

02 Brendon learned origami at school and it became his favorite hobby. In fact, he opened an online class for origami beginners. By the time he turns 20 years old, he _____ many artworks made with paper.

(a) has still been creating
(b) had still created
(c) will still have been creating
(d) will still create

03 We provide all of our customers with a complimentary valet parking service. However, you must pay the parking fee. If you brought your car, you _____ our parking agents in front of the front door.

(a) were finding
(b) have found
(c) could find
(d) could have found

04 If you want to be intact and increase your self-esteem, experts agree that you _____ social media apps for a while. It is not only very addictive but also forces you to compare yourself to others' painted images.

(a) delete
(b) had deleted
(c) deleted
(d) could delete

05 Bill found an injured mole in his own backyard and treated it well. In fact, He wanted to keep it as a pet. However, after doing some research he realized that one _____ not keep wild animals as one's pet.

(a) should
(b) will
(c) would
(d) shall

06 Dave believes that he and his girlfriend are a match made in heaven. His father asked her to date his son when he saw her at the subway station. Had it not been for his courage and willpower, they _____ together.

(a) would not have been
(b) have not been
(c) would not be
(d) were not

07 Today Eric took second prize at a scientific invention contest. He created a funny spoon for dogs and it made many people laugh. His mother allowed him _____ it out for her dog after she was certain it's not dangerous.

(a) to try
(b) to have tried
(c) trying
(d) having tried

08 Jack has delivered popular lectures as a part-time instructor, all of which have received ratings exceeding four out of five. In recognition of his devotion, he has been selected as a faculty member. Starting from the upcoming fall, he _____ teach a mandatory course.

(a) must
(b) will
(c) shall
(d) might

09 Jay purchased the new smartphone yesterday. There were many kinds of discount, but he didn't bring his purse with him so that he should pay full price. If he had had a student ID, he _____ a student discount.

(a) can get
(b) could get
(c) has gotten
(d) could have gotten

10 Yesterday Mary came across her old friend from high school. She was very glad to meet her first love and they exchanged phone numbers. Since then, she _____ for her phone to ring, lost in old memories.

(a) had been waiting
(b) has waited
(c) has been waiting
(d) will be waiting

11 Twirling your hair is part of a group of behaviors called "fidgets." Children, especially, may twirl their hair as a way of self-soothing _____ anxiety, wind down before bedtime, or simply deal with boredom.

(a) calming
(b) to have calmed
(c) having calmed
(d) to calm

12 Stimming is part of the diagnostic criteria for autism. However, stimming is not always related to autism. It isn't necessarily a bad thing, _____. But it should be addressed when it's disruptive to others and interferes with quality of life.

(a) what needs to be suppressed
(b) that needs to be suppressed
(c) who needs to be suppressed
(d) which needs to be suppressed

13 I have just found out that our plan has a serious problem with its effectiveness. Please do not hesitate to contact me if you wish _____ the matter.

(a) to have discussed
(b) discussing
(c) having discussed
(d) to discuss

14 For several days, the refrigerator had made annoying noises. And then, it just stopped working. Jerry rushed to order the new one, but he still needed someplace to keep groceries cool. All afternoon he _____ an ice pool.

(a) is making
(b) has made
(c) had been making
(d) will be making

15 Jenna likes to go on a last-minute trip, loving that something unexpected amazes her. However, her last trip was not full of only fabulous events. Had she made a reservation at any accommodations, she _____ in her car.

(a) will not sleep
(b) would not sleep
(c) would not have slept
(d) had not slept

16 Last night he was watching American Idol. Suddenly the power outage happened, making him embarrassed. When the show host _____ the winner, he missed it. He had to stay off the Internet in order not to be given a spoiler.

(a) was announcing
(b) is announcing
(c) announced
(d) had announced

17 He has never been late for his daughter's vaccinations. He had anxiety about the flu and other diseases. If his daughter were not on his health insurance plan, she _____ all of the age-appropriate vaccinations.

(a) could not have received
(b) could not receive
(c) did not receive
(d) does not receive

18 My grandmother was diagnosed with bone thinning and the doctor said she needs to intake much more omega-3 than she did. She thought that _____ salmon is ideal and went to the market to purchase it.

(a) having eaten
(b) eating
(c) to eat
(d) to have eaten

19 Most of you have a few frying pans lying around. It is important that you _____ metal on your frying pan. Unless you've purchased a dense, diamond-crusted pan, metal utensils will easily scratch and ruin a frying pan's surface.

(a) do not use
(b) had not used
(c) would not use
(d) not use

20 Mary had the last job interview and the rest of her family wished her luck. Although she arrived so early that she had to wait in the lobby, in the meantime she spent her time imagining _____ a letter of acceptance.

(a) to have received
(b) receiving
(c) having received
(d) to receive

21 Last night, my young son begged me for a Snickers, and I couldn't help smiling as childhood memories flooded back. My younger brother and I used to share various snacks, including his favorite Snickers, _____ we came across them.

(a) in that
(b) although
(c) so
(d) whenever

22 A lot of farms use chemical pesticides to control a wide variety of insects. However, organic farming requires not _____ pesticides to produce nutrient-rich fruits, vegetables, or herbs in harmony with the seasons.

(a) to use
(b) having used
(c) using
(d) to have used

23 Raymond has a baby sister who has a huge age gap. When he was 16 years old, the baby was born, and taking care of her was one of his duties in the family. Next weekend he will go out of town for college and he _____ to give her a parting gift now.

(a) will be planning
(b) has been planning
(c) is planning
(d) has planned

24 Recording more deaths than births is a serious problem for any country. There can be rising pressure on public spending increases for healthcare systems and pensions. _____, a declining youth population leads to labor shortages.

(a) In addition
(b) Therefore
(c) In fact
(d) However

25 This morning, the Boston laboratory presented a miniaturized robot to make surgery safer and more affordable. With this, a surgeon can operate using VR controls that re-create the robot's view in the body. It _____ another innovation the day after the demonstration.

(a) has been announcing
(b) will announce
(c) will be announcing
(d) was announcing

26 Water is so essential to many bodily functions and makes up about 60% of our body's composition. However, many people do not drink enough each day. If one did not take in 11-15 cups of water, you _____ muscle aches or headaches.

(a) could have had
(b) could have
(c) will have
(d) can have

TEST 9 실전 모의고사

01 A recent study found that 25% of all primary school students need corrective lenses. Appropriate glasses or contacts must be worn _____ them concentrate on their studies.

(a) to make
(b) to have made
(c) having made
(d) making

02 Laura is a big fan of her granddaughter and she always tries to take best care of her. However, today the baby's parents went out and Laura had a dinner plan as well. As of this moment, the baby _____ a great time with her grandfather.

(a) will be having
(b) is having
(c) had
(d) has been having

03 Grey's Anatomy is my favorite television series that has been broadcast since 2005. I always loved the characters exchanged cynical jokes. They _____ talk about their love and life self-mockingly.

(a) can
(b) will
(c) would
(d) should

04 Lucas has enrolled in a highly competitive aeronautical engineering program. In just two years, he _____ on real-world aircraft systems as part of his university's hands-on internship program.

(a) has been working
(b) has worked
(c) will be working
(d) was working

05 Mary was cheerless and felt depressed. Moreover, she lay awake for three days so that she went to the doctor. After taking the medicine the doctor gave her, she seemed _____ better and sleep soundly.

(a) to feel
(b) to have felt
(c) feeling
(d) having felt

06 The third Monday in January is called Blue Monday. It's supposed to be the saddest day of the year. However, it turns out there is no science behind it at all. If people had not heard this superstition, it _____ better.

(a) would have been
(b) had been
(c) would be
(d) will be

07 We are consuming faster than we produce. The process of turning a tree from 'a sustainable forest' into a toilet roll or hand towel is far from sustainable. Environmentalists require that people _____ washcloths rather than paper towels.

(a) used
(b) use
(c) have used
(d) would use

08 Harry's limited edition cassette of his favorite singer was missing while moving house. He tried to purchase the new ones, but he couldn't find the packaged ones. _____, there were a few secondhand ones online.

(a) Nevertheless
(b) Presently
(c) In other words
(d) On the other hand

09 Mr. Evan is getting married next weekend and his students are preparing a dance performance at his wedding. All the students are excited to celebrate his wedding and thank for _____ from such a great guy.

(a) to learn
(b) having learned
(c) learning
(d) to have learned

10 This year I presented each flower bouquet to my parents on their wedding anniversary. My father really liked it _____ my mother seemed to want a more practical gift. I should have prepared a voucher.

(a) since
(b) in case
(c) after
(d) while

11 Insomnia is a sleep disorder in which you have trouble falling asleep. It can be caused by mobile phone use in bed. Also, a person who stares at his or her mobile phone over five hours per day _____ experience shorter sleep duration.

(a) should
(b) must
(c) may
(d) would

12 Amy's family came home from an amusement park. Once laying him in bed, the baby boy started to whine, asking for his blanket. Her husband found it behind the front seat while she _____ digging the trunk again.

(a) contemplated
(b) had been contemplating
(c) was contemplating
(d) has contemplated

13 Today the class had a debate about the novel *The Plague* written by Albert Camus. Many students agreed that the author depicted _____ one's hope as the most miserable thing. Thanking for a little happiness in daily lives makes one see anything is possible.

(a) losing
(b) to lose
(c) having lost
(d) to have lost

14 Luke's colocasia was getting too big for a little pot. He _____ his time to repot the plant if he were not busy. However, he had an important date tonight, and he left home, feeling sorry about its lifeless leaves.

(a) took
(b) would take
(c) would have taken
(d) has taken

15 James always takes care of the ingredients in everything he eats. Most people can think he is such a fussy eater, but he just dreads _____ shrimp because he has an allergy to the crustacean.

(a) to eat
(b) eating
(c) having eaten
(d) to have eaten

16 Cicely Tyson, the pioneering Black actress _____ and won a Tony Award, died in 2021. As a onetime model, she began her screen career with bit parts but gained fame in the early 1970s.

(a) that gained an Oscar nomination
(b) what gained an Oscar nomination
(c) who she gained an Oscar nomination
(d) which gained an Oscar nomination

17 The Statue of Liberty is a colossal sculpture on Liberty Island in New York Harbor. The copper statue, a gift from France to the United States, was dedicated in 1886. By 2050 it _____ the place for more than 250 years.

(a) has been keeping
(b) will have been keeping
(c) will keep
(d) was keeping

18 Pedestrians should not jaywalk, which is moving into the path of a driver. This offense _____ path or other people leads to a serious accident so that the maximum penalty is a fine of $72 or $2,200 if contested in court.

(a) having obstructed
(b) to obstruct
(c) obstructing
(d) to have obstructed

19 Mary forgot that last night was her niece's ballet recital. She just remembered it and felt guilty to miss it. If a time machine were possible, she _____ back to yesterday and be the first to arrive.

(a) would have gone
(b) will go
(c) would go
(d) goes

20 Jake and his brother worked together to convert their backyard into an outdoor rink. If they had not come up with this smart way, they _____ their skates whenever they wanted.

(a) cannot strap
(b) could not strap
(c) could not have strapped
(d) have not strapped

21 He started accounting work at his father's company and he decided to run his own one. After starting a business with his friend, he quit helping his father. Before that, he _____ as an accountant for 5 years.

(a) has been working
(b) had worked
(c) was working
(d) had been working

22 Musical instruments are very sensitive to temperature changes. It is best that they _____ in a specially designed case. Direct light and humidity also can cause them to contract, leading to a range of issues.

(a) might be put
(b) be put
(c) are put
(d) had been put

23 I was five minutes away from but stuck in traffic. At that time, I got a call from home saying that my five-year-old little boy fell and hurt his forehead. I _____ his cut right away, if I had been with him.

(a) had treated
(b) could treat
(c) can treat
(d) could have treated

24 Jake is taking a midterm for American History. The professor emphasized specific chapters in his lessons, but there are many questions concerning topics beyond them. If he had not read the book thoroughly, he _____ well now.

(a) would not do
(b) had not done
(c) would not have done
(d) will not do

25 The girl scout leader's most important responsibility is to help develop girls' leadership skills on an individual or group basis. As a girl scout leader, Rose _____ camping and other activities since last year.

(a) has been organizing
(b) was organizing
(c) had organized
(d) will have been organizing

26 Mr. Oliver's family has volunteered to spend two years on a Mercy Ship, _____ to people in the west of the continent. The family will live, eat and sleep on the ship, and go to school on board. On weekends they'll get the chance to explore ashore.

(a) where it will provide medical aid
(b) what will provide medical aid
(c) that will provide medical aid
(d) which will provide medical aid

TEST 10 실전 모의고사

정답 및 해설 p. 96

01 After watching the reality television series 'Hoarders', we were shocked by the people who have difficulty _____ their possessions. There was even a man who has collected gum's wrapping paper.

(a) discarding
(b) to discard
(c) to have discarded
(d) having discarded

02 The government announced that individuals would be given a subsidy or discount if they buy an electric car. Since then Tesla, Inc. _____ the sales of electric motors will rise more than 13 percent, increasing the production.

(a) had been anticipating
(b) will be anticipating
(c) has been anticipating
(d) will anticipate

03 Rosa Parks was an activist in the civil rights movements. She insisted that the train _____ according to the Supreme Court. She led a group of African-American students to show that all people should be treated the same.

(a) not be segregated
(b) is not segregated
(c) was not segregated
(d) would not be segregated

04 Broadway musical "Wicked" has been one of the hottest ones this summer. The production announced that Idina Menzel, who received critical acclaim, is included in the coming international tours. She _____ Elphaba all over the world.

(a) had been performing
(b) would perform
(c) will be performing
(d) has performed

05 Rock climbing is a sport in which people climb up, down or across natural rock formations or artificial rock walls. They should remember the pre-defined route so that they _____ reach the summit without falling.

(a) might
(b) must
(c) shall
(d) will

06 She has her own rules to make her life organized. Whenever she makes a decision, the first thing _____ is its priority. She tries to fill her life with what is truly needed for herself and her family.

(a) to consider
(b) having considered
(c) to have considered
(d) considering

07 Any noticeable health benefits or drawbacks of drinking coffee are directly connected to caffeine. Moreover, the effects of caffeine can vary depending on the person. If you were sensitive to it, it _____ you for even 10 hours.

(a) influenced
(b) would have influenced
(c) was influencing
(d) would influence

08 It's important to remember that maintenance costs for a car are periodic expenses, as your car will get serviced every few months. My father proposed that I _____ at least $100 per month besides fuel or insurance.

(a) will set aside
(b) set aside
(c) have set aside
(d) should set aside

09 Richard was requested to speak to his fans about how he started writing and created an appealing story. Feeled with deep, varied, and thought-provoking material, his first novel _____ huge success when it hit stores this spring.

(a) has seen
(b) is seeing
(c) was seeing
(d) has been seeing

10 Many people ask him about the secret of his great-looking skin. He said that had he not stopped popping his pimples, he _____ lots of scars on his skin. This makes sense because when he was a teenager, he suffered from skin problems.

(a) would get
(b) would have gotten
(c) was getting
(d) had gotten

11 As the production line stopped and cash flow slowed down, he risked _____ his house when his company goes bankrupt. If he doesn't succeed in coming up with the money, he would be deprived of everything.

(a) to have lost
(b) to lose
(c) losing
(d) having lost

12 I was hoping _____ work early today because there's my son's ballet recital tonight. However, an urgent matter has come up in my office and requires my immediate attention.

(a) to leave
(b) having left
(c) leaving
(d) to have left

13 Dr. Ellie is widely recognized as a world-class cardiac surgeon. She performed over 20,000 cardiac surgeries including over 3,000 high-risk surgeries. One of her patients said that he _____ to be treated by her for three years.

(a) has been waiting
(b) was waiting
(c) had waited
(d) had been waiting

14 Freddy, _____ in the world, died at the age of 8-and-a-half years old. Freddy's owner Claire Stoneman said he was not just the tallest dog but the dog with the most love and the biggest heart.

(a) what is the tallest dog
(b) that is the tallest dog
(c) who is the tallest dog
(d) which is the tallest dog

15 Many analysts, fans, and players consider Efren Reyes to be the greatest pool player of all time. Reyes is nicknamed "The Magician" for his ability on the pool table. By September he _____ pool for 18 years.

(a) will have been playing
(b) has been playing
(c) has played
(d) will play

16 When Jack was riding a bicycle in the park, he stumbled on a stone and fell from bicycle. This had his knee skinned and made his bicycle broken. _____, he wouldn't have to walk his bicycle.

(a) In fact
(b) Otherwise
(c) However
(d) Nevertheless

17 It was the third time Jarrad had a big argument with classmates. If his parents had been aware of this situation, they _____ to find ways to help him. However, teachers didn't call them because Jarrad promised not to.

(a) would have tried
(b) will try
(c) would try
(d) have tried

18 Hypnosis can be used to help you gain control over undesired behaviors or to help you cope better with anxiety or pain. Though, it _____ only last a few hours for your hunger and other bodily functions.

(a) may
(b) should
(c) could
(d) can

19 A lot of people are extra cautious about using in-store makeup testers because other people have already used them. However, there are many cases that if one didn't have the opportunity to use them, they _____ them.

(a) would not have bought
(b) will not have bought
(c) would not buy
(d) are not buying

20 A snow warning was posted for Ohio three days ago, and since then the snow was coming thicker and thicker. This cut off travel links across the state. Right now the snow _____ and people are trying to shovel it.

(a) is letting up
(b) lets up
(c) has been letting up
(d) will let up

21 Julie went to her friend's housewarming party yesterday. Four of her friends gathered in two years. She had to complete the article commissioned by a journal but it was too fun to leave. If she had come back home earlier, she _____ the deadline.

(a) could make
(b) could have made
(c) was making
(d) had made

22 Bamboo plant is wonderfully sustainable _____ bamboo fabric isn't so easy to recycle. The plant bamboo is the natural fastest growing grass without any chemical process. However, the fabric bamboo needs chemical washing.

(a) and
(b) or
(c) so
(d) but

23. The professor of perfume, Conan Fee opened a perfume shop _____. Using his chemical engineering background, he has developed a system that simplifies the perfume-making process.

(a) which one can create one's own scent
(b) that one can create one's own scent
(c) where one can create one's own scent
(d) what can create one's own scent

24. In crafting ceramic pieces, there are two main pottery techniques. The first is pottering using only your hands and some simple tools. The second technique is using a potter's wheel _____ clay.

(a) shaping
(b) having shaped
(c) to shape
(d) to have shaped

25. Ken was assigned to the Tokyo branch as a regional director. The branch office offers a company apartment, but he _____ a large house to live with his family if he had enough money.

(a) had rented
(b) would rent
(c) would have rented
(d) will rent

26. Harry admires his father who is a chef at a popular restaurant. He practiced _____ with his father every night and this inspired him to create his own menu. His dream is to run his own restaurant.

(a) shredding
(b) to shred
(c) to have shredded
(d) having shredded

교육이란 사람이 학교에서 배운 것을 잊어버린 후에 남은 것을 말한다.

− 알버트 아인슈타인 −

G-TELP

※ TEST DATE MO. DAY YEAR

감독확인란

성 명

등 급 ① ② ③ ④ ⑤

성명란

수험번호

1) Code 1.

2) Code 2.

3) Code 3.

주민등록번호 앞자리 - 고유번호

문항	답 란	문항	답 란	문항	답 란	문항	답 란
1	ⓐ ⓑ ⓒ ⓓ	23	ⓐ ⓑ ⓒ ⓓ	45	ⓐ ⓑ ⓒ ⓓ	67	ⓐ ⓑ ⓒ ⓓ
2	ⓐ ⓑ ⓒ ⓓ	24	ⓐ ⓑ ⓒ ⓓ	46	ⓐ ⓑ ⓒ ⓓ	68	ⓐ ⓑ ⓒ ⓓ
3	ⓐ ⓑ ⓒ ⓓ	25	ⓐ ⓑ ⓒ ⓓ	47	ⓐ ⓑ ⓒ ⓓ	69	ⓐ ⓑ ⓒ ⓓ
4	ⓐ ⓑ ⓒ ⓓ	26	ⓐ ⓑ ⓒ ⓓ	48	ⓐ ⓑ ⓒ ⓓ	70	ⓐ ⓑ ⓒ ⓓ
5	ⓐ ⓑ ⓒ ⓓ	27	ⓐ ⓑ ⓒ ⓓ	49	ⓐ ⓑ ⓒ ⓓ	71	ⓐ ⓑ ⓒ ⓓ
6	ⓐ ⓑ ⓒ ⓓ	28	ⓐ ⓑ ⓒ ⓓ	50	ⓐ ⓑ ⓒ ⓓ	72	ⓐ ⓑ ⓒ ⓓ
7	ⓐ ⓑ ⓒ ⓓ	29	ⓐ ⓑ ⓒ ⓓ	51	ⓐ ⓑ ⓒ ⓓ	73	ⓐ ⓑ ⓒ ⓓ
8	ⓐ ⓑ ⓒ ⓓ	30	ⓐ ⓑ ⓒ ⓓ	52	ⓐ ⓑ ⓒ ⓓ	74	ⓐ ⓑ ⓒ ⓓ
9	ⓐ ⓑ ⓒ ⓓ	31	ⓐ ⓑ ⓒ ⓓ	53	ⓐ ⓑ ⓒ ⓓ	75	ⓐ ⓑ ⓒ ⓓ
10	ⓐ ⓑ ⓒ ⓓ	32	ⓐ ⓑ ⓒ ⓓ	54	ⓐ ⓑ ⓒ ⓓ	76	ⓐ ⓑ ⓒ ⓓ
11	ⓐ ⓑ ⓒ ⓓ	33	ⓐ ⓑ ⓒ ⓓ	55	ⓐ ⓑ ⓒ ⓓ	77	ⓐ ⓑ ⓒ ⓓ
12	ⓐ ⓑ ⓒ ⓓ	34	ⓐ ⓑ ⓒ ⓓ	56	ⓐ ⓑ ⓒ ⓓ	78	ⓐ ⓑ ⓒ ⓓ
13	ⓐ ⓑ ⓒ ⓓ	35	ⓐ ⓑ ⓒ ⓓ	57	ⓐ ⓑ ⓒ ⓓ	79	ⓐ ⓑ ⓒ ⓓ
14	ⓐ ⓑ ⓒ ⓓ	36	ⓐ ⓑ ⓒ ⓓ	58	ⓐ ⓑ ⓒ ⓓ	80	ⓐ ⓑ ⓒ ⓓ
15	ⓐ ⓑ ⓒ ⓓ	37	ⓐ ⓑ ⓒ ⓓ	59	ⓐ ⓑ ⓒ ⓓ		
16	ⓐ ⓑ ⓒ ⓓ	38	ⓐ ⓑ ⓒ ⓓ	60	ⓐ ⓑ ⓒ ⓓ		
17	ⓐ ⓑ ⓒ ⓓ	39	ⓐ ⓑ ⓒ ⓓ	61	ⓐ ⓑ ⓒ ⓓ		
18	ⓐ ⓑ ⓒ ⓓ	40	ⓐ ⓑ ⓒ ⓓ	62	ⓐ ⓑ ⓒ ⓓ		
19	ⓐ ⓑ ⓒ ⓓ	41	ⓐ ⓑ ⓒ ⓓ	63	ⓐ ⓑ ⓒ ⓓ		
20	ⓐ ⓑ ⓒ ⓓ	42	ⓐ ⓑ ⓒ ⓓ	64	ⓐ ⓑ ⓒ ⓓ		
21	ⓐ ⓑ ⓒ ⓓ	43	ⓐ ⓑ ⓒ ⓓ	65	ⓐ ⓑ ⓒ ⓓ		
22	ⓐ ⓑ ⓒ ⓓ	44	ⓐ ⓑ ⓒ ⓓ	66	ⓐ ⓑ ⓒ ⓓ		

password

G-TELP

OMR Answer Sheet

G-TELP

※ TEST DATE

MO.		DAY		YEAR			

감독확인란	

성 명	

등급	①	②	③	④	⑤

성명란																					
	초성	㉠	㉡	㉢	㉣	㉤	㉥	㉦	㉧	㉨	㉩	㉪	㉫	㉬	㉭						
	중성	ㅏ	ㅑ	ㅓ	ㅕ	ㅗ	ㅛ	ㅜ	ㅠ	ㅡ	ㅣ	ㅔ	ㅐ	ㅖ	ㅒ	ㅘ	ㅚ	ㅢ	ㅝ	ㅟ	ㅙ
	종성	㉠	㉡	㉢	㉣	㉤	㉥	㉦	㉧	㉨	㉩	㉪	㉫	㉬	㉭	ㄲ	ㄸ	ㅃ	ㅆ	ㅉ	
	초성	㉠	㉡	㉢	㉣	㉤	㉥	㉦	㉧	㉨	㉩	㉪	㉫	㉬	㉭						
	중성	ㅏ	ㅑ	ㅓ	ㅕ	ㅗ	ㅛ	ㅜ	ㅠ	ㅡ	ㅣ	ㅔ	ㅐ	ㅖ	ㅒ	ㅘ	ㅚ	ㅢ	ㅝ	ㅟ	ㅙ
	종성	㉠	㉡	㉢	㉣	㉤	㉥	㉦	㉧	㉨	㉩	㉪	㉫	㉬	㉭	ㄲ	ㄸ	ㅃ	ㅆ	ㅉ	
	초성	㉠	㉡	㉢	㉣	㉤	㉥	㉦	㉧	㉨	㉩	㉪	㉫	㉬	㉭						
	중성	ㅏ	ㅑ	ㅓ	ㅕ	ㅗ	ㅛ	ㅜ	ㅠ	ㅡ	ㅣ	ㅔ	ㅐ	ㅖ	ㅒ	ㅘ	ㅚ	ㅢ	ㅝ	ㅟ	ㅙ
	종성	㉠	㉡	㉢	㉣	㉤	㉥	㉦	㉧	㉨	㉩	㉪	㉫	㉬	㉭	ㄲ	ㄸ	ㅃ	ㅆ	ㅉ	
	초성	㉠	㉡	㉢	㉣	㉤	㉥	㉦	㉧	㉨	㉩	㉪	㉫	㉬	㉭						
	중성	ㅏ	ㅑ	ㅓ	ㅕ	ㅗ	ㅛ	ㅜ	ㅠ	ㅡ	ㅣ	ㅔ	ㅐ	ㅖ	ㅒ	ㅘ	ㅚ	ㅢ	ㅝ	ㅟ	ㅙ
	종성	㉠	㉡	㉢	㉣	㉤	㉥	㉦	㉧	㉨	㉩	㉪	㉫	㉬	㉭	ㄲ	ㄸ	ㅃ	ㅆ	ㅉ	

수험번호														
		–					–							
⓪	⓪		⓪	⓪	⓪	⓪		⓪	⓪	⓪	⓪	⓪	⓪	⓪
①	①		①	①	①	①		①	①	①	①	①	①	①
②	②		②	②	②	②		②	②	②	②	②	②	②
③	③		③	③	③	③		③	③	③	③	③	③	③
④	④	–	④	④	④	④	–	④	④	④	④	④	④	④
⑤	⑤		⑤	⑤	⑤	⑤		⑤	⑤	⑤	⑤	⑤	⑤	⑤
⑥	⑥		⑥	⑥	⑥	⑥		⑥	⑥	⑥	⑥	⑥	⑥	⑥
⑦	⑦		⑦	⑦	⑦	⑦		⑦	⑦	⑦	⑦	⑦	⑦	⑦
⑧	⑧		⑧	⑧	⑧	⑧		⑧	⑧	⑧	⑧	⑧	⑧	⑧
⑨	⑨		⑨	⑨	⑨	⑨		⑨	⑨	⑨	⑨	⑨	⑨	⑨

1) Code 1.

	⓪	①	②	③	④	⑤	⑥	⑦	⑧	⑨
	⓪	①	②	③	④	⑤	⑥	⑦	⑧	⑨
	⓪	①	②	③	④	⑤	⑥	⑦	⑧	⑨

2) Code 2.

	⓪	①	②	③	④	⑤	⑥	⑦	⑧	⑨
	⓪	①	②	③	④	⑤	⑥	⑦	⑧	⑨
	⓪	①	②	③	④	⑤	⑥	⑦	⑧	⑨

3) Code 3.

	⓪	①	②	③	④	⑤	⑥	⑦	⑧	⑨
	⓪	①	②	③	④	⑤	⑥	⑦	⑧	⑨
	⓪	①	②	③	④	⑤	⑥	⑦	⑧	⑨

주민등록번호 앞자리						–	고유번호						
						–							
⓪	⓪	⓪	⓪	⓪	⓪		⓪	⓪	⓪	⓪	⓪	⓪	⓪
①	①	①	①	①	①		①	①	①	①	①	①	①
②	②	②	②	②	②		②	②	②	②	②	②	②
③	③	③	③	③	③		③	③	③	③	③	③	③
④	④	④	④	④	④	–	④	④	④	④	④	④	④
⑤	⑤	⑤	⑤	⑤	⑤		⑤	⑤	⑤	⑤	⑤	⑤	⑤
⑥	⑥	⑥	⑥	⑥	⑥		⑥	⑥	⑥	⑥	⑥	⑥	⑥
⑦	⑦	⑦	⑦	⑦	⑦		⑦	⑦	⑦	⑦	⑦	⑦	⑦
⑧	⑧	⑧	⑧	⑧	⑧		⑧	⑧	⑧	⑧	⑧	⑧	⑧
⑨	⑨	⑨	⑨	⑨	⑨		⑨	⑨	⑨	⑨	⑨	⑨	⑨

문항	답 란				문항	답 란				문항	답 란				문항	답 란			
1	ⓐ	ⓑ	ⓒ	ⓓ	23	ⓐ	ⓑ	ⓒ	ⓓ	45	ⓐ	ⓑ	ⓒ	ⓓ	67	ⓐ	ⓑ	ⓒ	ⓓ
2	ⓐ	ⓑ	ⓒ	ⓓ	24	ⓐ	ⓑ	ⓒ	ⓓ	46	ⓐ	ⓑ	ⓒ	ⓓ	68	ⓐ	ⓑ	ⓒ	ⓓ
3	ⓐ	ⓑ	ⓒ	ⓓ	25	ⓐ	ⓑ	ⓒ	ⓓ	47	ⓐ	ⓑ	ⓒ	ⓓ	69	ⓐ	ⓑ	ⓒ	ⓓ
4	ⓐ	ⓑ	ⓒ	ⓓ	26	ⓐ	ⓑ	ⓒ	ⓓ	48	ⓐ	ⓑ	ⓒ	ⓓ	70	ⓐ	ⓑ	ⓒ	ⓓ
5	ⓐ	ⓑ	ⓒ	ⓓ	27	ⓐ	ⓑ	ⓒ	ⓓ	49	ⓐ	ⓑ	ⓒ	ⓓ	71	ⓐ	ⓑ	ⓒ	ⓓ
6	ⓐ	ⓑ	ⓒ	ⓓ	28	ⓐ	ⓑ	ⓒ	ⓓ	50	ⓐ	ⓑ	ⓒ	ⓓ	72	ⓐ	ⓑ	ⓒ	ⓓ
7	ⓐ	ⓑ	ⓒ	ⓓ	29	ⓐ	ⓑ	ⓒ	ⓓ	51	ⓐ	ⓑ	ⓒ	ⓓ	73	ⓐ	ⓑ	ⓒ	ⓓ
8	ⓐ	ⓑ	ⓒ	ⓓ	30	ⓐ	ⓑ	ⓒ	ⓓ	52	ⓐ	ⓑ	ⓒ	ⓓ	74	ⓐ	ⓑ	ⓒ	ⓓ
9	ⓐ	ⓑ	ⓒ	ⓓ	31	ⓐ	ⓑ	ⓒ	ⓓ	53	ⓐ	ⓑ	ⓒ	ⓓ	75	ⓐ	ⓑ	ⓒ	ⓓ
10	ⓐ	ⓑ	ⓒ	ⓓ	32	ⓐ	ⓑ	ⓒ	ⓓ	54	ⓐ	ⓑ	ⓒ	ⓓ	76	ⓐ	ⓑ	ⓒ	ⓓ
11	ⓐ	ⓑ	ⓒ	ⓓ	33	ⓐ	ⓑ	ⓒ	ⓓ	55	ⓐ	ⓑ	ⓒ	ⓓ	77	ⓐ	ⓑ	ⓒ	ⓓ
12	ⓐ	ⓑ	ⓒ	ⓓ	34	ⓐ	ⓑ	ⓒ	ⓓ	56	ⓐ	ⓑ	ⓒ	ⓓ	78	ⓐ	ⓑ	ⓒ	ⓓ
13	ⓐ	ⓑ	ⓒ	ⓓ	35	ⓐ	ⓑ	ⓒ	ⓓ	57	ⓐ	ⓑ	ⓒ	ⓓ	79	ⓐ	ⓑ	ⓒ	ⓓ
14	ⓐ	ⓑ	ⓒ	ⓓ	36	ⓐ	ⓑ	ⓒ	ⓓ	58	ⓐ	ⓑ	ⓒ	ⓓ	80	ⓐ	ⓑ	ⓒ	ⓓ
15	ⓐ	ⓑ	ⓒ	ⓓ	37	ⓐ	ⓑ	ⓒ	ⓓ	59	ⓐ	ⓑ	ⓒ	ⓓ					
16	ⓐ	ⓑ	ⓒ	ⓓ	38	ⓐ	ⓑ	ⓒ	ⓓ	60	ⓐ	ⓑ	ⓒ	ⓓ					
17	ⓐ	ⓑ	ⓒ	ⓓ	39	ⓐ	ⓑ	ⓒ	ⓓ	61	ⓐ	ⓑ	ⓒ	ⓓ					
18	ⓐ	ⓑ	ⓒ	ⓓ	40	ⓐ	ⓑ	ⓒ	ⓓ	62	ⓐ	ⓑ	ⓒ	ⓓ					
19	ⓐ	ⓑ	ⓒ	ⓓ	41	ⓐ	ⓑ	ⓒ	ⓓ	63	ⓐ	ⓑ	ⓒ	ⓓ					
20	ⓐ	ⓑ	ⓒ	ⓓ	42	ⓐ	ⓑ	ⓒ	ⓓ	64	ⓐ	ⓑ	ⓒ	ⓓ					
21	ⓐ	ⓑ	ⓒ	ⓓ	43	ⓐ	ⓑ	ⓒ	ⓓ	65	ⓐ	ⓑ	ⓒ	ⓓ					
22	ⓐ	ⓑ	ⓒ	ⓓ	44	ⓐ	ⓑ	ⓒ	ⓓ	66	ⓐ	ⓑ	ⓒ	ⓓ					

password

⓪	⓪	⓪	⓪
①	①	①	①
②	②	②	②
③	③	③	③
④	④	④	④
⑤	⑤	⑤	⑤
⑥	⑥	⑥	⑥
⑦	⑦	⑦	⑦
⑧	⑧	⑧	⑧
⑨	⑨	⑨	⑨

10회 만에 끝내는
지텔프 문법 모의고사

문제 풀이는 SKill
빠르게 푸는 전략!

시대에듀 지텔프 문법 시리즈
YouTube 강의로 지텔프 시험 한 번에 끝내기!

기초부터 확실하게 강의만 들어도 정답이 보이는 마법!
도서의 내용을 바로 설명해주는 동영상 강의로 실력 향상!
단기완성을 위한 왕초보 핵심이론!

▶ YouTube │ 시대에듀 지텔프 🔍

유튜브 검색창에 시대에듀 지텔프를 검색하세요!

시대에듀의
지텔프 최강 라인업

1주일 만에 끝내는
지텔프 문법

10회 만에 끝내는
지텔프 문법 모의고사

답이 보이는 지텔프 독해

스피드 지텔프 레벨2

10회 만에 끝내는

지텔프
문법 모의고사

시대에듀

PROFILE

케이티 선생님

現) 지텔프 에듀 전임 강사
現) 시대에듀 지텔프·공무원 영어 강사
現) 재능 English TV "케이티의 오 마이 지텔프" 출연
現) 단꿈교육 지텔프 전임 강사
現) 모소공 지텔프 전임 강사

前) EBS 지텔프 전임 강사
前) 서울대학교 행정대학원(GMPA) 토플 강사
前) 서울시립대학교 토플 강사
前) 서울시청 토익 강사
前) 해커스 어학원 토플 강사
前) 파고다 어학원 토플 강사
前) YBM 어학원 토플 강사
前) GED tutor

시대에듀 **끝까지 책임진다! 시대에듀!**

QR코드를 통해 도서 출간 이후 발견된 오류나 개정법령, 변경된 시험 정보, 최신기출문제, 도서 업데이트 자료 등이 있는지 확인해 보세요! **시대에듀 합격 스마트 앱**을 통해서도 알려 드리고 있으니 구글 플레이나 앱 스토어에서 다운받아 사용하세요.
또한, 파본 도서인 경우에는 구입하신 곳에서 교환해 드립니다.

편집진행 박종옥·장민영 | **표지디자인** 조혜령 | **본문디자인** 박지은·하한우

머리말

PREFACE

지텔프 문법은 정해진 패턴을 가지고 있습니다. 7가지의 문제 유형이 일정한 비율로 출제되기 때문에 이 법칙만 잘 알고 있어도 훨씬 수월하게 문제에 접근할 수 있습니다. 이 책은 그 법칙을 제대로 학습하고 응용하는 데 꼭 필요한 내용으로 구성되었습니다.

이 책에서 가정법, 시제, 준동사, 관계사, 연결사, 조동사, should 생략의 7가지 문제 유형들이 어떤 식으로 만들어지며 무엇을 공부하고 연습해야 오답을 피하고 정답을 선택할 수 있는지 명쾌하게 설명하려고 노력했습니다. 문제를 제대로 푸는 것만큼 중요한 것이 바로 '문제 유형 파악'과 '문제 구성의 응용'입니다. 먼저, 유형이 혼합되어 있는 실제 시험에서 각 문제가 어떤 유형에 속하는지 알 수 있어야 합니다. 문제 풀이 방법을 제대로 적용할 수 있습니다. 그리고 문제 구성의 비율을 적용하는 연습이 필요합니다. 비율을 계산해보는 것만으로도 모호한 문제들의 정답을 쉽게 찾을 수 있습니다.

이 책은 6년간 130회 이상 지텔프 시험을 응시한 데이터를 이용하여 최대한 실제 시험과 비슷한 문제를 실제 시험과 똑같이 구성했습니다. 지텔프를 준비하는 모든 분들께 이 책이 유용하게 쓰였으면 좋겠습니다.

도움을 주신 시대에듀 편집자님들께 감사드립니다. 그리고 언제나 든든한 안토니오, 아우렐리아, 크리스토폴, 로즈마리, Friedrich에게도 사랑을 전합니다.

저자 Katie

공부 Tip ✦

'지텔프 문법 한 장으로 끝내기!'를 이용하여 출제 패턴을 꼭 암기해주세요. 각 유형이 몇 문제씩 출제되며 그 유형 안에서 문제 개수는 어떻게 구성되는지 알고 있다면 모호한 문제도 쉽게 풀 수 있습니다. 실제 시험과 똑같이 출제 패턴을 응용하여 풀어보세요.

해석은 여러분의 독해력에 도움이 되도록 직독직해 방식으로 썼습니다. 이 방식에 익숙해지면 문장 구조가 잘 보이고 빠르게 의미를 이해할 수 있습니다. 독해 파트를 공부할 때 응용해보세요.

G-TELP 시험 소개

INTRODUCTION

G-TELP 시험이란?

G-TELP는 General Tests of English Language Proficiency의 약자로 듣기(listening), 말하기(speaking), 쓰기(writing), 읽기(reading) 등 언어의 4대 영역을 종합 평가하는 영어 평가 교육 시스템입니다. (단, G-TELP Level2만 국가고시, 국가자격증 등에 인정)

G-TELP 시험 개요

❶ 매월 격주 2~4회, 15:00
❷ 시험시작 40분 전부터 입실할 수 있습니다. 10분 전부터는 입실이 불가합니다.

구분	문항 수	시간
문법	26문항	20분
청취	26문항	약 30분
독해 및 어휘	28문항	40분

자주 묻는 G-TELP Q&A

Q 시험지에 메모가 가능한가요?
A 지텔프 시험은 시험지에 낙서나 메모는 원칙적으로 금지되어 있습니다. 하지만 본인만 볼 수 있게 작은 글씨로 메모하는 행위는 용인됩니다. 옆 사람에게 보이지 않는 크기로 메모할 수 있습니다.

Q OMR 마킹 시간이 따로 있나요?
A OMR 마킹 시간은 별도로 주지 않습니다. 시험시간 내에 마킹해야 하며, 시험종료(4시 30분) 10분 전부터는 OMR 카드를 교체해주지 않으니 주의해야 합니다.

Q OMR 마킹을 잘못하면 수정이 가능한가요?
A 수정테이프를 사용해서 수정할 수 있으나, 수정액은 사용할 수 없습니다. 수정테이프는 고사 본부에서 제공되지 않으므로 개인이 지참해야 합니다.

Q 입실 전 꼭 챙겨야 하는 준비물은 무엇인가요?
A ❶ 신분증 – 주민등록증, 여권(기간 만료 전), 운전면허증, 공무원증, 군인신분증, 중고생인 경우 학생증 (사진+생년월일+학교장 직인 필수), 청소년증, 외국인등록증(외국인) (단, 대학생의 경우 학생증 불가)
❷ 필기구(컴퓨터용 사인펜, 수정테이프)
❸ 손목시계
✮✮ 수험표는 고사실에 준비되어 있으니 인쇄하지 않아도 됩니다.

Q 수시시험과 정기시험의 차이점이 있나요?
A 국가고시, 국가자격시험, 기업체 채용은 정기시험만 인정됩니다. 수시시험 성적표와 정기시험 성적표는 다르므로, 수시시험 성적 인정 여부는 해당 기관에 문의하셔야 합니다.

G-TELP 성적활용 비교표

성적 제출처	G-TELP(Level2)	TOEIC
국가공무원 5급, 7급	65	700
7급 외무영사직렬	77	790
외교관 후보자	88	870
군무원	5급 65 7급 47 9급 32	5급 700 7급 570 9급 470
경찰공무원·소방공무원·해양경찰공무원	43	550
경찰간부후보생·소방간부후보생	50	625
카투사	73	780
기상청 기상직	65	700
입법고시	65	700
변리사	77	775
노무사	65	700
관광통역안내사	74	760
호텔경영사	79	800
회계사	65	700

※ 출처 : www.g-telp.co.kr
※ 위 내용은 2025년 자료이므로 자세한 사항은 반드시 각 기관(기업) 홈페이지를 통해 확인하시기 바랍니다.

G-TELP 시험의 강점

❶ 토익보다 접근하기 쉽다!
토익에 비해 정형화된 문법 영역, 적은 학습량, 빠른 성적 확인, 문항 수 대비 넉넉한 시험시간으로 원하는 점수를 빠르게 획득할 수 있습니다.

❷ 과락이 없다!
과목당 과락이 없어 문법, 청취, 독해의 평균 점수만 맞추면 됩니다.

❸ 빠르게 성적 확인이 가능하다!
응시일로부터 일주일 이내에 성적 발표를 해서 단기간에 영어 공인 점수를 취득할 수 있습니다.

구성 및 특징

STRUCTURES

G-TELP 핵심이론

G-TELP 학습에 앞서 반드시 암기해야 하는 내용과 출제 패턴을 담았습니다. 문제 유형 파악, 오답 제거, 정답 확인의 단계를 빠르게 익힐 수 있습니다.

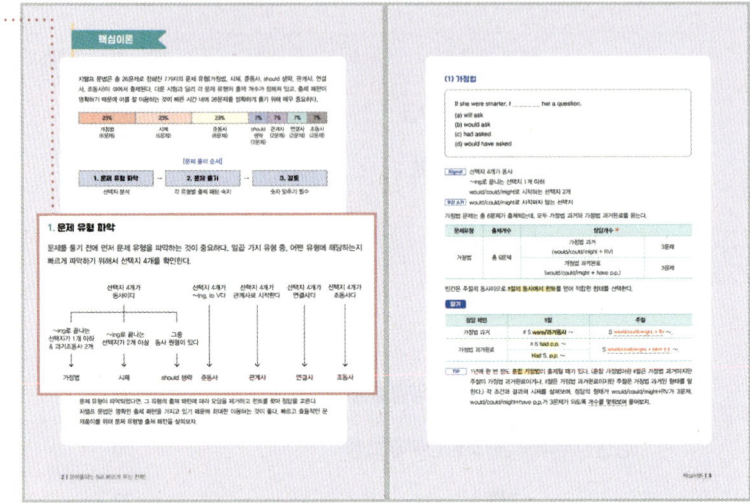

실전 모의고사

출제경향을 반영하여 실제 G-TELP와 동일한 구성의 10회분 모의고사를 준비했습니다. 10회로 마무리하는 G-TELP Level2 합격준비!

모바일 OMR 답안분석 서비스

풀이 시간 측정, 자동 채점 그리고 결과 분석까지! 모의고사를 풀고 바로 결과를 확인할 수 있습니다. 오답 문제 복습으로 실력 향상!

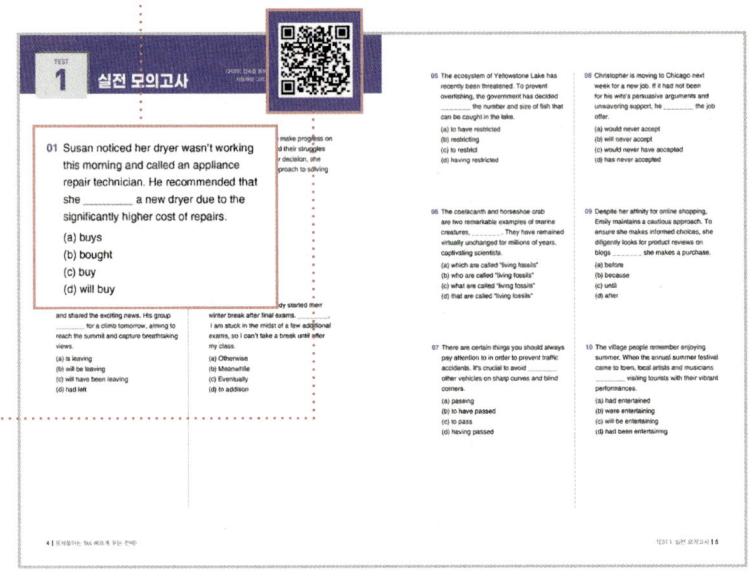

2026 시대에듀 10회 만에 끝내는 G-TELP 문법 모의고사

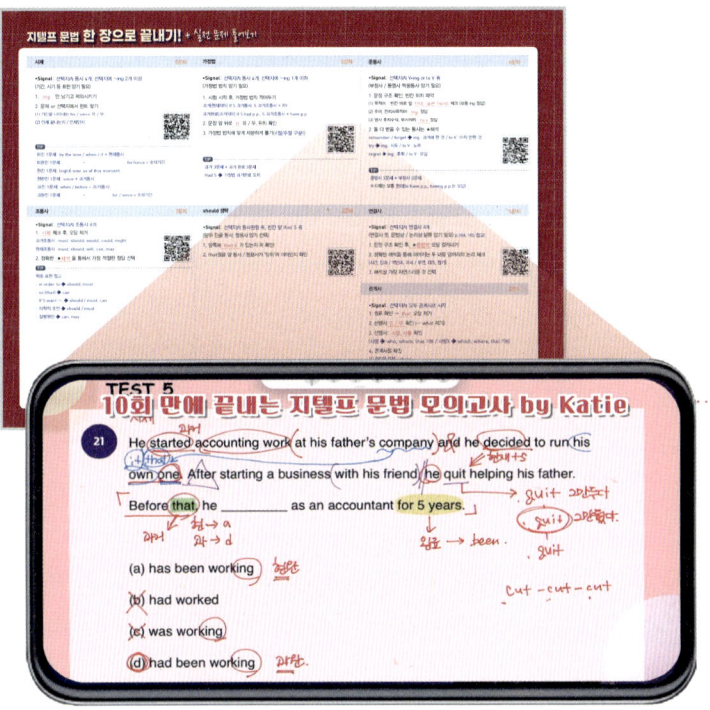

G-TELP 문법 한 장으로 끝내기!
G-TELP 문법을 한 장으로 정리하였습니다.
언제 어디서나 유튜브 저자 직강과 함께 효과적인 학습을 할 수 있습니다.

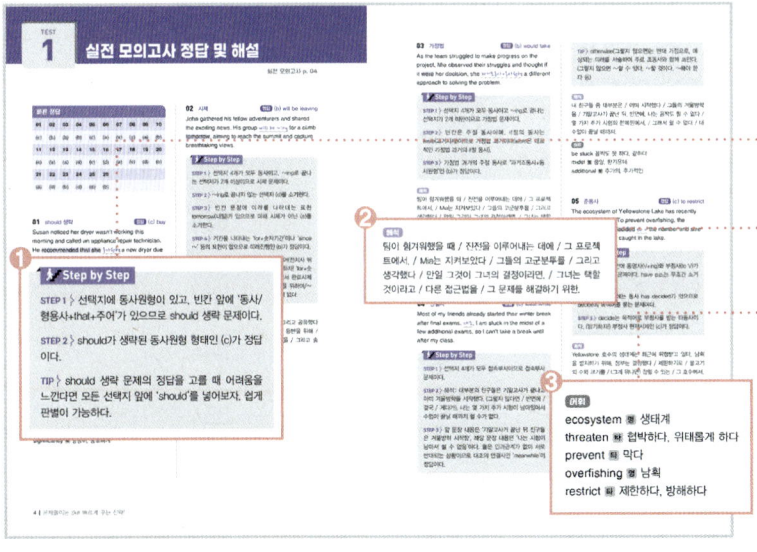

고득점을 향한 3단계 학습
❶ **Step by Step**: 정답을 찾는 단계별 포인트
❷ **해석**: 정확하고 빠른 독해를 위한 직독직해
❸ **어휘**: 반드시 알아야 할 어휘 학습

이 책의 목차

CHAPTER 1 실전 모의고사

TEST 1	실전 모의고사	004
TEST 2	실전 모의고사	009
TEST 3	실전 모의고사	014
TEST 4	실전 모의고사	019
TEST 5	실전 모의고사	024
TEST 6	실전 모의고사	029
TEST 7	실전 모의고사	034
TEST 8	실전 모의고사	039
TEST 9	실전 모의고사	044
TEST 10	실전 모의고사	049

CHAPTER 2 정답 및 해설

TEST 1	실전 모의고사 정답 및 해설	004
TEST 2	실전 모의고사 정답 및 해설	014
TEST 3	실전 모의고사 정답 및 해설	024
TEST 4	실전 모의고사 정답 및 해설	034
TEST 5	실전 모의고사 정답 및 해설	044
TEST 6	실전 모의고사 정답 및 해설	054
TEST 7	실전 모의고사 정답 및 해설	065
TEST 8	실전 모의고사 정답 및 해설	075
TEST 9	실전 모의고사 정답 및 해설	086
TEST 10	실전 모의고사 정답 및 해설	096

10회 만에 끝내는

지텔프
문법 모의고사

핵심이론

지텔프 문법은 총 26문제로 정해진 7가지의 문제 유형(가정법, 시제, 준동사, should 생략, 관계사, 연결사, 조동사)이 섞여서 출제된다. 다른 시험과 달리 각 문제 유형의 출제 개수가 정해져 있고, 출제 패턴이 명확하기 때문에 이를 잘 이용하는 것이 빠른 시간 내에 26문제를 정확하게 풀기 위해 매우 중요하다.

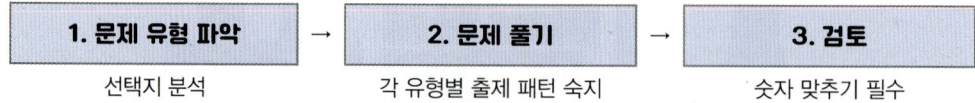

[문제 풀이 순서]

1. 문제 유형 파악	→	2. 문제 풀기	→	3. 검토
선택지 분석		각 유형별 출제 패턴 숙지		숫자 맞추기 필수

1. 문제 유형 파악

문제를 풀기 전에 먼저 문제 유형을 파악하는 것이 중요하다. 일곱 가지 유형 중, 어떤 유형에 해당하는지 빠르게 파악하기 위해서 선택지 4개를 확인한다.

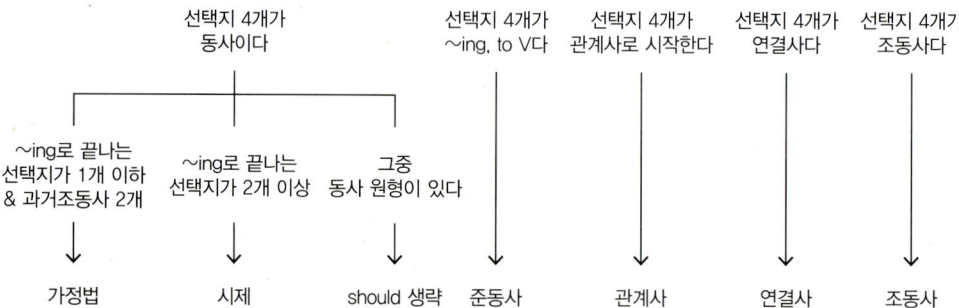

2. 문제 풀기

문제 유형이 파악되었다면, 그 유형의 출제 패턴에 따라 오답을 제거하고 힌트를 찾아 정답을 고른다.
지텔프 문법은 명확한 출제 패턴을 가지고 있기 때문에 최대한 이용하는 것이 좋다. 빠르고 효율적인 문제풀이를 위해 문제 유형별 출제 패턴을 살펴보자.

(1) 가정법

> If she were smarter, I _____ her a question.
> (a) will ask
> (b) would ask
> (c) had asked
> (d) would have asked

Signal 선택지 4개가 동사
~ing로 끝나는 선택지 1개 이하
would/could/might로 시작하는 선택지 2개

우선 소거 would/could/might로 시작하지 않는 선택지

가정법 문제는 총 6문제가 출제되는데, 모두 가정법 과거와 가정법 과거완료를 묻는다.

문제유형	출제개수	정답개수 ☆	
가정법	총 6문제	가정법 과거 (would/could/might + RV)	3문제
		가정법 과거완료 (would/could/might + have p.p.)	3문제

빈칸은 주절의 동사이므로 **If절의 동사에서 힌트**를 얻어 적합한 형태를 선택한다.

암기

정답 패턴	If절	주절
가정법 과거	If S **were/과거동사** ~	S would/could/might + RV ~.
가정법 과거완료	If S had p.p. ~	S would/could/might + have P.P. ~.
	Had S. p.p. ~	

TIP 1년에 한 번 정도 **혼합 가정법**이 출제될 때가 있다. (혼합 가정법이란 if절은 가정법 과거이지만 주절이 가정법 과거완료이거나, if절은 가정법 과거완료이지만 주절은 가정법 과거인 형태를 말한다.) 각 조건과 결과의 시제를 살펴보며, 정답의 형태가 would/could/might+RV가 3문제, would/could/might+have p.p.가 3문제가 되도록 <u>개수를 맞춰보며</u> 풀어보자.

핵심이론

(2) 시제

> When he asked questions, she _____ the book for an hour.
> (a) has been reading
> (b) had read
> (c) was reading
> (d) had been reading

Signal
- 선택지 4개가 동사
- ~ing로 끝나는 선택지 2개 이상
- would/could/might로 시작하는 선택지 없음

우선 소거 ~ing로 끝나지 않는 선택지

시제 문제는 총 6문제가 출제되는데, **모두 진행시제**인 것이 특징이다. 그렇기 때문에 ~ing로 끝나지 않는 선택지는 우선 소거할 수 있다. 과거진행, 과거완료진행, 현재진행, 현재완료진행, 미래진행, 미래완료진행이 각 1문제씩 출제되므로 이 특성을 이용하여 헷갈리는 문제의 정답을 고를 수 있다.

문제유형	출제개수	정답개수 ✱	
시제	총 6문제	과거진행 (was/were ~ing)	1문제
		과거완료진행 (had been ~ing)	1문제
		현재진행 (am/are/is ~ing)	1문제
		현재완료진행 (has/have been ~ing)	1문제
		미래진행 (will be ~ing)	1문제
		미래완료진행 (will have been ~ing)	1문제

하지만 대부분의 시제 문제는 해석할 필요 없이 빈칸이 있는 해당 문장 안의 힌트를 통해서 정답을 맞힐 수 있게끔 아주 쉽게 출제된다. 힌트는 크게 두 종류로, 시간 힌트와 기간 힌트가 있으며 시간 힌트가 더 우선이다. 힌트를 파악한 후 불가능한 오답을 소거하며 정답을 고르자.

암기

정답 패턴	대표 시간 힌트	대표 기간 힌트
과거진행 (was/were ~ing)	과거 when/while S 과거시제 과거표현(어제, 어젯밤, 과거년도 등)	X
과거완료진행 (had been ~ing)	과거 when/while S 과거시제 과거표현(어제, 어젯밤, 과거년도 등)	for 숫자기간 / since ~
현재진행 (am/are/is ~ing)	현재 Right now, currently, at this/the moment	X
현재완료진행 (has/have been ~ing)	X	for 숫자기간 / since ~
미래진행 (will be ~ing)	미래 시간/조건 종속접속사(By the time 대표적) S 현재시제 By + 미래시점 미래표현(내일, 3일 후, in 3 days 등)	X
미래완료진행 (will have been ~ing)	미래 시간/조건 종속접속사(By the time 대표적) S 현재시제 By + 미래시점 미래표현(내일, 3일 후, in 3 days 등)	for 숫자기간 / since ~

> **TIP** 다양한 힌트 표현들이 어렵지 않게 출제되니 차분하게 찾아보자. 특히 시간/조건 부사절에 when, while 외에도 if, as soon as, before 등이 출제될 수 있다.

핵심이론

(3) 준동사

> My father recommended _____ a car.
>
> (a) to buy
> (b) having bought
> (c) to have bought
> (d) buying

Signal 선택지 4개가 ing와 to V
우선 소거 have p.p.가 들어있는 선택지 2개

문제유형	출제개수	정답개수	
준동사	총 6문제	동명사 (~ing)	3문제
		부정사 (to RV)	3문제

준동사 문제는 다양한 패턴으로 문제가 구성되는데, 문장 구조상 크게 동사의 목적어 자리와 부사 자리를 묻는 문제가 출제된다. 주로 출제되는 패턴은 아래와 같다.

빈칸 앞 덩어리 확인 ✽	
타동사(능동) (3~6개 출제, 출제 비율 가장 높음)	be p.p./명사/형용사 (0~2개 출제)
↓	↓
~ing 또는 to V 암기필요 ✽	to V

※ 해석이 필요한 경우는 1년에 1회 정도 출제   ※ be p.p. to V의 예외 : be caught ~ing, be finished ~ing

보통 **빈칸 앞에 타동사(능동)**가 나와 동사의 목적어 자리에 적합한 형태를 묻는 문제가 3~6문제 정도 출제된다. 이때, 정답을 고를 수 있는 방법은 <mark>암기뿐</mark>이다. 어떤 동사가 목적어로 동명사를 받는지, 어떤 동사가 목적어로 부정사를 받는지 미리 완벽하게 암기해두자. 그리고 **빈칸 앞에 타동사의 수동(be p.p.)형태나 명사, 형용사**가 있다면 부사적 용법의 부정사(to V)가 정답이 된다는 것도 자주 나오는 패턴이므로 꼭 기억해두자.

> **암기**

[동명사 목적어 출제 동사들]

생각/고려/상상	anticipate –ing(예상하다), consider –ing(고려하다), contemplate –ing(심사숙고하다), imagine –ing(상상하다), discuss –ing(의논하다), picture –ing(상상하다), recall –ing(기억해내다), regard –ing(여기다)
의견 표현	admit –ing(인정하다), depict –ing(묘사하다), describe –ing(묘사하다), disclose –ing(밝히다, 드러내다), handle –ing(다루다), justify –ing(정당화하다), report –ing (보고하다)
허락/요구/제안/충고	advise –ing(충고하다), allow –ing(허락하다), encourage –ing(격려하다), permit –ing(허락하다), recommend –ing(추천하다), require –ing(요구하다), suggest –ing(제안하다)
긍정적 감정	adore –ing(아주 좋아하다), appreciate –ing(감사하다), be worth –ing(~할 가치가 있다), promote –ing(촉진하다), support –ing(지지하다), welcome –ing(환영하다)
부정적 감정	deny –ing(인정하지 않다), detest –ing(혐오하다), dislike –ing(싫어하다), dread –ing(무서워하다), fear –ing(두려워하다), resent –ing(분개하다), resist –ing(저항하다)
행위 진행	cannot help –ing(~하지 않을 수 없다), endure –ing(견디다), enjoy –ing(즐기다), entail –ing(포함하다), experience –ing(경험하다), include –ing(포함하다), involve –ing(포함하다), keep –ing(계속해서 ~을 하다), practice –ing(연습하다), resume –ing(재개하다), risk –ing(~할 위험을 무릅쓰다), tolerate –ing(참다)
행위 끝	avoid –ing(피하다), ban –ing(금지하다), delay –ing(미루다), discontinue –ing(그만두다), end up –ing(끝내다), escape –ing(모면하다), evade –ing(피하다), finish –ing(끝내다), give up –ing(포기하다), have difficulty –ing(~하는 데 어려움을 겪다), mind –ing(언짢아하다), minimize –ing(최소화하다), miss –ing(놓치다, 피하다), postpone –ing(미루다), prevent –ing(방지하다), prohibit –ing(금하다), quit –ing(끝내다)

> **암기**

[부정사 목적어 출제 동사들]

목적, 의도	agree to V(동의하다), aim to V(목표로 하다), choose to V(선택하다), decide to V(결심하다), hope to V(희망하다), intend to V(~할 의도이다), make sure to V(확실시하다), mean to V(~할 의도이다), plan to V(계획하다), promise to V(약속하다), want to V(원하다), wish to V(희망하다)
노력, 시도	attempt to V(노력하다), be able to V(~할 수 있다), bother to V(신경 쓰다), fight to V(싸우다), learn to V(배우다), need to V(필요로 하다), prepare to V(준비하다), seek to V(애쓰다), strive to V(노력하다)

핵심이론

요청	ask to V(요구하다), offer to V(제안하다), say to V(말하다), vow to V(맹세하다)
실패, 거절	fail to V(실패하다), hesitate to V(망설이다), refuse to V(거절하다)
습관, 경향	be likely to(~하는 경향이 있다), happen to V(우연히 ~하다), manage to V(겨우 ~하다), tend to V(경향이 있다), used to V(~하곤 했다)
외적 특성	pretend to V(~인 체하다), seem to V(~인 것처럼 보이다)

[동명사와 부정사 모두 목적어로 받을 수 있는 동사들 – 해석 필요]

빈칸 앞 동사	목적어	의미
stop	-ing	~하는 것을 멈추다
	to V	~하기 위해 하던 것을 멈추다
forget	-ing	~했던 것을 잊어버리다
	to V	~해야 하는 것을 잊어버리다
remember	-ing	~했던 것을 기억하다
	to V	~해야 하는 것을 기억하다
regret	-ing	~했던 것을 후회하다
	to V	~해야 해서 유감이다
try	-ing	~를 시도하다
	to V	~하기 위해 노력하다

※ 1년에 1회 정도 출제

그 외에 가끔 출제되는 패턴은 다음과 같다.

빈칸 앞 덩어리 확인 ✱		빈칸으로 문장 시작
자동사 (0~1개 출제)	전치사 (0~1개 출제)	(0~1개 출제)
↓	↓	↓
to V	~ing	~ing 또는 to V 문장 구조 확인 ✱

※ go, work, elebt, evole, rest, wait 출제 　　　　　※ 동사의 위치를 찾은 후 문장 구조 파악

(4) should 생략

> My supervisor advised me that I _____ the paper on time.
>
> (a) will present
> (b) presented
> (c) present
> (d) had presented

Signal 선택지 4개가 동사, 그중 하나는 동사원형
빈칸 앞에 that S가 있다면 확실히 should 생략 문제

should 생략 문제는 정답의 형태가 '동사원형' 하나뿐이기 때문에 문제 유형 파악이 99%를 차지한다. 선택지 안에 동사원형이 있는 문제 유형은 하나뿐이며, that절 안의 동사를 묻는 형태이다. that절 앞에는 동사나 형용사가 들어가는데 꼭 암기해야 할 필요는 없다.

[that절에 should가 생략되는 동사들]

명령	order, command, impose, stipulate, prescribe
주장	insist, urge
제안, 권유	recommend, suggest, propose, advise
요구	ask, demand, require, request
소망	desire
동의	agree, move

[that절에 should가 생략되는 형용사들]

이성적 판단	important, vital, best, essential, necessary, crucial, imperative, customary

'동사원형'의 선택지를 고르는 데 어려움을 겪는다면, 각 선택지 앞에 should를 넣어보면 된다.
❶ will, can 등 조동사는 다른 조동사인 should와 함께 쓰일 수 없으므로 will, can으로 시작하는 선택지는 절대 정답이 될 수 없다.
❷ 마찬가지로 not, be는 언제나 조동사 뒤에 들어가야하므로 not, be로 시작하는 선택지는 항상 정답이다.

핵심이론

(5) 관계사

> I went to the cafeteria, _____ to drink a cup of coffee.
>
> (a) what is very big
> (b) which is very big
> (c) that is very big
> (d) who is very big

Signal 선택지 4개가 관계사로 시작

관계사 문제의 핵심은 오답 제거이다. 빈칸 앞에 있는 선행사 명사를 기준으로 상당 부분 오답을 제거할 수 있으며, 대부분의 문제는 이 과정에서 정답이 도출된다.

❶ 선행사가 있는지 확인 ──── 있음 ──→ what으로 시작하는 선택지 소거
❷ 선행사뒤에 쉼표가 있는지 확인 ──── 있음 ──→ that으로 시작하는 선택지 소거
❸ 선행사가 사람인지 아닌지 확인 ┬── 사람 O ──→ which로 시작하는 선택지 소거
　　　　　　　　　　　　　　　　　└── 사람 X ──→ who로 시작하는 선택지 소거

이 단계에서 정답이 나오지 않았다면 선택지 안에 있는 '관계절'을 살펴보아야 한다.

❹ 관계대명사 뒤에 불완전한 문장, 관계부사 뒤에 완전한 문장 있는지 확인
❺ 해석상 비문 제거

(6) 연결사

> I like him _____ he is very kind to me.
>
> (a) even if
> (b) unless
> (c) because
> (d) as soon as

Signal 선택지 4개가 연결사

연결사 문제는 해석을 기반으로 한 논리관계 파악이 가장 중요하다. 그렇기 때문에 연결사 문제를 자주 틀린다면 ==해석이 잘되는지 먼저 확인==해보자. 해석이 안 되는 상태에서 연결사 문제를 맞힐 수 있는 방법은 없기 때문이다(조동사 문제도 마찬가지다). 해석이 어렵다면 좌절할 필요 없이 해석력을 높이면 된다. 부족한 어휘력을 채우고 구문독해를 공부하자. 그 후에는 문제에서 연결할 두 핵심 내용의 관계를 정리, 비교해보는 연습이 필요하다.

보통 의미상 올바른 **종속접속사**를 고르는 문제가 한 문제, 의미상 올바른 **접속부사**를 고르는 문제가 한 문제씩 출제된다. 선택지 네 개 중에서 해석상 자연스러운 연결사가 한 개뿐이라면 그것을 정답으로 고르면 되겠지만, 가능해 보이는 연결사가 2개 이상이라면 ==두 핵심 내용의 논리 관계==를 살펴보아야 한다.

(1) 시간 – 동시발생(전후관계는 쉬우므로 설명 생략)
    ex) 그동안
앞 내용과 뒤의 내용이 인과관계가 없이 단순히 시간상 함께 발생했을 때 사용

(2) 인과 – 원인과 결과
    ex) 그러므로
앞 내용과 뒤의 내용이 직접적으로 원인과 결과의 관계를 가질 때 사용. 상식적이고 일반적인 상황을 생각하며 두 내용의 논리관계를 판단해야 함. 예외적인 상황은 인과관계가 될 수 없음

(3) 역접/반대인과
    ex) 그럼에도 불구하고, 하지만
앞 내용과 뒤의 내용이 인과관계의 반대 결과나 반대 원인에 해당할 때 사용

(4) 대조, 차이
    ex) 반면에
앞 내용과 뒤의 내용이 인과나 역접의 관계를 가지지 않으면서 서로 반대되는 상황일 때 사용. 각각의 독립적인, 하지만 차이점을 가지는 상황

(5) 유사/부연
    ex) 다시 말해서, 사실
앞 내용을 뒤의 내용이 다시 반복해서 자세히 설명할 때. 한 문장이 다른 문장의 예시/주제에 해당할 때 사용

(6) 첨가 – 새로운 내용
    ex) 게다가, 또한
앞 내용과 뒤의 내용이 논조가 같지만, 서로 다른 사건일 때 둘을 연결하기 위해 사용. 두 내용은 겹치거나 같은 내용일 수 없고, 뒷 내용에 앞 내용과 겹치지 않는 새로운 내용이 추가로 제시됨

핵심이론

[시험에 등장했던 연결사들]

해석 품사	종속접속사 ____ + S V O(,) S V O.	접속부사 S V O. ____ , S V O.
시간	until, while, since ~까지, ~동안, ~이래로 before, whenever ~전에, ~할 때마다 when, anytime ~할 때, ~할 때마다 as soon as, just as ~하자마자, 막 그 순간	meanwhile 그동안에 presently 곧 later on 나중에 so far 지금까지
인과(←, →) 선후관계 있음	because, since ~때문에, ~때문에 in case ~할 경우에 대비해서 as long as (조건) ~하는 한 when (조건) ~할 때 whenever (조건) ~할 때마다	because, since ~때문에, ~때문에 in case ~할 경우에 대비해서 as long as (조건) ~하는 한 when (조건) ~할 때 whenever (조건) ~할 때마다
역접/반대인과(→) 반대 결과	unless (반대 가정) ~하지 않는 한 (al)though ~에도 불구하고 even though ~에도 불구하고	otherwise (반대 가정) 그렇지 않으면 nevertheless 그럼에도 불구하고 even so 그렇기는 하지만 regardless, however 상관없이, 하지만 after all (예상과 달리) 결국에는 instead 대신에 (보상) still 그럼에도, 여전히

대조(↔) 인과관계 없음	while, whereas ~한 반면에	however 하지만 on the other hand 반면에 in contrast 반면에 meanwhile 반면에 in fact/as a matter of fact 사실은 (대조+believed, considered) '~라고 믿었는데/생각했는데'가 앞에 나옴
유사(≒), 부연 겹치는 이야기	as if 마치 ~인 것처럼	for example 예를 들어서 for instance 예를 들어서 in other words 다시 말해서 in fact/indeed (강조) 사실 in particular, namely 특히, 즉 as a matter of fact (강조) 사실상 in truth 사실
첨가(+) 겹치지 않는 새로운 이야기		moreover, furthermore 게다가, 게다가 besides 게다가 however (첨가, +also) 그런데

핵심이론

(7) 조동사

> The elephant _____ reach high places with its nose.
> (a) must
> (b) would
> (c) can
> (d) may

Signal 선택지 4개가 조동사

우선 소거 주변 시제와 맞지 않는 조동사
(영구적인 소거가 아닌 일시적 소거. 해석상 나머지 선택지 중에서 말이 되는 것이 없으면 시제가 다르더라도 정답이 될 수 있다. 그러나 지텔프 문법의 조동사 문제는 95% 이상 시제 일치를 하여 출제한다는 사실은 알아두자.)

조동사 원형 (현재, 미래 의미 가능)	조동사 과거형 (과거의 가능성, 약한 가능성)	의미
must		의무, 강한 추측
should		당위
will	would	예정, 의지, 반복적 발생
can	could	능력, 가능, 허가
may	might	약한 추측, 허가

조동사 문제도 연결사 문제와 마찬가지로 ==해석이 필수==이다. 특히 미묘한 뉘앙스를 묻는 문제이기 때문에 더 어렵게 느껴질 수 있지만, ==주변 문맥의 힌트==를 이용해 출제 패턴을 잘 이용하면 효과적으로 정답을 고를 수 있다. 그리고 꼭! 해석 확인을 하도록 하자.

(1) in order to + should / must

in order to는 목표나 목적을 말할 때 쓴다. 목표를 달성하기 위해서 해야하는 의무가 함께 자주 온다.
ex) In order to pass the exam, he should study hard.
  (시험에 합격하기 위해서 그는 열심히 공부해야한다.)

(2) so (that) + can

so (that)은 인과관계나 목적을 연결할 때 쓴다. 원인에 해당하는 사건이나 성취가 완료된 후, 그에 대한 결과로 능력이나 가능성이 잘 어울린다.

ex) He studied hard, so that he could pass the exam.
(그는 열심히 공부해서 시험에 합격할 수 있었다.)

(3) 동/식/광물 주어 + can

사람이 아닌 동물, 식물, 광물은 의지나 의무가 없는 것이 일반적이다. 보통 그들의 능력이나 가능성을 설명하는 내용이 주로 매칭된다.

ex) The butterfly can fly 1,000 kilometers without stopping.
(나비는 쉬지 않고 1,000킬로미터를 날 수 있다.)

(4) If S want ~ + should/must/can

If S want ~는 목표나 소망을 말할 때 쓰인다. 목표를 말할 때에는 의무와 함께 잘 어울리고, 소망을 말할 때에는 해결책 제시로 능력이 잘 어울린다.

ex) If he wants to pass the exam, he should study hard.
(만일 그가 시험에 합격하길 원한다면, 그는 열심히 공부해야 한다.)
If he wants to go to party, I can drive him.
(만일 그가 파티에 가길 원한다면, 내가 그를 데려다줄 수 있다.)

(5) 의학적인 조언 - should/must

건강에 관련된 의학적 조언에는 의무나 당위가 잘 어울린다. 특히 주어와 서술부의 연결을 잘 확인해야한다. 주어는 그 조언을 받은 '사람'이고, 서술부는 그가 받은 '조언'이어야 한다.

ex) The one should/must drink a cup of water everyday.
(사람은 매일 한 컵의 물을 마셔야 한다.)

(6) 생리적, 질병 인과관계 - may, can

신체적인 작동 방식이나 미생물 등의 작동 방식, 즉 인과관계에는 가능성을 나타내는 can, may가 잘 어울린다. 특히 주어와 서술부의 연결을 잘 확인해야한다. 주어는 '원인'에 해당하고 서술부는 그에 따른 '결과'여야 한다.

ex) Drinking a cup of water everyday can/may improve your health.
(매일 한 컵의 물을 마시는 것은 건강을 개선시킬 수 있다.)

(7) 반복적 발생 - will, would

여러 번 반복해서 발생하는 사건에는 will, would를 쓸 수 있다. '~하곤 한다, ~하곤 했다'라는 의미로 가끔 출제된다.

ex) It was a tradition that the man would sing a love song in front of the window at night.
(남자가 밤에 창문 앞에서 사랑노래를 부르곤 했던 것은 전통이었다.)

핵심이론

3. 검토

시제, 가정법, 준동사 문제는 출제 패턴에 맞게 잘 풀었는지 숫자 맞추기를 확인하고, 헷갈리는 문제가 있었다면 이를 이용해 정답을 유추한다.

문제유형	출제개수	정답개수	
시제	총 6문제	과거진행 (was/were ~ing)	1문제
		과거완료진행 (had been ~ing)	1문제
		현재진행 (am/are/is ~ing)	1문제
		현재완료진행 (has/have been ~ing)	1문제
		미래진행 (will be ~ing)	1문제
		미래완료진행 (will have been ~ing)	1문제
가정법	총 6문제	가정법 과거 (would/could/might + RV)	3문제
		가정법 과거완료 (would/could/might + have p.p.)	3문제
준동사	총 6문제	동명사 (~ing)	3문제
		부정사 (to RV)	3문제

10회 만에 끝내는
지텔프 문법 모의고사

정답 및 해설

CHAPTER 2

실전 모의고사
정답 및 해설

목표점수에 도달!
끝까지 파이팅!

TEST 1 실전 모의고사 정답 및 해설

실전 모의고사 p. 04

빠른 정답

01	02	03	04	05	06	07	08	09	10
(c)	(b)	(b)	(b)	(c)	(a)	(a)	(c)	(a)	(b)
11	12	13	14	15	16	17	18	19	20
(c)	(a)	(a)	(d)	(c)	(d)	(a)	(c)	(d)	(c)
21	22	23	24	25	26				
(a)	(d)	(c)	(d)	(d)	(b)				

01 should 생략 정답 (c) buy

Susan noticed her dryer wasn't working this morning and called an appliance repair technician. He recommended that she 동사원형 a new dryer due to the significantly higher cost of repairs.

Step by Step

STEP 1 ▶ 선택지에 동사원형이 있고, 빈칸 앞에 '동사/형용사+that+주어'가 있으므로 should 생략 문제이다.

STEP 2 ▶ should가 생략된 동사원형 형태인 (c)가 정답이다.

TIP ▶ should 생략 문제의 정답을 고를 때 어려움을 느낀다면 모든 선택지 앞에 'should'를 넣어보자. 쉽게 판별이 가능하다.

해석
Susan은 알아차렸다 / 그녀의 건조기가 작동하지 않는 것을 / 오늘 아침에 / 그리고 전화했다 / 가전제품 수리 기술자에게. 그는 권유했다 / 그녀가 사야한다고 / 새 건조기를 / 상당히 비싼 비용 때문에 / 수리의.

어휘
appliance 명 (가정용) 전자 기기
technician 명 기술자, 기사
significantly 부 상당히, 중요하게

02 시제 정답 (b) will be leaving

John gathered his fellow adventurers and shared the exciting news. His group will be ~ing for a climb tomorrow, aiming to reach the summit and capture breathtaking views.

Step by Step

STEP 1 ▶ 선택지 4개가 모두 동사이고, ~ing로 끝나는 선택지가 2개 이상이므로 시제 문제이다.

STEP 2 ▶ ~ing로 끝나지 않는 선택지 (d)를 소거한다.

STEP 3 ▶ 빈칸 문장에 미래를 나타내는 표현 tomorrow(내일)가 있으므로 미래 시제가 아닌 (a)를 소거한다.

STEP 4 ▶ 기간을 나타내는 'for+숫자기간'이나 'since ~' 등의 표현이 없으므로 미래진행인 (b)가 정답이다.

TIP ▶ 전치사 for이 있을 경우, for의 목적어(전치사 뒤의 명사)가 숫자기간인지 아닌지 꼭 확인하자! 'for+숫자기간'은 '~동안'이라는 뜻으로 시제에서 완료시제의 힌트가 되지만, 'for+일반명사'는 '~을 위하여/~때문에'라는 뜻으로 시제와 아무런 관련이 없다.

해석
John은 모았다 / 그의 동료 모험가들을 / 그리고 공유했다 / 기쁜 소식을. 그의 그룹은 떠날 것이다 / 등반을 위해 / 내일, 그리고 목표한다 / 정상에 오르는 것을 / 그리고 숨 막히는 풍경을 찍는 것을.

어휘
gather 타 모으다
fellow 명 동료
share 타 공유하다, 나누다
exciting 형 신나는, 흥미진진한
aim 타 목표하다
summit 명 정상
breathtaking 형 숨이 막히는

03 가정법   정답 (b) would take

As the team struggled to make progress on the project, Mia observed their struggles and thought if it were her decision, she 과거조동사+동사원형 a different approach to solving the problem.

🚶 Step by Step

STEP 1 > 선택지 4개가 모두 동사이고 ~ing로 끝나는 선택지가 2개 미만이므로 가정법 문제이다.

STEP 2 > 빈칸은 주절 동사이며, if절의 동사는 were(과거시제)이므로 가정법 과거이다(were은 대표적인 가정법 과거의 if절 동사).

STEP 3 > 가정법 과거의 주절 동사로 '과거조동사+동사원형'인 (b)가 정답이다.

해석
팀이 힘겨워했을 때 / 진전을 이루어내는 데에 / 그 프로젝트에서, / Mia는 지켜보았다 / 그들의 고군분투를 / 그리고 생각했다 / 만일 그것이 그녀의 결정이라면, / 그녀는 택할 것이라고 / 다른 접근법을 / 그 문제를 해결하기 위한.

어휘
struggle 명 투쟁, 분투
progress 명 진전, 진척
observe 타 보다, 목격하다
approach 명 접근법

04 연결사   정답 (b) Meanwhile

Most of my friends already started their winter break after final exams. 대조, I am stuck in the midst of a few additional exams, so I can't take a break until after my class.

🚶 Step by Step

STEP 1 > 선택지 4개가 모두 접속부사이므로 접속부사 문제이다.

STEP 2 > 해석: 대부분의 친구들은 기말고사가 끝나고 이미 겨울방학을 시작했다. (그렇지 않다면 / 반면에 / 결국 / 게다가), 나는 몇 가지 추가 시험이 남아있어서 수업이 끝날 때까지 쉴 수가 없다.

STEP 3 > 앞 문장 내용은 '기말고사가 끝난 뒤 친구들은 겨울방학 시작함', 해당 문장 내용은 '나는 시험이 남아서 쉴 수 없음'이다. 둘은 인과관계가 없이 서로 반대되는 상황이므로 대조의 연결사인 'meanwhile'이 정답이다.

TIP
otherwise(그렇지 않으면)는 반대 가정으로, 예상되는 미래를 서술하며 주로 조동사와 함께 쓰인다. (그렇지 않으면 ~할 수 있다, ~할 것이다, ~해야 한다 등)

해석
내 친구들 중 대부분은 / 이미 시작했다 / 그들의 겨울방학을 / 기말고사가 끝난 뒤. 반면에, 나는 꼼짝도 할 수 없다 / 몇 가지 추가 시험의 한복판에서, / 그래서 쉴 수 없다 / 내 수업이 끝날 때까지.

어휘
be stuck 꼼짝도 못 하다, 갇히다
midst 명 중앙, 한가운데
additional 형 추가의, 추가적인

05 준동사   정답 (c) to restrict

The ecosystem of Yellowstone Lake has recently been threatened. To prevent overfishing, the government has decided to v the number and size of fish that can be caught in the lake.

🚶 Step by Step

STEP 1 > 선택지 안에 동명사(V+ing)와 부정사(to V)가 있으므로 준동사 문제이다. have p.p.는 무조건 소거한다.

STEP 2 > 빈칸 앞에는 동사 has decided가 있으므로 decide의 목적어를 묻는 문제이다.

STEP 3 > decide는 목적어로 부정사를 받는 타동사이다. (암기하자!) 부정사 현재시제인 (c)가 정답이다.

해석
Yellowstone 호수의 생태계는 최근에 위협받고 있다. 남획을 방지하기 위해, 정부는 결정했다 / 제한하기로 / 물고기의 수와 크기를 / (그게 뭐냐면) 잡힐 수 있는 / 그 호수에서.

어휘
ecosystem 명 생태계
threaten 타 협박하다, 위태롭게 하다
prevent 타 막다
overfishing 명 남획
restrict 타 제한하다, 방해하다

06 관계사   정답 (a) which are called "living fossils"

The coelacanth and horseshoe crab are two remarkable examples of marine creatures, which 관계사절. They have remained virtually unchanged for millions of years, captivating scientists.

🚶 Step by Step

STEP 1 ▶ 선택지 4개가 모두 관계사로 시작하므로 관계사 문제이다.

STEP 2 ▶ 선행사 'marine creatures'가 있으므로 관계사 what으로 시작하는 (c)를 소거한다.

STEP 3 ▶ 선행사 'marine creatures' 뒤에 쉼표(,)가 있으므로 관계사 that으로 시작하는 (d)를 소거한다.

STEP 4 ▶ 선행사 'marine creatures(해양 생물)'는 사람이 아니므로 관계사 who로 시작하는 (b)를 소거한다.

STEP 5 ▶ 남은 선택지 (a)에 관계대명사 which의 관계사절로 불완전한 문장이 오므로 문법상 올바르다.

해석
실러캔스와 투구게는 두 가지 놀라운 예시이다 / 해양 생물의, / (그게 뭐냐면) 불린다 / "살아있는 화석"이라고. 이 생물들은 남아있다 / 사실상 변하지 않은 채로 / 수백만 년 동안, / (그래서) 사로잡는다 / 과학자들의 마음을.

어휘
remarkable 형 놀랄 만한, 주목할 만한
creature 명 생명체
remain 자 남다, ~의 상태로 존재하다/남아있다
virtually 부 사실상, 거의
captivating 형 매혹적인, 마음을 사로잡는

07 준동사   정답 (a) passing

There are certain things you should always pay attention to in order to prevent traffic accidents. It's crucial to avoid v+ing other vehicles on sharp curves and blind corners.

🚶 Step by Step

STEP 1 ▶ 선택지 안에 동명사(V+ing)와 부정사(to V)가 있으므로 준동사 문제이다. have p.p.는 무조건 소거한다.

STEP 2 ▶ 빈칸 앞에는 부정사 to avoid가 있으므로 avoid의 목적어를 묻는 문제이다.

STEP 3 ▶ avoid는 목적어로 동명사를 받는 타동사이다. (암기하자!) 동명사 현재시제인 (a)가 정답이다.

해석
몇 가지 사항이 있다 / 당신이 언제나 주의를 기울여야 하는 / 예방하기 위해서 / 교통사고를. 중요하다 / 피하는 것은 / 다른 차량을 추월하는 것을 / 급커브나 사각지대에서.

어휘
pay attention to N N에 주의를 기울이다
crucial 형 중대한, 결정적인
blind 형 눈이 먼; 앞이 안 보이는

08 가정법   정답 (c) would never have accepted

Christopher is moving to Chicago next week for a new job. If it had not been for his wife's persuasive arguments and unwavering support, he 과거조동사+have p.p. the job offer.

🚶 Step by Step

STEP 1 ▶ 선택지 4개가 모두 동사이고 ~ing로 끝나는 선택지가 2개 미만이므로 가정법 문제이다.

STEP 2 ▶ 빈칸은 주절이며, if절의 동사는 had not been(had p.p.)이므로 가정법 과거완료이다.

STEP 3 ▶ 가정법 과거완료의 주절 동사로 '과거조동사+have p.p.'인 (c)가 정답이다.

해석
Christopher는 이사할 예정이다 / 시카고로 / 다음 주에 / 새 직장을 위해. 그의 아내의 설득력 있는 주장과 변함없는 지지가 없었다면, 그는 결코 받아들이지 않았을 것이다 / 이직 제안을.

어휘
if it had not been for = if it were not been for = without ~없이
persuasive 형 설득력 있는
argument 명 논쟁, 언쟁
unwavering 형 변함없는, 확고한

09 연결사 ★ 　　　　정답 (a) before

Despite her affinity for online shopping, Emily maintains a cautious approach. To ensure she makes informed choices, she diligently looks for product reviews on blogs <u>시간 전후</u> she makes a purchase.

Step by Step

STEP 1 ▶ 선택지 4개가 모두 종속접속사이므로 종속접속사 문제이다.

STEP 2 ▶ 해석: 온라인 쇼핑을 좋아함에도 불구하고, 에밀리는 신중한 접근 방식을 유지한다. 정보에 입각한 선택을 하기 위해, 그녀는 (구매하기 전에 / 구매하기 때문에 / 구매할 때까지 / 구매한 후에) 블로그에서 제품 리뷰를 부지런히 찾아본다.

STEP 3 ▶ 종속절 내용은 '구매', 주절은 '열심히 리뷰를 찾아봄'이다. 둘은 시간적으로 전후에 일어나는 일로, 주절이 먼저 일어난 일, 종속절이 나중에 일어난 일을 연결하는 'before'이 정답이다.

TIP ▶ until(~할 때까지)은 그전까지 쭉 이어서 해온 행동이 끝나는 시점을 설명할 때 쓰는 연결사로, 주절 동사(look for)가 완료시제여야 한다.

해석
그녀의 친밀감에도 불구하고 / 온라인 쇼핑에 대한, / Emily는 유지한다 / 신중한 접근 방식을. 확실시하기 위해 / 그녀가 정보에 입각한 선택을 내리는 것을, / 그녀는 부지런히 찾아본다 / 제품 리뷰들을 / 블로그에서 / 그녀가 구매하기 전에.

어휘
affinity 명 친밀감, 관련성
cautious 형 조심스러운, 신중한
approach 명 접근법
ensure 타 보장하다, 확실시하다
informed 형 (특정 주제·상황에 대해) 잘 아는
diligently 부 부지런히, 열심히, 애써
purchase 명 구입

10 시제 　　　　정답 (b) were entertaining

The village people remember enjoying summer. When the annual summer festival came to town, local artists and musicians <u>were ~ing</u> visiting tourists with their vibrant performances.

Step by Step

STEP 1 ▶ 선택지 4개가 모두 동사이고 ~ing로 끝나는 선택지가 2개 이상이므로 시제 문제이다.

STEP 2 ▶ ~ing로 끝나지 않는 선택지 (a)를 소거한다.

STEP 3 ▶ 빈칸은 주절의 동사이며, 시간/조건부사절(when절)의 동사는 과거시제(came)로 과거를 표현하므로 과거시제가 아닌 (c)를 소거한다.

STEP 4 ▶ 기간을 나타내는 'for+숫자기간'이나 'since ~' 등의 표현이 없으므로 과거진행인 (b)가 정답이다.

해석
마을 사람들은 기억한다 / 여름을 즐겼던 것을. 매년 열리는 여름 축제가 시작되었을 때 / 마을에, / 현지 예술가와 음악가들이 즐겁게 했다 / 방문한 관광객들을 / 그들의 활기찬 공연으로.

어휘
annual 형 매년의, 1년에 한 번씩 열리는
entertain 타 즐겁게 해 주다
vibrant 형 활기찬, 강렬한

11 시제 　　　　정답 (c) has been operating

The family-owned bakery on Washington Street <u>has been ~ing</u> as a beloved town spot <u>since</u> 1956. Its delicious pastries and bread are also favorites of the Tyra family.

Step by Step

STEP 1 ▶ 선택지 4개가 모두 동사이고 ~ing로 끝나는 선택지가 2개 이상이므로 시제 문제이다.

STEP 2 ▶ ~ing로 끝나지 않는 선택지 (d)를 소거한다.

STEP 3 ▶ 빈칸은 주절의 동사이며, 기간을 나타내는 표현으로 'since ~'가 있으므로 완료시제이다.

STEP 4 ▶ 시작 시점은 과거이지만 이와 관련 없이 끝나는 시점이 언급되어 있지 않으므로 '이 말을 하고 있는 현재까지'를 뜻하는 현재완료진행 (c)가 정답이다.

해석
가족 소유의 이 베이커리는 / Washington 거리에 있는 / 운영되어왔다 / 사랑받는 마을의 명소로서 / 1956년부터. 그곳의 맛있는 페이스트리와 빵은 또한 특히 좋아하는 것이다 / 타이라 가족들의.

어휘
operate 타 가동하다, 운영하다
beloved 형 사랑받는
favorite 명 특히 좋아하는 것

12 가정법　　　정답 (a) would have closed

With the sea lanes suddenly blocked, they were unable to close any new deals and their inventory was piling up. Had the company not secured that major contract, they <u>과거조동사+have p.p.</u> down last year.

Step by Step

STEP 1> 선택지 4개가 모두 동사이고 ~ing로 끝나는 선택지가 2개 미만이므로 가정법 문제이다.

STEP 2> 빈칸은 주절이며, if절의 동사를 찾아보니 if가 없고 had p.p. 사이에 주어가 있으므로 가정법 과거완료 도치이다.

STEP 3> 가정법 과거완료의 주절 동사로 '과거조동사 +have p.p.'인 (a)가 정답이다.

해석
바닷길과 함께 / 갑자스럽게 막힌, / 그들은 성사시킬 수 없었다 / 새로운 거래를, / 그리고 그들의 재고는 쌓여가고 있었다. 이 회사가 확보하지 못했다면 / 중대한 계약을, / 그들은 문을 닫았을 것이다 / 작년에.

어휘
lane 명 길, 도로
block 타 막다
close the deal 계약을 맺다, 마무리하다, 성사시키다
inventory 명 물품 목록, 재고
secure 타 획득하다, 확보하다
contract 명 계약

13 조동사　　　정답 (a) could

As ocean water warms and expands, sea levels rise. Climate researchers speculate that sea level rises <u>가능성</u> make islands noninhabitable, displacing communities and disrupting ecosystems.

Step by Step

STEP 1> 선택지 4개가 모두 조동사이므로 조동사 문제이다.

STEP 2> 본문의 시제가 전부 현재이므로 과거조동사 (a), (b)는 일단 빼둔다. (나머지 선택지 중 적합한 것 없으면 나중에 다시 확인)

STEP 3> 해석: 바닷물이 따뜻해지고 팽창함에 따라 해수면이 상승한다. 기후 연구자들은 해수면 상승이 지역사회를 이동시키고 생태계를 교란시켜 섬을 거주 불가하게 (만들어야 한다고) 추측한다. → 해석상 자연스러운 선택지가 없으니 (a), (b)를 넣고 다시 해석한다.

STEP 4> 바닷물이 따뜻해지고 팽창함에 따라 해수면이 상승한다. 기후 연구자들은 해수면 상승이 지역사회를 이동시키고 생태계를 교란시켜 섬을 거주 불가하게 (만들 수 있다고 / 만들지 모른다고) 추측한다.

STEP 5> might는 일어나지 않을 가능성이 더 큼을, could는 can(50%의 가능성)보다 조금 더 낮은 가능성이 있음을 나타낸다. 해당 문장에서 사람이 거주하기 힘든 이유가 두 가지나 나열되었으므로 could가 더 자연스러운 의미를 만드는 정답이다.

TIP> 영어에서 무조건 조동사의 시제가 주변의 시제와 일치되어야 하는 것은 아니다. 하지만 지텔프 문법의 조동사 문제에 한해 조동사가 주변의 시제를 따라가는 경우가 95% 이상이므로 이러한 출제패턴을 최대한 이용해보자.

해석
바닷물이 따뜻해지고 팽창하면, / 해수면은 상승한다. 기후 연구자들은 추측한다 / 해수면 상승은 만들 수 있다고 / 섬을 / 살 수 없는 곳으로, / (그래서) 쫓아낸다 / 사람들을 / 그리고 파괴시킨다 / 생태계를.

어휘
warm 자 따뜻해지다
expand 자 확대되다
rise 자 오르다, 명 증가
speculate 타 추측하다
noninhabitable 형 서식할 수 없는, 살기에 적합하지 않은
displace 타 대신하다, 쫓아내다
disrupt 타 방해하다, 지장을 주다, 교란하다

14 준동사   정답 (d) to receive

Most of the grandiose mansions of the Gilded Age were owned by the wealthiest industrialists. They were not only built to v guests but also lavishly decorated to exude luxury at every turn.

Step by Step

STEP 1 ▶ 선택지 안에 동명사(V+ing)와 부정사(to V)가 있으므로 준동사 문제이다. have p.p.는 무조건 소거한다.

STEP 2 ▶ 빈칸 앞의 동사는 'built'가 아닌 'were not only built'임에 주의하자. be p.p. 뒤에는 to V가 들어가야 한다.

STEP 3 ▶ 부정사 현재시제인 (d)가 정답이다.

TIP ▶ be p.p. 뒤에는 to V가 정답이지만, 두 가지 예외의 경우가 있다. be caught ~ing, be finished ~ing도 따로 암기해두자.

해석

대부분은 / 웅장한 저택들의 / 대호황 시대의 / 소유되었다 / 가장 부유한 산업가들에 의해서. 그 저택들은 지어졌을 뿐만 아니라 / 손님을 맞이하기 위해 / 화려하게 장식되었다 / 호화로움을 뿜어내며 / 모든 곳에서.

어휘

grandiose 형 거창한, 실속 없는
mansion 명 대저택
own 형 (소유·관련성을 강조하여) 자신의
lavishly 부 풍성하게, 호화롭게
exude 타 물씬 풍기다, 흘리다
at every turn 언제나, 어디에서나

15 should 생략   정답 (c) hire

Daniel tried to redecorate his house by himself to save money. Seeing the status of his house, his friends recommended that he 동사원형 a professional interior designer for expert guidance.

Step by Step

STEP 1 ▶ 선택지에 동사원형이 있고, 빈칸 앞에 '동사/형용사+that+주어'가 있으므로 should 생략 문제이다.

STEP 2 ▶ should가 생략된 동사원형 형태인 (c)가 정답이다.

TIP ▶ should 생략 문제의 정답을 고를 때 어려움을 느낀다면 모든 선택지 앞에 'should'를 넣어보자. 쉽게 판별이 가능하다.

해석

Daniel은 노력했다 / 혼자서 집을 다시 꾸미는 것을 / 돈을 절약하기 위해. 그의 집의 상태를 본, / 친구들은 권유했다 / 그는 전문 인테리어 디자이너를 고용해야 한다고 / 전문적인 도움을 위한.

어휘

redecorate 타 실내장식을 새로 하다
by oneself 혼자, 다른 사람 도움 없이
status 명 (진행 과정상의) 상황
expert 명 전문가
guidance 명 지도, 지침

16 가정법   정답 (d) would fit

Jessica bought her dream sofa, but she soon realized that it was much bigger than she thought. She thought if the room were a little larger, this sofa 과거조동사+동사원형 perfectly.

Step by Step

STEP 1 ▶ 선택지 4개가 모두 동사이고 ~ing로 끝나는 선택지가 2개 미만이므로 가정법 문제이다.

STEP 2 ▶ 빈칸은 that절 안의 주절 동사이며, if절의 동사는 were(과거시제)이므로 가정법 과거이다. (were은 대표적인 가정법 과거의 if절 동사)

STEP 3 ▶ 가정법 과거의 주절 동사로 '과거조동사+동사원형'인 (d)가 정답이다.

해석

Jessica는 구입했다 / 그녀의 꿈의 소파를, / 그러나 그녀는 금세 깨달았다 / 그것은 너무 크다고 / 그녀가 생각했던 것보다. 그녀는 생각했다 / 방이 조금 더 크다면, / 이 소파가 딱 어울릴 것이라고.

어휘

fit 자 어울리다, 맞다

17 준동사 정답 (a) finding

The 'Show Me Bus' App is exceptionally useful when you want to know real-time bus schedules. In addition, it also makes v+ing the bus route you need easier with just a few clicks.

Step by Step

STEP 1 ▷ 선택지 안에 동명사(V+ing)와 부정사(to V)가 있으므로 준동사 문제이다. have p.p.는 무조건 소거한다.

STEP 2 ▷ 빈칸 앞에는 동사 makes가 있으므로 make의 목적어를 묻는 문제이고, 해당 문장은 5형식이다.

STEP 3 ▷ make는 5형식으로 쓰일 때, 목적어로 동명사를 받는 타동사이다. (암기하자!) 동명사 현재시제인 (a)가 정답이다.

TIP ▷ make는 지텔프 준동사 문제에서 항상 5형식으로만 등장하니 이 시험에 한해서 make ~ing로 기억해두어도 괜찮다.

해석

'Show Me Bus' 앱은 매우 유용하다 / 당신이 알고 싶을 때 / 실시간 버스 시간표를. 게다가, 그것은 만든다 / 버스 노선을 찾는 것을 / (그게 뭐냐면) 당신이 필요로 하는 / 더 쉽게 / 몇 번의 클릭만으로.

어휘

exceptionally 🕂 유난히, 특별히
real-time 혱 실시간의

18 시제 정답 (c) will have been working

Sarah is one of the most dedicated nurses in this hospital. By the time she takes her well-deserved sabbatical next month, she will have been ~ing tirelessly for almost 10 years.

Step by Step

STEP 1 ▷ 선택지 4개가 모두 동사이고 ~ing로 끝나는 선택지가 2개 이상이므로 시제 문제이다.

STEP 2 ▷ ~ing로 끝나지 않는 선택지 (d)를 소거한다.

STEP 3 ▷ 빈칸은 주절의 동사이며, 시간/조건부사절 (by the time절)의 동사는 현재시제(takes)로 미래를 표현하며, 미래 시점을 나타내는 'next month'도 있다. 미래시제가 아닌 (a)를 소거한다.

STEP 4 ▷ 빈칸 문장에 기간을 나타내는 표현 'for+숫자 기간'이 있으므로 미래완료진행인 (c)가 정답이다.

해석

Sarah는 가장 헌신적인 간호사 중 한 명이다 / 이 병원에서. 그녀가 받을 때쯤이면 / 마땅히 받아야 할 안식년을 / 다음 달에, / 그녀는 일해왔을 것이다 / 지칠 줄 모르고 / 거의 10년 동안.

어휘

dedicated 혱 전념하는, 헌신적인
well-deserved 혱 충분한 자격이 있는
sabbatical 몡 안식 기간
tirelessly 🕂 지칠 줄 모르고, 끊임없이

19 준동사 정답 (d) to be dismantled

His company frequently reconfigures its workspace to accommodate different team projects. They use modular furniture pieces that are designed to v easily for flexible arrangements.

Step by Step

STEP 1 ▷ 선택지 안에 동명사(V+ing)와 부정사(to V)가 있으므로 준동사 문제이다. have p.p.는 무조건 소거한다.

STEP 2 ▷ 빈칸 앞의 동사는 'designed'가 아닌 'are designed'임에 주의하자. be p.p. 뒤에는 to V가 들어가야 한다.

STEP 3 ▷ 부정사 현재시제인 (d)가 정답이다.

TIP ▷ be p.p. 뒤에는 to V가 정답이지만, 두 가지 예외의 경우가 있다. be caught ~ing, be finished ~ing도 따로 암기해두자.

해석

그의 회사는 자주 재구성한다 / 회사의 업무 공간을 / 다양한 팀 프로젝트를 수용하기 위해. 그들은 사용한다 / 모듈형 가구들을 / (그게 뭐냐면) 설계된 / 쉽게 해체되도록 / 유연한 배치를 위해.

어휘

frequently 🕂 자주, 흔히
reconfigure 타 변경하다, 재구성하다
accommodate 타 수용하다, 담다
modular 혱 모듈식의(여러 개의 개별 단위로 되어 있어서 몇 개씩 선택/변경할 수 있는)
flexible 혱 신축성 있는
arrangement 몡 배열, 배치

20 시제　정답 (c) is talking

The bustling conference room is filled with eager investors and entrepreneurs. Right now, Jason is ~ing passionately about the future of sustainable technology as one of the keynote speakers.

Step by Step

STEP 1 선택지 4개가 모두 동사이고 ~ing로 끝나는 선택지가 2개 이상이므로 시제 문제이다.

STEP 2 ~ing로 끝나지 않는 선택지 (b)를 소거한다.

STEP 3 빈칸 문장에 현재를 나타내는 표현 right now(바로 지금)가 있으므로 현재시제가 아닌 (a)를 소거한다.

STEP 4 빈칸 문장에 기간을 나타내는 'for+숫자기간' 이나 'since ~' 등의 표현이 없으므로 현재진행인 (c) 가 정답이다.

해석

분주한 회의실은 가득 차 있다 / 열성적인 투자자와 기업가들로. 지금, Jason은 열정적으로 이야기하고 있다 / 미래에 대해 / 지속 가능한 기술의 / 기조연설자 중 한 명으로서.

어휘

bustling 형 부산한, 북적거리는
eager 형 열렬한, 열심인
entrepreneur 명 사업가
passionately 부 열정적으로
sustainable 형 지속 가능한

21 가정법　정답 (a) would wear

Helen usually wears comfortable clothes often opting for cozy sweaters and relaxed-fit pants. If the dress code at the office were more relaxed, she 과거조동사+동사원형 more casual attire to work.

Step by Step

STEP 1 선택지 4개가 모두 동사이고 ~ing로 끝나는 선택지가 2개 미만이므로 가정법 문제이다.

STEP 2 빈칸은 주절 동사이며, if절의 동사는 were(과거시제)이므로 가정법 과거이다. (were은 대표적인 가정법 과거의 if절 동사)

STEP 3 가정법 과거의 주절 동사로 '과거조동사+동사원형'인 (a)가 정답이다.

해석

Helen은 보통 착용한다 / 편안한 옷차림들을 / (그리고) 보통 선택한다 / 편한 스웨터와 힐링한 핏의 바지를. 만약 복장 규정이 / 사무실에서의 / 좀 더 느슨하다면, / 그녀는 착용할 것이다 / 더 캐주얼한 복장을 / 일하러 갈 때.

어휘

comfortable 형 편안한
opt for ~을 선택하다
cozy 형 아늑한
code 명 규정, 규범
attire 명 의복, 복장

22 가정법　정답 (d) would have generated

Ethan submitted a proposal to market the brand with an eco-friendly image, but it was stalled for a long time. It 과거조동사+have p.p. higher sales if the company had implemented the strategy earlier.

Step by Step

STEP 1 선택지 4개가 모두 동사이고 ~ing로 끝나는 선택지가 2개 미만이므로 가정법 문제이다.

STEP 2 빈칸은 주절이며, if절의 동사는 had implemented(had p.p.)이므로 가정법 과거완료이다.

STEP 3 가정법 과거완료의 주절 동사로 '과거조동사 +have p.p.'인 (d)가 정답이다.

해석

Ethan은 제출했다 / 제안서를 / 브랜드를 마케팅하기 위한 / 친환경적인 이미지로, / 그러나 그것은 지체되었다 / 오랫동안. 그것은 발생시켰을 것이다 / 더 높은 매출을 / 만약 그 회사가 전략을 실행했더라면 / 좀 더 일찍.

어휘

submit 타 제출하다
proposal 명 제안, 제안서
stall 타 지연시키다, 교착 상태에 빠뜨리다
generate 타 발생시키다
implement 타 시행하다
strategy 명 전략

23 관계사   정답 (b) who attended the concert

After eagerly anticipating the concert for months, I finally got a chance to ask my friends about their experience. Two of my friends who 관계사절 said that it was an electrifying and unforgettable musical experience.

Step by Step

STEP 1 ▶ 선택지 4개가 모두 관계사로 시작하므로 관계사 문제이다.

STEP 2 ▶ 선행사 'two of my friends'가 있으므로 관계사 what으로 시작하는 (c)를 소거한다.

STEP 3 ▶ 선행사 'two of my friends(내 친구 두 명)'는 사람이므로 관계사 which로 시작하는 (a)를 소거한다.

STEP 4 ▶ 남은 선택지의 관계절을 확인한다. 관계대명사 that 뒤에 완벽한 문장이 오는 (d)는 문법상 오답이다.

STEP 5 ▶ 관계대명사 who의 관계사절로 불완전한 문장이 오는 (b)가 정답이다.

해석

간절히 기다린 끝에 / 콘서트를 / 몇 달 동안, / 나는 마침내 기회를 얻었다 / 친구들에게 물어볼 / 그들의 경험에 대해서. 친구들 중 두 명은 / (그게 누구냐면) 참석했다 / 콘서트에 / 말했다 / 그것은 짜릿하고 잊을 수 없는 음악적 경험이었다고.

어휘

eagerly 튀 간절히
anticipate 타 기대하다
attend 타 참석하다
electrifying 형 짜릿한, 열광시키는
unforgettable 형 잊지 못할

24 조동사   정답 (d) should

Banana peels are rich in vitamins. Some claims about their benefits, however, 당위 not be taken as fact. For example, there is little evidence that rubbing a banana peel on your skin reduces wrinkles.

Step by Step

STEP 1 ▶ 선택지 4개가 모두 조동사이므로 조동사 문제이다.

STEP 2 ▶ 본문의 시제가 전부 현재이므로 과거조동사 (a), (b)는 일단 빼둔다. (나머지 선택지 중 적합한 것 없으면 나중에 다시 확인)

STEP 3 ▶ 해석: 바나나 껍질에는 비타민이 풍부하다. 그러나, 그 장점에 대한 어떤 주장들은 사실로 받아들여지지 (않을 것이다 / 않아야 한다). 예를 들어, 바나나 껍질을 피부에 문지르면 주름이 줄어든다는 증거는 없다.

STEP 4 ▶ 뒤의 문장에서 for example을 사용해 '증거가 없는', 즉 사람들이 착각하기 쉬운 잘못된 정보를 예시로 들고 있다. 그러므로 받아들여져서는 안 된다는 '당위'를 설명하는 (d)가 가장 자연스럽다.

TIP ▶ little, few은 부정문을 만드는 단어이다. (긍정문을 만드는 'a little, a few(조금)'와 구분하자!
ex) He is little known as an writer. (그는 작가로서 그다지 알려져있지 않다)

해석

바나나 껍질은 비타민이 풍부하다. 하지만, 일부 주장은 / 바나나의 장점에 대한 / 받아들여져서는 안 된다 / 사실로써. 예를 들어, 증거가 없다 / (그게 뭐냐면) 바나나 껍질을 문지르는 것은 / 당신의 피부에 / 줄인다 / 주름을.

어휘

peel 명 껍질
rich 형 ~이 풍부한, 풍성한
claim 명 주장
benefit 명 혜택, 이득
evidence 명 증거
rub 타 문지르다
reduce 타 줄이다, 감소시키다
wrinkle 명 주름

25 시제   정답 (d) had been walking

Carter set out on the challenging hiking trail early in the morning. He <u>had been ~ing</u> <u>for a few hours when</u> suddenly his tired legs and blistered feet <u>gave out</u>, forcing him to rest by the side of the trail.

🚶 Step by Step

STEP 1 ▷ 선택지 4개가 모두 동사이고 ~ing로 끝나는 선택지가 2개 이상이므로 시제 문제이다.

STEP 2 ▷ ~ing로 끝나지 않는 선택지 (a)를 소거한다.

STEP 3 ▷ 빈칸은 주절의 동사이며, 시간/조건부사절(when절)의 동사는 과거시제(gave out)로 과거를 표현하므로 과거시제가 아닌 (b), (c)를 소거한다.

STEP 4 ▷ 남아있는 과거완료진행 (d)가 정답이다. 빈칸 문장에 기간을 나타내는 'for+숫자기간'이 있는 것도 확인하자.

해석
Carter는 출발했다 / 험난한 하이킹 코스를 / 아침 일찍. 그는 걷고 있었다 / 몇 시간 동안 / 갑자기 그의 피로한 다리와 물집이 생긴 발이 멈췄을 때, / (그리고) 만들었다 / 그를 / 쉬도록 / 길가에서.

어휘
set out   출발하다, 시작하다
challenging 형 어려운, 도전 의식을 북돋우는
trail 명 오솔길, 산길
tired 형 피로한
blistered 형 물집이 생긴
give out   정지하다, (다리에서) 힘이 빠지다

26 준동사   정답 (b) moving

Tiffany likes her school and friends in town. However, in the face of rising rent prices, her parents started <u>to consider</u> <u>v+ing</u> to more affordable neighborhoods in the city.

🚶 Step by Step

STEP 1 ▷ 선택지 안에 동명사(V+ing)와 부정사(to V)가 있으므로 준동사 문제이다. have p.p.는 무조건 소거한다.

STEP 2 ▷ 빈칸 앞에는 부정사 to consider이 있으므로 consider의 목적어를 묻는 문제이다.

STEP 3 ▷ consider는 목적어로 동명사를 받는 타동사이다. (암기하자!) 동명사 현재시제인 (b)가 정답이다.

해석
Tiffany는 좋아한다 / 학교와 친구들을 / 동네의. 하지만, 집값 상승에 직면하여, / 그녀의 부모님은 고려하기 시작했다 / 이사하는 것을 / 더 저렴한 지역으로 / 도시에 있는.

어휘
in the face of   ~에 직면하여
rising 형 상승하는
affordable 형 가격이 감당할 수 있는, 저렴한

TEST 2 실전 모의고사 정답 및 해설

실전 모의고사 p. 09

빠른 정답

01	02	03	04	05	06	07	08	09	10
(d)	(a)	(c)	(a)	(c)	(b)	(a)	(b)	(a)	(d)
11	12	13	14	15	16	17	18	19	20
(c)	(b)	(a)	(d)	(a)	(b)	(c)	(c)	(c)	(d)
21	22	23	24	25	26				
(a)	(b)	(c)	(b)	(c)	(d)				

01 가정법 정답 (d) would attend

According to the recent employee survey, there is a common sentiment that the training sessions are too long. If the classes were shorter, employees 과거조동사+동사원형 more consistently.

🚶 Step by Step

STEP 1〉 선택지 4개가 모두 동사이고 ~ing로 끝나는 선택지가 2개 미만이므로 가정법 문제이다.

STEP 2〉 빈칸은 주절 동사이며, if절의 동사는 were(과거시제)이므로 가정법 과거이다. (were은 대표적인 가정법 과거의 if절 동사)

STEP 3〉 가정법 과거의 주절 동사로 '과거조동사+동사원형'인 (d)가 정답이다.

해석

최근 직원 설문조사에 따르면, / 공통된 의견이 있다 / (그게 뭐냐면) 교육 세션이 너무 길다. 만일 수업이 더 짧다면, / 직원들은 참석할 것이다 / 더 꾸준히.

어휘

sentiment 명 정서, 감상
consistently 부 꾸준히, 지속적으로

02 준동사 정답 (a) resigning

Julian was thrilled to take on the role of project manager. However, because of growing pressure and the weight of responsibilities he considered v+ing from his position.

🚶 Step by Step

STEP 1〉 선택지 안에 동명사(V+ing)와 부정사(to V)가 있으므로 준동사 문제이다. have p.p.는 무조건 소거한다.

STEP 2〉 빈칸 앞에는 동사 considered가 있으므로 consider의 목적어를 묻는 문제이다.

STEP 3〉 consider는 목적어로 동명사를 받는 타동사이다. (암기하자!) 동명사 현재시제인 (a)가 정답이다.

해석

Julian은 매우 기뻤다 / 역할을 맡게 되어서 / 프로젝트 매니저의. 하지만, 상승하는 부담감과 책임감 때문에, / 그는 고려했다 / 사직하는 것을 / 그의 자리로부터.

어휘

thrill 타 황홀하게 만들다, 열광시키다
take on (일 등을) 맡다, (책임을) 지다
role 명 역할
pressure 명 압박, 스트레스
responsibility 명 책임
resign 자 사임하다, 물러나다
position 명 일자리, 직위

03 시제 정답 (c) will be washing

After a long week of work, April decided to spend her Saturday night on a different agenda. Planning for a relaxing evening, she will be ~ing her car when her roommates have fun at the bar.

14 | 문제풀이는 Skill 빠르게 푸는 전략!

Step by Step

STEP 1 〉 선택지 4개가 모두 동사이고 ~ing로 끝나는 선택지가 2개 이상이므로 시제 문제이다.

STEP 2 〉 ~ing로 끝나지 않는 선택지 (a)를 소거한다.

STEP 3 〉 빈칸은 주절의 동사이며, 시간/조건부사절(when절)의 동사는 현재시제(have)로 미래를 표현하므로 미래시제가 아닌 (b), (d)를 소거한다.

STEP 4 〉 남아있는 미래진행 (c)가 정답이다. 기간을 나타내는 'for+숫자기간'이나 'since ~' 등의 표현도 없다.

해석

긴 한 주를 마친 후 / 업무의, / April은 결심했다 / 그녀의 토요일 밤을 보내기로 / 다른 계획으로. 편안한 저녁을 위한 계획으로, / 그녀는 세차를 할 것이다 / 그녀의 룸메이트들이 즐거운 시간을 보낼 때 / 바에서.

어휘

agenda 명 예정, 일정
relaxing 형 마음을 느긋하게 해 주는, 편안한

04 시제   정답 (a) were gathering

The end-of-exam bell rang, signaling the conclusion of a challenging test. **When** students **took** their belongings, test proctors were ~ing around the tables to check the collected test papers.

Step by Step

STEP 1 〉 선택지 4개가 모두 동사이고 ~ing로 끝나는 선택지가 2개 이상이므로 시제 문제이다.

STEP 2 〉 ~ing로 끝나지 않는 선택지 (d)를 소거한다.

STEP 3 〉 빈칸은 주절의 동사이며, 시간/조건부사절(when절)의 동사는 과거시제(took)로 과거를 표현하므로 과거시제가 아닌 (b)를 소거한다.

STEP 4 〉 기간을 나타내는 'for+숫자기간'이나 'since ~' 등의 표현이 없으므로 과거진행인 (a)가 정답이다.

해석

시험 종료 종이 울렸다, / (그리고) 알렸다 / 어려운 시험의 끝을. 학생들이 챙겼을 때 / 그들의 소지품들을, / 시험 감독관들은 모이고 있었다 / 테이블 주위에 / 확인하기 위해서 / 수거한 시험지들을.

어휘

conclusion 명 결말, 마무리
challenging 형 어려운, 도전 의식을 북돋우는
belongings 명 소지품
proctor 명 (시험) 감독관
gather 자 모이다

05 관계사   정답 (c) which eventually led to lasting peace

Houthi rebels and the Saudi coalition agreed to a halt in fighting. **This agreement,** which 관계사절, resulted from intense negotiations between the two parties.

Step by Step

STEP 1 〉 선택지 4개가 모두 관계사로 시작하므로 관계사 문제이다.

STEP 2 〉 선행사 'this agreement'가 있으므로 관계사 what으로 시작하는 (d)를 소거한다.

STEP 3 〉 선행사 'this agreement' 뒤에 쉼표(,)가 있으므로 관계사 that으로 시작하는 (b)를 소거한다.

STEP 4 〉 선행사 'this agreement(합의)'는 사람이 아니므로 관계사 who로 시작하는 (a)를 소거한다.

STEP 5 〉 남은 선택지 (c)에 관계대명사 which의 관계사절로 불완전한 문장이 오므로 문법상 올바르다.

해석

후티 반군과 사우디 연합군이 합의했다 / 전투를 중단하기로. 이 합의는, / (그게 뭐냐면) 결국 이어졌다 / 지속적인 평화로 / 이루어졌다 / 치열한 협상을 통해 / 양측의.

어휘

rebel 명 반역자, 반대자
coalition 명 연합, 연합체
halt 명 중지, 멈춤
intense 형 극심한, 치열한
negotiation 명 협상, 교섭, 절충
party 명 단체, 당사자

06 조동사 　　　　　　정답 (b) would

Many people attended the 10th-anniversary raffle at Good Morning Mart. Among them, my mother bought lottery tickets, hoping she 미래 발생 win a microwave.

Step by Step

STEP 1 선택지 4개가 모두 조동사이므로 조동사 문제이다.

STEP 2 본문의 시제가 전부 과거이므로 현재조동사 (a), (c)는 일단 빼둔다. (나머지 선택지 중 적합한 것 없으면 나중에 다시 확인)

STEP 3 해석: 굿모닝마트 10주년 기념 추첨에 많은 사람들이 참석했다. 그중 우리 엄마는 전자레인지에 (당첨되기를 / 당첨되어야함을) 바라며 복권을 샀다.

STEP 4 빈칸은 엄마의 '소망'이 어떤 것이었는지 설명한다. 미래의 필연이나 의무에 대한 소망이 아닌, '미래에 발생'하길 바라는 소망으로 (b)가 가장 자연스럽다.

해석
많은 사람들이 참석했다 / 10주년 기념 추첨에 / 굿모닝마트에서 열린. 사람들 중, / 우리 엄마는 복권을 구입했다, / 희망하면서 / 그녀가 따내기를 / 전자레인지를.

어휘
attend 타 참석하다
raffle 명 래플(특정 프로젝트 등의 모금을 위한 복권)
lottery 명 복권
win 타 따다, 획득하다
microwave 명 전자레인지

07 준동사 　　　　　　정답 (a) to attract

As the boutique owner carefully curated the ambiance, every detail played a role. The alluring scent of scented candles in the boutique may have been used to v customers.

Step by Step

STEP 1 선택지 안에 동명사(V+ing)와 부정사(to V)가 있으므로 준동사 문제이다. have p.p.는 무조건 소거한다.

STEP 2 빈칸 앞의 동사는 'used'가 아닌 'may have been used'임에 주의하자. be p.p. 뒤에는 to V가 들어가야 한다.

STEP 3 부정사 현재시제인 (a)가 정답이다.

TIP
❶ 동사 덩어리가 아무리 길더라도 맨 뒤의 두 단어에 be p.p.가 있는지 확인하면 수동태 여부 파악이 가능하다. 이 문제에서 맨 끝의 두 단어는 been used이니 수동형이다.

❷ be p.p. 뒤에는 to V가 정답이지만, 예외의 경우가 두 가지 있다. be caught ~ing, be finished ~ing도 따로 암기해두자.

해석
부티크 주인이 세심하게 꾸몄기 때문에 / 분위기를, / 모든 디테일은 제 역할을 한다. 매혹적인 향기는 / 향초의 / 부티크의 / 이용되었을지도 모른다 / 끌어모으기 위해 / 고객들을.

어휘
curate 타 종합적으로 기획, 꾸미다
ambiance 명 환경, 분위기
play a role 역할을 맡다, 한몫을 하다
alluring 형 매혹적인
scent 명 향기
scented 형 향기로운
attract 타 끌어모으다, 매혹하다

08 가정법 　　　　　　정답 (b) would submerge

Following days of persistent and heavy rainfall, the river's water level rose significantly. If it were to rain one more day, it 과거조동사+동사원형 the banks, posing a heightened risk to the surrounding areas.

Step by Step

STEP 1 선택지 4개가 모두 동사이고 ~ing로 끝나는 선택지가 2개 미만이므로 가정법 문제이다.

STEP 2 빈칸은 주절 동사이며, if절의 동사는 were(과거시제)이므로 가정법 과거이다. (were은 대표적인 가정법 과거의 if절 동사)

STEP 3 가정법 과거의 주절 동사로 '과거조동사+동사원형'인 (b)가 정답이다.

해석
며칠 후에 / 지속적인 폭우가 내린, / 강의 수위가 상승했다 / 심각하게. 만일 비가 내린다면 / 하루 더, / 강은 침몰시킬지도 모른다 / 제방을, / (그리고) 가한다 / 더 높은 위협을 / 주변 지역들에.

어휘
persistent 형 끊임없이 지속되는
rise 자 상승하다, 오르다
significantly 부 상당하게
submerge 타 물속에 넣다, 침몰시키다
bank 명 둑, 제방
pose a risk 위험을 끼치다, 해가 되다
heightened 형 고조된

09 should 생략　　　　　　　**정답** (a) file

Beatrice discovered that she was being paid less than her colleagues for the same work. In light of this, her lawyer suggested that she 동사원형 a formal complaint with HR.

Step by Step

STEP 1 〉 선택지에 동사원형이 있고, 빈칸 앞에 '동사/형용사+that+주어'가 있으므로 should 생략 문제이다.

STEP 2 〉 should가 생략된 동사원형 형태인 (a)가 정답이다.

TIP 〉 should 생략 문제의 정답을 고를 때 어려움을 느낀다면 모든 선택지 앞에 'should'를 넣어보자. 쉽게 판별이 가능하다.

해석
Beatrice는 알게 되었다 / (그게 뭐냐면) 그녀는 임금을 받고 있다 / 더 적게 / 그녀의 동료들보다 / 같은 일에 대해. 이것을 고려하여, / 그녀의 변호사는 제안했다 / 그녀가 제기해야 한다고 / 공식적인 불만을 / 인사팀에.

어휘
colleague 명 동료
in light of 전 ~을 고려하여
file 타 제기하다
complaint 명 불만

10 가정법　　　　　　　**정답** (d) would have accepted

The financial burden of tuition weighed heavily on Mary's aspirations. If the university had offered her a scholarship, she 과거조동사+have p.p. the opportunity without hesitation.

Step by Step

STEP 1 〉 선택지 4개가 모두 동사이고 ~ing로 끝나는 선택지가 2개 미만이므로 가정법 문제이다.

STEP 2 〉 빈칸은 주절이며, if절의 동사는 had offered(had p.p.)이므로 가정법 과거완료이다.

STEP 3 〉 가정법 과거완료의 주절 동사로 '과거조동사+have p.p.'인 (d)가 정답이다.

해석
재정적인 부담은 / 학비의 / 무겁게 짓눌렀다 / Mary의 포부를. 만일 대학교가 제공했다면 / 그녀에게 / 장학금을, / 그녀는 받아들였을 것이다 / 그 기회를 / 주저 없이.

어휘
financial 형 재정적인
burden 명 부담, 짐
tuition 명 수업료
weigh on 압박하다, 괴롭히다, ~을 짓누르다
aspiration 명 열망
scholarship 명 장학금; 학문
opportunity 명 기회
hesitation 명 주저, 머뭇거림

11 시제　　　　　　　**정답** (c) have been simulating

As the frequency of seismic activities increased in the region, civil engineers needed innovative solutions. Since 1997, they have been ~ing earthquake scenarios to design resilient structures.

Step by Step

STEP 1 〉 선택지 4개가 모두 동사이고 ~ing로 끝나는 선택지가 2개 이상이므로 시제 문제이다.

STEP 2 〉 ~ing로 끝나지 않는 선택지 (d)를 소거한다.

STEP 3 〉 빈칸은 주절의 동사이며, 기간을 나타내는 표현으로 'since ~'가 있으므로 완료시제가 아닌 (a)를 소거한다.

STEP 4 〉 시작 시점은 과거이지만 이와 관련 없이 끝나는 시점이 언급되어 있지 않으므로 '이 말을 하고 있는 현재까지'를 뜻하는 현재완료진행 (c)가 정답이다.

해석
발생 빈도가 / 지진 활동의 / 증가했기 때문에 / 이 지역에서, / 토목 엔지니어들은 필요했다 / 혁신적인 해결책이. 1997년부터, / 그들은 시뮬레이션해왔다 / 지진 시나리오를 / 설계하기 위해서 / 탄력적인 구조물을.

어휘

frequency 몡 빈도, 빈발; 진동수
seismic 휑 지진의; 엄청난
innovative 휑 획기적인
earthquake 몡 지진
resilient 휑 회복력 있는, 탄력 있는
structure 몡 구조, 구조물

12 준동사 　　　　　정답 (b) searching

HappyBees company invested in technological improvements. The upgraded website interface simplified navigation, which makes ~V+ing~ for products online easier.

🚶 Step by Step

STEP 1 ▸ 선택지 안에 동명사(V+ing)와 부정사(to V)가 있으므로 준동사 문제이다. have p.p.는 무조건 소거한다.

STEP 2 ▸ 빈칸 앞에는 동사 makes가 있으므로 make의 목적어를 묻는 문제이고, 해당 문장은 5형식이다.

STEP 3 ▸ make는 5형식으로 쓰일 때, 목적어로 동명사를 받는 타동사이다. (암기하자!) 동명사 현재시제인 (b)가 정답이다.

TIP ▸ make는 지텔프 준동사 문제에서 항상 5형식으로만 등장하니 이 시험에 한해서 make ~ing로 기억해두어도 괜찮다.

해석

회사 HappyBees는 투자했다 / 기술 발전에. 업그레이드된 웹사이트 인터페이스는 간소화했다 / 탐색을, / (그게 뭐냐면) 만들었다 / 제품을 검색하는 것을 / 온라인에서 / 더 쉽게.

어휘

invest 재 투자하다
improvement 몡 향상, 개선, 호전
simplify 타 간소화하다, 간단하게 하다
navigation 몡 운항(술), (인터넷) 탐색

13 연결사 　　　　　정답 (a) before

Water molecules in the ocean can persist for thousands of years. However, once evaporated into the air, water particles only stay for about nine days ~시간 전후~ it falls back down to Earth.

🚶 Step by Step

STEP 1 ▸ 선택지 4개가 모두 종속접속사이므로 종속접속사 문제이다.

STEP 2 ▸ 해석: 바닷속에서 물 분자는 수천 년 동안 존재할 수 있다. 하지만 일단 공기 중으로 증발하면, 물 입자는 지구로 다시 (떨어지기 전까지 / 떨어지기 때문에 / 떨어질 동안 / 떨어짐에도 불구하고) 약 9일 동안만 머물러 있다.

STEP 3 ▸ 종속절 내용은 '물이 다시 땅에 떨어짐', 주절은 '물이 공기 중에서 9일 동안 머무름'이다. 둘은 시간적으로 전후에 일어나는 일로, 주절이 먼저 일어난 일, 종속절이 나중에 일어난 일을 연결하는 'before'이 정답이다.

해석

물 분자는 / 바다에 있는 / 지속될 수 있다 / 수천 년 동안. 하지만, 일단 증발되면 / 공기 중으로, / 물 분자는 오직 머무른다 / 약 9일 동안 / 물 분자가 떨어지기 전까지 / 다시 지구로.

어휘

molecule 몡 분자
persist 자 계속되다
evaporate 자 증발하다, 사라지다
particle 몡 입자, 미립자

14 가정법 　　　　　정답 (d) would have gone

Relying on the airline's initial schedule, Morris arrived at the airport hours before his flight. Had he known about the delayed flight, he ~과거조동사+have p.p.~ to the airport later.

🚶 Step by Step

STEP 1 ▸ 선택지 4개가 모두 동사이고 ~ing로 끝나는 선택지가 2개 미만이므로 가정법 문제이다.

STEP 2 ▸ 빈칸은 주절이며, if절의 동사를 찾아보니 if가 없고 had p.p. 사이에 주어가 있으므로 가정법 과거완료 도치이다.

STEP 3 ▸ 가정법 과거완료의 주절 동사로 '과거조동사+have p.p.'인 (d)가 정답이다.

해석

의존하여 / 항공사의 처음 시간표에, / Morris는 도착했다 / 공항에 / 비행 몇 시간 전에. 만약 그가 알았다면 / 지연된 비행기에 대해서, / 그는 갔을 것이다 / 공항에 / 더 늦게.

어휘
initial 형 처음의
delayed 형 지연된

15 should 생략   정답 (a) reschedule

Angela discovered that the venue had mistakenly double-booked for the charity event. As the event organizer, she promptly asked that the event 동사원형 for logistical adjustments.

Step by Step

STEP 1 > 선택지에 동사원형이 있고, 빈칸 앞에 '동사/형용사+that+주어'가 있으므로 should 생략 문제이다.

STEP 2 > should가 생략된 동사원형 형태인 (a)가 정답이다.

TIP > should 생략 문제의 정답을 고를 때 어려움을 느낀다면 모든 선택지 앞에 'should'를 넣어보자. 쉽게 판별이 가능하다.

해석
Angela는 발견했다 / (그게 뭐냐면) 장소가 실수로 이중 예약되었다 / 자선 행사를 위한. 행사 주최자로서, / 그녀는 즉시 요구했다 / 행사는 재조정되어야 한다고 / 배송 변경을 위해.

어휘
venue 명 장소
charity 명 자선단체; 너그러움
promptly 부 지체 없이, 정확하게
logistical 형 수송의
adjustment 명 수정, 적응

16 시제   정답 (d) had been teaching

Kent Haruf is famous for his honest storytelling that is compelling and rings true. He had been ~ing English at Nebraska Wesleyan University before he decided to pursue a career as a writer.

Step by Step

STEP 1 > 선택지 4개가 모두 동사이고 ~ing로 끝나는 선택지가 2개 이상이므로 시제 문제이다.

STEP 2 > ~ing로 끝나지 않는 선택지 (c)를 소거한다.

STEP 3 > 빈칸은 주절의 동사이며, 시간/조건부사절 (before절)의 동사는 과거시제(decided)로 과거에 끝났음을 표현하므로 과거시제가 아닌 (a), (b)를 소거한다.

STEP 4 > before은 '~전에'라는 뜻으로 과거완료진행인 (d)가 정답이다.

TIP > 'before+과거시제'는 과거진행으로도 과거완료진행으로도 출제된 적이 있다. 이런 패턴은 숫자맞추기를 적극적으로 이용하면서 주어진 선택지 안에서 (객관식의 특징 활용) 정답을 고르면 된다.

해석
Kent Haruf는 유명하다 / 그의 솔직한 스토리텔링으로 / (그게 뭐냐면) 설득력 있고 사실 같다. 그는 영어를 가르쳤다 / Nebraska Wesleyan 대학교에서 / 그가 결심하기 전에 / 경력을 추구하기로 / 작가로서의.

어휘
compelling 형 강력한, 설득력이 있는
ring true 정말처럼 들리다
pursue 타 추구하다, 계속하다

17 준동사   정답 (b) being mugged

Seasoned globetrotters should get traveler's insurance. In addition, most travelers who experienced V+ing stress the importance of staying vigilant in unfamiliar surroundings.

Step by Step

STEP 1 > 선택지 안에 동명사(V+ing)와 부정사(to V)가 있으므로 준동사 문제이다. have p.p.는 무조건 소거한다.

STEP 2 > 빈칸 앞에는 동사 experienced가 있으므로 experience의 목적어를 묻는 문제이다.

STEP 3 > experience는 목적어로 동명사를 받는 타동사이다. (암기하자!) 동명사 현재시제인 (b)가 정답이다.

해석
노련한 세계 여행자들은 가입해야 한다 / 여행자 보험에. 게다가, 대부분의 여행자들은 / (그게 누구냐면) 경험했다 / 강도당한 것을 / 강조한다 / 중요성을 / 경계를 늦추지 않는 것의 / 낯선 환경에서.

어휘

- seasoned 형 경험 많은, 노련한
- globetrotter 명 세계 관광 여행자
- insurance 명 보험
- mug 타 강도 짓을 하다
- stress 타 강조하다
- vigilant 형 바짝 경계하는, 조금도 방심하지 않는
- unfamiliar 형 익숙지 않은, 지식이 없는

18 가정법   정답 (c) could punish

Jack has received multiple warnings about his reckless driving habits. If he <u>were</u> to violate traffic laws once again, authorities 과거조동사+동사원형 him with license suspension.

🚶 Step by Step

STEP 1 ▷ 선택지 4개가 모두 동사이고 ~ing로 끝나는 선택지가 2개 미만이므로 가정법 문제이다.

STEP 2 ▷ 빈칸은 주절 동사이며, if절의 동사는 were(과거시제)이므로 가정법 과거이다. (were은 대표적인 가정법 과거의 if절 동사)

STEP 3 ▷ 가정법 과거의 주절 동사로 '과거조동사+동사원형'인 (c)가 정답이다.

해석

Jack은 받아왔다 / 여러 번의 경고를 / 그의 무모한 운전 습관에 대해서. 만일 그가 위반한다면 / 교통 법규를 / 다시 한번, 당국은 처벌할 수 있다 / 그를 / 면허 정지로.

어휘

- multiple 형 많은
- reckless 형 무모한, 신중하지 못한
- violate 타 위반하다, 침해하다
- authorities 명 당국
- punish 타 처벌하다, 처하다
- suspension 명 정직, 정학

19 관계사   정답 (c) who are attending the exhibition

As part of the course requirements, the professor outlined specific tasks for students to engage with art. Students <u>who 관계사절</u> will have to write a reflection for it.

🚶 Step by Step

STEP 1 ▷ 선택지 4개가 모두 관계사로 시작하므로 관계사 문제이다.

STEP 2 ▷ 선행사 'students'가 있으므로 관계사 what으로 시작하는 (d)를 소거한다.

STEP 3 ▷ 선행사 'students(학생들)'는 사람이므로 관계사 which로 시작하는 (b)를 소거한다.

STEP 4 ▷ 남은 선택지의 관계절을 확인한다. 관계대명사 that 뒤에 완벽한 문장이 오는 (a)는 문법상 오답이다.

STEP 5 ▷ 관계대명사 who의 관계사절로 불완전한 문장이 오는 (c)가 정답이다.

해석

일부로 / 수업 필수 요건의, / 교수는 제시했다 / 구체적인 과제들을 / (어떤 과제냐면) 학생들이 / 예술을 공부할 수 있는. 학생들은 / (그게 누구냐면) 전시회에 참석할 예정이다 / 작성해야 한다 / 감상문을 / 전시회에 대한.

어휘

- requirement 명 필요조건
- outline 타 개요를 서술하다, 윤곽을 보여주다
- specific 형 구체적인, 특정한
- engage with ~와 소통하다, ~을 다루다, ~에 관여하다
- reflection 명 반영된 생각; 반사, 반영

20 시제   정답 (d) is talking

As the semester comes to a close, students have vivid faces and anticipation fills the lecture hall. <u>Right now</u>, the professor <u>is ~ing</u> to the students about the final exam schedule.

🚶 Step by Step

STEP 1 ▷ 선택지 4개가 모두 동사이고 ~ing로 끝나는 선택지가 2개 이상이므로 시제 문제이다.

STEP 2 ▷ ~ing로 끝나지 않는 선택지 (a), (c)를 소거한다.

STEP 3 ▷ 빈칸 문장에 현재를 나타내는 표현 right now(바로 지금)가 있으므로 현재시제가 아닌 (b)를 소거한다.

STEP 4 ▷ 남아있는 현재진행 (d)가 정답이다. 빈칸 문장에 기간을 나타내는 'for+숫자기간'이나 'since ~' 등의 표현도 없다.

해석

학기가 다가가면 / 막바지에, / 학생들은 밝은 표정을 가진다 / 그리고 기대감이 강의실을 채운다. 지금, 교수는 이야기하고 있다 / 학생들에게 / 기말고사 일정에 대해.

어휘

semester 명 학기
vivid 형 생생한, 선명한, 활발한
anticipation 명 예상, 기대

21 조동사   정답 (a) can

Parrots have different ways to eat food from other birds. While most birds grasp various food items using their beak, parrots 능력/가능성 bring food to their beak using their talons.

Step by Step

STEP 1 ▸ 선택지 4개가 모두 조동사이므로 조동사 문제이다.

STEP 2 ▸ 본문의 시제가 전부 현재이므로 과거조동사 (d)는 일단 빼둔다. (나머지 선택지 중 적합한 것 없으면 나중에 다시 확인)

STEP 3 ▸ 해석: 앵무새는 다른 새들과는 다른 방식으로 먹이를 먹는다. 대부분의 새가 부리로 다양한 먹이를 집는 반면, 앵무새는 발톱을 사용해 먹이를 부리로 (가져올 수 있다 / 가져와야 한다 / 가져올 것이다).

STEP 4 ▸ 주어는 이성적 판단 능력이 없는 동식물, 또는 신체 기관으로, 그의 '능력'이나 '가능성'을 설명하는 (a)가 가장 자연스럽다.

해석

앵무새는 가진다 / 다른 방식을 / 먹이를 먹는 / 다른 새들과. 대부분의 새가 쥐는 반면에 / 다양한 먹이를 / 그들의 부리를 이용해서, / 앵무새들은 가져올 수 있다 / 음식을 / 그들의 부리로 / 발톱을 이용해서.

어휘

grasp 타 꼭 쥐다
beak 명 부리
talon 명 발톱

22 준동사   정답 (b) to buy

As the holiday season approached, the electronics store decided to entice shoppers with a special promotion. It gave consumers the chance to V one product with a free accessory.

Step by Step

STEP 1 ▸ 선택지 안에 동명사(V+ing)와 부정사(to V)가 있으므로 준동사 문제이다. have p.p.는 무조건 소거한다.

STEP 2 ▸ 빈칸 앞에는 명사 the chance가 있으므로 명사 뒤에 부정사를 넣어야 한다.

STEP 3 ▸ 부정사 현재시제인 (b)가 정답이다.

해석

홀리데이 시즌이 다가오면서, / 이 전자제품 매장은 결정했다 / 고객들을 유인하는 것을 / 특별 프로모션으로. 그 매장은 주었다 / 소비자에게 / 기회를 / (어떤 기회냐면) 제품 하나를 구매할 수 있는 / 무료 액세서리와 함께.

어휘

approach 자 다가오다
entice 타 유도하다

23 연결사 ★★   정답 (c) However

Limestone finds its primary application in construction due to its durability and versatility. 첨가, it also plays a crucial role in agriculture, enhancing soil pH and promoting healthier crop growth.

Step by Step

STEP 1 ▸ 선택지 4개가 모두 접속부사이므로 접속부사 문제이다.

STEP 2 ▸ 해석: 석회석은 내구성과 다용도로 인해 건축 분야에서 주로 사용된다. (그러므로 / 예를 들어 / 그런데 / 결국) 토양의 pH를 높이고 작물의 건강한 성장을 촉진하는 농업 분야에서도 또한 중요한 역할을 한다.

STEP 3 ▸ 앞 문장 내용은 '석회석이 건축 분야에서 유용함', 해당 문장 내용은 '석회석은 농업에서도 유용함'이다. 둘은 같은 소재에 대해 새로운 내용이 추가되므로 첨가의 연결사를 찾아야 한다. 뒤의 문장에 also가 있을 경우에는 'however'이 첨가의 의미로 쓰일 수 있다.

TIP ▸ 'However(그런데) + also'가 첨가의 의미로 쓰일 수 있다는 것을 기억해두자.

해석
석회석은 그 주된 활용을 찾는다 / 건축 분야에서 / 그것의 내구성과 다목적성으로 인해. 그러나 석회석은 또한 중요한 역할을 한다 / 농업에서도, / (왜냐하면) 토양의 pH를 높인다 / 그리고 촉진한다 / 더 건강한 작물의 성장을.

어휘
limestone 명 석회석
primary 형 주된
application 명 지원; 적용
durability 명 내구성
versatility 명 다재다능
crucial 형 중대한, 결정적인
agriculture 명 농업
enhance 타 높이다, 강화하다
promote 타 촉진하다, 고취하다

24 가정법   정답 (b) would have gotten

Despite the ominous clouds gathering overhead, Lora left home unprepared. Had she checked the weather forecast, she 과거조동사+have P.P. an umbrella before leaving the house.

Step by Step

STEP 1 〉 선택지 4개가 모두 동사이고 ~ing로 끝나는 선택지가 2개 미만이므로 가정법 문제이다.

STEP 2 〉 빈칸은 주절이며, if절의 동사를 찾아보니 if가 없고 had p.p. 사이에 주어가 있으므로 가정법 과거완료 도치이다.

STEP 3 〉 가정법 과거완료의 주절 동사로 '과거조동사 +have p.p.'인 (b)가 정답이다.

해석
불길한 구름에도 불구하고 / (그게 뭐냐면) 모였다 / 머리 위로, / Lora는 집을 나섰다 / 준비되지 않은 채로. 만일 그녀가 확인했더라면 / 일기 예보를, / 그녀는 챙겼을 것이다 / 우산을 / 집을 나서기 전에.

어휘
ominous 형 불길한
gather 자 모이다
overhead 부 머리 위에, 하늘 높이
forecast 명 예측

25 시제   정답 (c) will already have been staying

Researchers decided to conduct an in-depth study on biodiversity in the Amazon rainforest. By tomorrow, they will have been ~ing at the field site for a month, collecting data on flora and fauna.

Step by Step

STEP 1 〉 선택지 4개가 모두 동사이고 ~ing로 끝나는 선택지가 2개 이상이므로 시제 문제이다.

STEP 2 〉 ~ing로 끝나지 않는 선택지 (d)를 소거한다.

STEP 3 〉 빈칸 문장에 미래를 가리키는 전치사 'by(~쯤에)'와 함께 'tomorrow'가 있으므로 미래시제가 아닌 (a)를 소거한다.

STEP 4 〉 빈칸 문장에 기간을 나타내는 표현 'for+숫자 기간'이 있으므로 미래완료진행인 (c)가 정답이다.

해석
연구원들은 결정했다 / 심층 연구를 진행하기로 / 생물 다양성에 대한 / 아마존 열대우림에 있는. 내일쯤이면, 그들은 이미 머물러왔을 것이다 / 현지에서 / 한 달 동안, / 수집하면서 / 데이터를 / 동식물에 대한.

어휘
conduct 타 행하다
in-depth 형 철저하고 상세한, 면밀한
biodiversity 명 생물다양성
site 명 현장
flora 명 식물군
fauna 명 동물군

26 준동사   정답 (d) to charge

Bright lights at night near the nesting area causes the creatures to v, protecting their young. This defensive response highlights the sensitivity of the species to environmental disruptions.

Step by Step

STEP 1 〉 선택지 안에 동명사(V+ing)와 부정사(to V)가 있으므로 준동사 문제이다. have p.p.는 무조건 소거한다.

STEP 2 〉 빈칸 앞에는 명사 the creatures가 있으므로 명사 뒤에 부정사를 넣어야 한다.

STEP 3 〉 부정사 현재시제인 (d)가 정답이다.

해석
밤중의 밝은 불빛은 / 둥지 근처에서의 / 야기한다 / 생명체들을 / 돌격하도록, / 새끼를 보호하기 위해. 이러한 방어적 반응은 강조한다 / 그 종의 민감성을 / 환경 파괴에 대한.

어휘
nesting 명 둥지
creature 명 생명체
charge 자 돌격하다, 공격하다
defensive 형 방어의, 방어적인, 수비의
highlight 타 강조하다
sensitivity 명 세심함, 예민함
disruption 명 혼란, 분열

TEST 3 실전 모의고사 정답 및 해설

실전 모의고사 p. 14

빠른 정답

01	02	03	04	05	06	07	08	09	10
(b)	(a)	(a)	(a)	(c)	(d)	(d)	(b)	(c)	(c)
11	12	13	14	15	16	17	18	19	20
(c)	(d)	(b)	(a)	(c)	(b)	(d)	(a)	(d)	(b)
21	22	23	24	25	26				
(c)	(b)	(d)	(a)	(a)	(c)				

01 should 생략   정답 (b) consume

Experienced guides emphasize the importance of acclimatization. In high-altitude areas, trekkers are advised that they 동사원형 adequate water to prevent dehydration.

Step by Step

STEP 1 〉 선택지에 동사원형이 있고, 빈칸 앞에 '동사/형용사+that+주어'가 있으므로 should 생략 문제이다.

STEP 2 〉 should가 생략된 동사원형 형태인 (b)가 정답이다.

TIP 〉 should 생략 문제의 정답을 고를 때 어려움을 느낀다면 모든 선택지 앞에 'should'를 넣어보자. 쉽게 판별이 가능하다.

해석
숙련된 가이드들은 강조한다 / 적응의 중요성을. 고도가 높은 지역에서, 트레커들은 조언받는다 / (그게 뭐냐면) 그들이 섭취해야 한다고 / 충분한 물을 / 탈수를 예방하기 위해.

어휘
experienced 형 숙련된, 경험이 많은
emphasize 타 강조하다
acclimatization 명 적응, 순화
altitude 명 고도
consume 타 섭취하다, 먹다, 마시다
adequate 형 충분한
prevent 타 예방하다, 방지하다
dehydration 명 탈수, 탈수증

02 가정법   정답 (a) would drop

Evelyn is seeking professional growth and a more fulfilling work environment. If she were offered a better job opportunity, she 과거조동사+동사원형 her current position immediately.

Step by Step

STEP 1 〉 선택지 4개가 모두 동사이고 ~ing로 끝나는 선택지가 2개 미만이므로 가정법 문제이다.

STEP 2 〉 빈칸은 주절 동사이며, if절의 동사는 were(과거시제)로 시작하므로 가정법 과거이다. (were은 대표적인 가정법 과거의 if절 동사)

STEP 3 〉 가정법 과거의 주절 동사로 '과거조동사+동사원형'인 (a)가 정답이다.

해석
Evelyn은 찾고 있다 / 직업적 성장을 / 그리고 더 만족스러운 업무 환경을. 만일 그녀가 제안받는다면 / 더 나은 취업 기회를, / 그녀는 그만둘 것이다 / 그녀의 현재 직장을 / 즉시.

어휘
seek 타 찾다, 구하다
fulfilling 형 성취감을 주는
opportunity 명 기회
current 형 현재의
immediately 부 즉시, 즉각

03 조동사   정답 (a) can

Michael is an avid card game enthusiast who enjoys all kinds of card games with friends. He brings a deck of cards to school so that they 가능성 play a quick game of poker during recess.

Step by Step

STEP 1 〉 선택지 4개가 모두 조동사이므로 조동사 문제이다.

STEP 2 〉 본문의 시제가 전부 현재이므로 과거조동사 (d)는 일단 빼둔다. (나머지 선택지 중 적합한 것 없으면 나중에 다시 확인)

STEP 3 〉 해석: 마이클은 친구들과 함께 모든 종류의 카드 게임을 즐기는 열렬한 카드 게임 애호가이다. 그는 카드 한 벌을 학교에 가져온다 / 쉬는 시간에 친구들과 간단한 포커 게임을 (할 수 있도록 / 하도록 / 해야하도록).

STEP 4 〉 쉬는 시간에 카드 게임을 하는 것이 예정이나 당위는 아니므로 '가능성'을 설명하는 (a)가 가장 자연스럽다.

TIP 〉 so that은 보통 can과 자주 매칭되어 '그래야 ~할 수 있다'(결과), '그래서 ~할 수 있도록'(목적)으로 해석된다. 언제나 함께 쓰여야하는 것은 아니지만, 조동사 문제에서 so that 뒤에는 can이 정답이 될 가능성이 높음을 기억하고, 해석으로 확인해보자.

해석
Michael은 열렬한 카드 게임 애호가이다 / (그게 누구냐면) 즐긴다 / 모든 종류의 카드 게임을 / 친구들과 하는. 그는 가져온다 / 카드 한 벌을 / 학교에 / 그들이 간단한 포커 게임을 할 수 있도록 / 쉬는 시간에.

어휘
avid 형 열심인, 열렬히 원하는
enthusiast 명 열광적인 팬
bring 타 가져오다
deck 명 카드 한 벌
recess 명 쉬는 시간

04 관계사   정답 (a) which is named after a general

There are organizations dedicated to creating effective leaders. Especially, Arnold Air society, which 관계사절, is to create outstanding Air Force Officer candidates through various trainings.

Step by Step

STEP 1 〉 선택지 4개가 모두 관계사로 시작하므로 관계사 문제이다.

STEP 2 〉 선행사 'Arnold Air society'가 있으므로 관계사 what으로 시작하는 (d)를 소거한다.

STEP 3 〉 선행사 'Arnold Air society' 뒤에 쉼표(,)가 있으므로 관계사 that으로 시작하는 (c)를 소거한다.

STEP 4 〉 선행사 'Arnold Air society(AA협회)'는 사람이 아니므로 관계사 who로 시작하는 (b)를 소거한다.

STEP 5 〉 남은 선택지 (a)에 관계대명사 which의 관계사절로 불완전한 문장이 오므로 문법상 올바르다.

해석
단체가 있다 / (그게 뭐냐면) 전념하는 / 효과적인 리더를 양성하는 데. 특히 Arnold Air 소사이어티는, / (그게 뭐냐면) 장군의 이름을 딴 / 만들기 위해 존재한다 / 뛰어난 공군 장교 후보생을 / 다양한 교육을 통해.

어휘
organization 명 조직
dedicated 형 전념하는, 헌신적인
effective 형 효과적인, 실질적인
general 명 장군
outstanding 형 뛰어난, 두드러진, 중요한
candidate 명 지원자, 입후보자
various 형 다양한

05 준동사   정답 (c) touching

As culinary students embark on their training, instructors stress the importance of hygiene practices. They recommend v+ing raw and cooked ingredients separately to prevent cross-contamination.

Step by Step

STEP 1 〉 선택지 안에 동명사(V+ing)와 부정사(to V)가 있으므로 준동사 문제이다. have p.p.는 무조건 소거한다.

STEP 2 〉 빈칸 앞에는 동사 recommend가 있으므로 recommend의 목적어를 묻는 문제이다.

STEP 3 〉 recommend는 목적어로 동명사를 받는 타동사이다. (암기하자!) 동명사 현재시제인 (c)가 정답이다.

해석

조리과 학생들이 시작할 때 / 그들의 실습을, / 강사는 강조한다 / 위생 관행의 중요성을. 그들은 권장한다 / 만지는 것을 / 날것의 그리고 조리된 재료를 / 분리하여 / 방지하기 위해서 / 교차 오염을.

어휘

culinary 형 요리의
embark on ~에 착수하다, 나서다
instructor 명 강사, 지시자
stress 타 강조하다
hygiene 명 위생
practice 명 행위, 실행, 관행
raw 형 익히지 않은, 원자재의, 원초적인
ingredient 명 재료, 구성요소
separately 부 따로따로, 각기, 별도로
contamination 명 오염

06 시제   정답 (d) will be welcoming

The Morrison High School organizes an inspiring event once a year. Students <u>will be ~ing</u> a renowned guest speaker for a special lecture series by the end of the month.

🚶 Step by Step

STEP 1 ▶ 선택지 4개가 모두 동사이고 ~ing로 끝나는 선택지가 2개 이상이므로 시제 문제이다.

STEP 2 ▶ ~ing로 끝나지 않는 선택지 (b)를 소거한다.

STEP 3 ▶ 빈칸 문장에 미래를 가리키는 전치사 'by(~쯤에)'와 함께 'the end of the month'가 있으므로 미래시제가 아닌 (a), (c)를 소거한다.

STEP 4 ▶ 남아있는 미래진행 (d)가 정답이다. 빈칸 문장에 기간을 나타내는 'for+숫자기간'이나 'since ~' 등의 표현도 없다.

해석

Morrison 고등학교는 개최한다 / 고취시키는 행사를 / 1년에 한 번씩. 학생들은 환영할 것이다 / 유명한 초청 연사를 / 특별 강연 시리즈를 위한 / 이달 말쯤에.

어휘

organize 타 조직하다, 준비하다, 정리하다
inspiring 형 고무하는, 영감을 주는
renowned 형 유명한

07 가정법   정답 (d) would probably have remained

Issac decided to reevaluate their current methods and explore innovative solutions. If he <u>had chosen</u> a different approach to the project, the team <u>과거조동사+have p.p.</u> stuck in a cycle of inefficiency.

🚶 Step by Step

STEP 1 ▶ 선택지 4개가 모두 동사이고 ~ing로 끝나는 선택지가 2개 미만이므로 가정법 문제이다.

STEP 2 ▶ 빈칸은 주절이며, if절의 동사는 had chosen (had p.p.)이므로 가정법 과거완료이다. (동사 choose의 과거형은 chose, 과거완료형은 chosen이다)

STEP 3 ▶ 가정법 과거완료의 주절 동사로 '과거조동사+have p.p.'인 (d)가 정답이다.

해석

Issac은 결정했다 / 현재의 방식을 재평가하기로 / 그리고 혁신적인 해결책을 찾아보기로. 만일 그가 선택했다면 / 다른 접근 방식을 / 프로젝트에 대해, / 그 팀은 남아있었을 것이다 / 갇힌 상태로 / 비효율성의 악순환에.

어휘

reevaluate 타 재평가하다
current 형 현재의
explore 타 탐색하다
innovative 형 혁신적인
approach 명 접근법
stuck 형 갇힌, 막힌, 움직일 수 없는
inefficiency 명 비효율, 비능률

08 시제   정답 (b) had been thriving

The coral reef represented a vibrant ecosystem teeming with life in all its diversity. This intricate underwater world <u>had been ~ing</u> for about 5,000 years before it was cut tragically.

🚶 Step by Step

STEP 1 ▶ 선택지 4개가 모두 동사이고 ~ing로 끝나는 선택지가 2개 이상이므로 시제 문제이다.

STEP 2 ▶ ~ing로 끝나지 않는 선택지 (c)를 소거한다.

STEP 3 ▶ 빈칸은 주절의 동사이며, 시간/조건부사절 (before절)의 동사는 과거시제(was cut)로 과거에 끝났음을 표현하므로 과거시제가 아닌 (d)를 소거한다.

STEP 4 ▶ 빈칸 문장에 기간을 나타내는 표현 'for+숫자기간'이 있으므로 과거완료진행인 (b)가 정답이다.

해석

산호초는 대표한다 / 활기찬 생태계를 / (그게 뭐냐면) 가득 차 있는 / 생명으로 / 다양성 속에서. 이 복잡한 수중 세계는 번성해왔다 / 약 5,000년 동안 / 산호초가 절단되기 전까지 / 비극적으로.

어휘

coral reef 명 산호초
represent 타 대표하다, 해당하다
vibrant 형 활기찬, 강렬한, 힘찬
teem with ~으로 풍부하다, 바글거리다
diversity 명 다양성
intricate 형 복잡한
thrive 자 번성하다, 널리 퍼지다
tragically 부 비극적으로, 비극적이게도

09 가정법   정답 (c) would scare

There was the meticulous planning and precise execution of the experiment. If the experiment were to produce unexpected results, it ＿＿ (과거조동사+동사원형) the researchers, making them reevaluate their approach.

Step by Step

STEP 1 > 선택지 4개가 모두 동사이고 ~ing로 끝나는 선택지가 2개 미만이므로 가정법 문제이다.

STEP 2 > 빈칸은 주절 동사이며, if절의 동사는 were(과거시제)이므로 가정법 과거이다. (were은 대표적인 가정법 과거의 if절 동사)

STEP 3 > 가정법 과거의 주절 동사로 '과거조동사+동사원형'인 (c)가 정답이다.

해석

있었다 / 세심한 계획과 정확한 실행이 / 실험의. 만일 실험이 생성한다면 / 예상치 못한 결과를, / 그것은 불안하게 할 것이다 / 연구원들을, / (그리고) 만든다 / 그들을 / 재검토하도록 / 그들의 접근 방식을.

어휘

meticulous 형 꼼꼼한, 세심한
precise 형 정확한, 엄밀한
execution 명 실행
experiment 명 실험
unexpected 형 예기치 않은, 예상 밖의
scare 타 겁주다, 놀라게 하다
reevaluate 타 재검토하다
approach 명 접근 방법

10 준동사   정답 (c) to remember

Amid the hustle and bustle of Hannah's busy life, a poignant realization set in. As years pass, it is difficult for her to v the names and faces of long-lost acquaintances.

Step by Step

STEP 1 > 선택지 안에 동명사(V+ing)와 부정사(to V)가 있으므로 준동사 문제이다. have p.p.는 무조건 소거한다.

STEP 2 > 빈칸 앞에는 명사 her이 있으므로 명사 뒤에 부정사를 넣어야 한다.

STEP 3 > 부정사 현재시제인 (c)가 정답이다.

해석

혼잡과 소란스러움 안에서 / Hannah의 바쁜 일상의, / 가슴 아픈 깨달음이 시작되었다. 세월이 흐르면서 / 어렵다 / Hannah에게 / 이름과 얼굴을 기억하는 것이 / 오래전 헤어진 지인들의

어휘

amid 전 ~가운데에
the hustle and bustle 혼잡과 소란스러움
poignant 형 가슴 아픈, 가슴 저미는
set in 시작되다
long-lost 형 오랫동안 잊힌, 오랫동안 보지 못한
acquaintance 명 아는 사람, 지인

11 연결사   정답 (c) As a result

Having read that taking the stairs is better than using the elevator, George followed the advice. ＿＿(인과), he can incorporate exercise into his daily work routine now.

Step by Step

STEP 1 ▷ 선택지 4개가 모두 접속부사이므로 접속부사 문제이다.

STEP 2 ▷ 해석: 엘리베이터를 이용하는 것보다 계단을 이용하는 것이 더 낫다는 글을 읽은 조지는 그 조언을 따랐다. (그럼에도 불구하고 / 게다가 / 그 결과 / 반면에), 그는 이제 매일의 업무 루틴에 운동을 포함할 수 있다.

STEP 3 ▷ 앞 문장 내용은 '계단을 이용하는 것이 좋다는 글을 읽고 따름', 해당 문장 내용은 '이제 매일 운동이 가능함'이다. 둘은 합리적/일반적인 원인과 결과의 관계에 해당하므로 인과의 연결사인 'As a result'가 정답이다.

TIP ▷ Additionally(게다가)는 인과관계가 없는 새로운 정보를 제시할 때 사용한다(첨가).
ex) 그는 똑똑하다. 게다가, 그는 잘생겼다. (똑똑함, 잘생김은 인과관계 X)

해석
읽었던 / (그게 뭐냐면) 계단을 이용하는 것이 더 좋다 / 엘리베이터를 이용하는 것보다, / George는 그 조언을 따랐다. 그 결과, 그는 포함할 수 있다 / 운동을 / 매일의 업무 루틴에 / 이제.

어휘
advice 명 조언
incorporate 타 포함하다

---

12 시제　　　　　　　　　　**정답** (d) is logging

At midnight, an unforeseen issue that the project's life depends on arose, prompting the project manager to take immediate action. Currently, she _is ~ing_ in to join the discussion at home.

Step by Step

STEP 1 ▷ 선택지 4개가 모두 동사이고 ~ing로 끝나는 선택지가 2개 이상이므로 시제 문제이다.

STEP 2 ▷ ~ing로 끝나지 않는 선택지 (c)를 소거한다.

STEP 3 ▷ 빈칸 문장에 현재를 나타내는 표현 currently(지금)가 있으므로 현재시제가 아닌 (b)를 소거한다.

STEP 4 ▷ 빈칸 문장에 기간을 나타내는 'for+숫자기간'이나 'since ~' 등의 표현이 없으므로 현재진행인 (d)가 정답이다.

해석
자정에, 예기치 못한 문제가 / (그게 뭐냐면) 프로젝트의 사활이 걸린 / 발생했다, / (그리고) 촉발했다 / 프로젝트 관리자가 / 즉각적인 조치를 취하게끔. 현재, 그녀는 로그인하는 중이다 / 토론에 참여하기 위해 / 집에서.

어휘
midnight 명 자정
unforeseen 형 예측하지 못한, 뜻밖의
arise 자 생기다, 유발되다
prompt 타 촉발하다, 유도하다
immediate 형 즉각적인, 당면한

---

13 시제　　　　　　　　　　**정답** (b) were holding

After 20 years of dedication to the company, David decided to retire. His colleagues _were ~ing_ a heartfelt farewell party for him when the fire alarm blared unexpectedly.

Step by Step

STEP 1 ▷ 선택지 4개가 모두 동사이고 ~ing로 끝나는 선택지가 2개 이상이므로 시제 문제이다.

STEP 2 ▷ ~ing로 끝나지 않는 선택지 (c), (d)를 소거한다.

STEP 3 ▷ 빈칸은 주절의 동사이며, 시간/조건부사절 (when절)의 동사는 과거시제(blared)로 과거를 표현한다.

STEP 4 ▷ 기간을 나타내는 'for+숫자기간'이나 'since ~' 등의 표현이 없으므로 과거진행인 (b)가 정답이다.

해석
20년 후에 / 회사에 헌신한, / David는 은퇴하기로 결심했다. 그의 동료들이 열어주고 있었다 / 진심 어린 송별 파티를 / 그를 위해서 / 화재 경보가 / 울렸을 때 / 느닷없이.

어휘
dedication 명 전념, 헌신
retire 자 은퇴하다
heartfelt 형 진심 어린
farewell 명 작별
blare 자 요란하게 울리다
unexpectedly 부 갑자기, 느닷없이

14 연결사 ★   정답 (a) Although

After years of experience, Molly made the decision to open her own nail salon. <u>역접</u> the initial customers consisted solely of her friends and colleagues, it grew by word of mouth.

Step by Step

STEP 1 > 선택지 4개가 모두 종속접속사이므로 종속접속사 문제이다.

STEP 2 > 해석: 수년간의 경험 끝에 몰리는 자신의 네일 살롱을 열기로 결심했다. 초기의 고객들은 친구와 동료들로만 (구성되었지만 / 구성되어있는 한 / 구성되었기 때문에 / 구성되어있는 경우를 대비해서), 입소문을 타고 점점 성장했다.

STEP 3 > 종속절 내용은 '초기 고객들은 친구들과 동료들뿐이었음'(solely로 강조), 주절은 '입소문으로 성장함'이다. 둘은 원인과 그에 따른 합리적/일반적인 결과의 반대 상황에 해당하므로 역접의 연결사인 'although'가 정답이다.

TIP > ❶ as long as(~의 조건하에서는) 특정 사실과 그 사실이 계속해서 유지된다는 조건하에 일어나는 일을 연결한다.
ex) I love you as long as I am alive.(나는 내가 살아있는 한(그동안은) 너를 사랑한다)
❷ in case(~할 상황에 대비하여)는 만약의 상황과 그에 대비하여 일어나는 일을 연결한다.
ex) I am here in case you need me.(네가 날 필요로 할 상황에 대비하여 내가 여기에 있다)

해석
수년간의 경험 끝에, Molly는 결심했다 / 자신의 네일 살롱을 열기로. 초기의 고객들은 구성되었지만 / 그녀의 친구와 동료들로만, / 네일 살롱은 성장해 나갔다 / 입소문을 타고.

어휘
initial 형 처음의
consist of ~으로 구성되다
solely 부 오로지, 단독으로
colleague 명 동료

15 가정법   정답 (c) would probably not have had

Three years ago, Dorothy met her business partner at a friend's party. Had she not accepted the invitation, she <u>과거조동사+have p.p.</u> the opportunity to meet him, which changed her career path.

Step by Step

STEP 1 > 선택지 4개가 모두 동사이고 ~ing로 끝나는 선택지가 2개 미만이므로 가정법 문제이다.

STEP 2 > 빈칸은 주절이며, if절의 동사를 찾아보니 if가 없고 had p.p. 사이에 주어가 있으므로 가정법 과거완료 도치이다.

STEP 3 > 가정법 과거완료의 주절 동사로 '과거조동사+have p.p.'인 (c)가 정답이다.

TIP > have had는 일반동사 have(가지다)의 have p.p. 형태이다.

해석
3년 전, Dorothy는 비즈니스 파트너를 만났다 / 친구의 파티에서. 만일 그녀가 수락하지 않았더라면 / 초대를, / 그녀는 아마도 가지지 못했을 것이다 / 그를 만날 기회를, / (그게 뭐냐면) 바꾸었다 / 그녀의 커리어 경로를.

어휘
invitation 명 초대장
career path 명 진로, 경력을 쌓아가는 길

16 준동사   정답 (b) receiving

Prompt responses are always right for job seekers keenly anticipating updates. They appreciate <u>v+ing</u> timely responses from employers, whether it's an interview invitation or a rejection notice.

Step by Step

STEP 1 > 선택지 안에 동명사(V+ing)와 부정사(to V)가 있으므로 준동사 문제이다. have p.p는 무조건 소거한다.

STEP 2 > 빈칸 앞에는 동사 appreciate가 있으므로 appreciate의 목적어를 묻는 문제이다.

STEP 3 > appreciate는 목적어로 동명사를 받는 타동사이다. (암기하자!) 동명사 현재시제인 (b)가 정답이다.

해석
신속한 응답은 항상 옳다 / 구직자에게 / (그게 누구냐면) 간절하게 새로운 소식을 기다리는. 그들은 환영한다 / 시기적절한 응답을 받는 것을 / 고용주로부터, / 그것이 면접 통지든 불합격 통지든 상관없이.

어휘
prompt 형 즉각적인
seeker 명 (~을) 구하는 사람

keenly 부 간절히, 예리하게
anticipate 타 예상하다, 예측하다, 기대하다
appreciate 타 고마워하다, 환영하다
timely 형 시기적절한, 때맞춘
response 명 대답, 반응, 답장
rejection 명 거절

17 조동사 ★   정답 (d) should not

Jupiter, Saturn, Neptune, and Uranus are gas giants with varying compositions toward their cores. As their atmosphere causes dangerous pressure, spacecrafts 권고 try to approach the surfaces.

Step by Step

STEP 1 〉 선택지 4개가 모두 조동사이므로 조동사 문제이다.

STEP 2 〉 본문의 시제가 전부 현재이므로 과거조동사 (b)는 일단 빼둔다. (나머지 선택지 중 적합한 것 없으면 나중에 다시 확인)

STEP 3 〉 해석: 목성, 토성, 해왕성, 천왕성은 가스 행성으로, 그 중심으로 들어갈수록 다양한 성분으로 이루어져 있다. 이들 행성의 대기는 위험한 압력을 야기하기 때문에, 우주선은 그 표면에 접근하려고 (하지 않을 것이다 / 해서는 안 된다 / 할 수 없다).

STEP 4 〉 위험한 압력을 가진 행성들의 표면에 접근하려고 노력하지 말라는 '권고'의 의미로 (d)가 가장 자연스럽다.

TIP 〉 동사가 try인 것에 주목하자. 'cannot try'는 노력할 능력이 없다는 의미로 주어진 문맥에 부적절하다.

해석

목성, 토성, 해왕성, 천왕성은 거대한 가스 행성이다 / 다양한 성분을 가진 / 그것들의 핵 쪽으로. 그 행성들의 대기가 유발하기 때문에 / 위험한 압력을, / 우주선들은 노력해서는 안 된다 / 표면에 접근하려고.

어휘

varying 형 다양한
composition 명 구성
core 명 핵
atmosphere 명 대기
spacecraft 명 우주선
approach 타 다가가다, 접근하다

18 관계사   정답 (a) that serves beverages and pastries

Fidelio is looking forward to traveling with his daughter. As she loves experiencing local flavors and traditions, he found a café that 관계사절, preserving traditional recipes.

Step by Step

STEP 1 〉 선택지 4개가 모두 관계사로 시작하므로 관계사 문제이다.

STEP 2 〉 선행사 'café'가 있으므로 관계사 what으로 시작하는 (b)를 소거한다.

STEP 3 〉 선행사 'café(카페)'는 사람이 아니므로 관계사 who로 시작하는 (d)를 소거한다.

STEP 4 〉 남은 선택지의 관계절은 모두 문법상 올바르다. 하지만 (c)는 where이 가리키는 선행사 '카페'와 관계부사절의 대명사 'it'이 가리키는 '카페'가 동일하므로 해석상 비문이다. (카페에서 카페는 제공한다 / 음료와 페이스트리를 – 비문)

STEP 5 〉 남은 선택지 (a)에 관계대명사 that의 관계사절로 불완전한 문장이 오므로 문법상 올바르다.

해석

Fidelio는 고대하는 중이다 / 그의 딸과 함께 여행하는 것을. 그의 딸이 좋아하기 때문에 / 현지의 맛과 전통을 경험하는 것을, / 그는 찾았다 / 카페를 / (그게 뭐냐면) 음료와 페이스트리를 제공하는, / 전통 조리법을 지키면서.

어휘

look forward to N N를 학수고대하다
flavor 명 풍미, 향미, 맛
serve 타 제공하다
preserve 타 유지하다, 보존하다
recipe 명 조리법, 방안

19 가정법   정답 (d) would not have reacted

Mandy's friends carefully orchestrated an elaborate plan to divert her attention throughout the day. If she had known about the surprise party, she 과거조동사+have P.P. with shock and joy.

Step by Step

STEP 1 〉 선택지 4개가 모두 동사이고 ~ing로 끝나는 선택지가 2개 미만이므로 가정법 문제이다.

STEP 2 〉 빈칸은 주절이며, if절의 동사는 had known(had p.p.)이므로 가정법 과거완료이다.

STEP 3 〉 가정법 과거완료의 주절 동사로 '과거조동사 +have p.p.'인 (d)가 정답이다.

해석
Mandy의 친구들은 조심스럽게 조직했다 / 상세한 계획을 / 그녀의 주의를 돌리기 위한 / 하루 종일. 만약 그녀가 알았더라면 / 깜짝 파티에 대해서, / 그녀는 반응을 하지 않았을 것이다 / 충격과 기쁨으로.

어휘
orchestrate 타 (복잡한 계획·행사를 세심히 또는 은밀히) 조직하다
elaborate 형 정교한
divert 타 방향을 다른 곳으로 돌리다
throughout 전 ~동안 쭉, ~내내
shock 명 충격

---

20 시제   정답 (b) has been working

Recognized for her outstanding contributions to the aerospace industry, Jane received an achievement award. She **has been ~ing** with excellence for Boeing **for almost a decade now**.

Step by Step

STEP 1 〉 선택지 4개가 모두 동사이고 ~ing로 끝나는 선택지가 2개 이상이므로 시제 문제이다.

STEP 2 〉 ~ing로 끝나지 않는 선택지 (c)를 소거한다.

STEP 3 〉 빈칸 문장에 현재를 나타내는 표현 now(바로 지금)가 있으므로 현재시제가 아닌 (a), (d)를 소거한다.

STEP 4 〉 남아있는 현재완료진행 (b)가 정답이다. 빈칸 문장에 기간을 나타내는 'for+숫자기간'이 있는 것도 확인하자.

해석
인정받은 / 그녀의 탁월한 공로로 / 항공우주 산업에 대한, / Jane은 공로상을 받았다. 그녀는 일해왔다 / 탁월하게 / 보잉을 위해서 / 거의 10년 동안 / 현재.

어휘
outstanding 형 뛰어난, 두드러진, 중요한
contribution 명 기부, 기여, 공헌
aerospace 명 항공우주 산업
achievement 명 업적, 성취, 달성
decade 명 10년

---

21 should 생략   정답 (c) stop

With the rise in accidents, traffic agencies are urging increased safety measures. In traffic congestion, authorities **suggest that drivers 동사원형** using their phones to promote road safety.

Step by Step

STEP 1 〉 선택지에 동사원형이 있고, 빈칸 앞에 '동사/형용사+that+주어'가 있으므로 should 생략 문제이다.

STEP 2 〉 should가 생략된 동사원형 형태인 (c)가 정답이다.

TIP 〉 should 생략 문제의 정답을 고를 때 어려움을 느낀다면 모든 선택지 앞에 'should'를 넣어보자. 쉽게 판별이 가능하다.

해석
사고의 증가와 함께, / 교통 당국은 촉구하고 있다 / 강화된 안전 조치를. 교통 혼잡 시, / 당국은 권고한다 / 운전자들은 중단해야 한다고 / 핸드폰을 사용하는 것을 / 도로 안전을 촉진하기 위해.

어휘
rise 형 상승, 증가
agency 명 기관, 단체
urge 타 충고하다
measure 명 조치
congestion 명 혼잡
authorities 명 정부 당국, 당국, 관계자
promote 타 촉진하다, 고취하다

22 준동사 정답 (b) standing

Fitness enthusiasts immerse themselves in activities like yoga, seeking a profound sense of well-being. They not only exercise but also enjoy <u>V+ing</u> in poses that promote balance and strength.

🚶 Step by Step

STEP 1 ▷ 선택지 안에 동명사(V+ing)와 부정사(to V)가 있으므로 준동사 문제이다. have p.p.는 무조건 소거한다.

STEP 2 ▷ 빈칸 앞에는 동사 enjoy가 있으므로 enjoy의 목적어를 묻는 문제이다.

STEP 3 ▷ enjoy는 목적어로 동명사를 받는 타동사이다. (암기하자!) 동명사 현재시제인 (b)가 정답이다.

해석
피트니스 애호가들은 몰입한다 / 요가와 같은 활동에, 깊은 행복감을 추구하면서. 그들은 운동을 할 뿐만 아니라 서 있는 것을 즐긴다 / 자세로 / (어떤 자세냐면) 균형과 근력을 증진하는.

어휘
enthusiast 명 열렬한 지지자
immerse sb in sth 사람을 무엇에 몰두하게 만들다
seek 타 찾다, 구하다
profound 형 엄청난, 깊은, 심오한
promote 타 촉진하다, 고취하다
strength 명 힘, 근력

23 가정법 ★ 정답 (d) would look for

Many students feel the constraints of a demanding curriculum and tight schedules. <u>If the students had</u> more free time, they <u>과거조동사+동사원형</u> additional academic challenges.

🚶 Step by Step

STEP 1 ▷ 선택지 4개가 모두 동사이고 ~ing로 끝나는 선택지가 2개 미만이므로 가정법 문제이다.

STEP 2 ▷ 빈칸은 주절 동사이며, if절의 동사는 had(일반동사 have의 과거시제)이므로 가정법 과거이다.

STEP 3 ▷ 가정법 과거의 주절 동사로 '과거조동사+동사원형'인 (d)가 정답이다.

TIP ▷ 항상 동사는 덩어리로 묶어서 보는 습관을 가져야한다. had 뒤에 목적어인 more free time이 나오므로 had p.p. 형태가 아니다.

해석
많은 학생들은 느낀다 / 제약을 / 까다로운 커리큘럼과 빡빡한 일정의. 만약 학생들이 가진다면 / 더 많은 자유 시간을, / 그들은 찾을 것이다 / 추가적인 학업적인 도전들을.

어휘
constraint 명 제약, 제한
demanding 형 부담이 큰, 요구가 많은
tight 형 단단한, 꽉 조이는
additional 형 추가적인
challenge 명 (사람의 능력·기술을 시험하는) 도전, 시험대

24 준동사 정답 (a) to describe

In literature, metaphors are not only poetic devices. They <u>are also used</u> <u>to V</u> complex emotions. Writers harness the power of metaphors to paint vivid emotional landscapes.

🚶 Step by Step

STEP 1 ▷ 선택지 안에 동명사(V+ing)와 부정사(to V)가 있으므로 준동사 문제이다. have p.p.는 무조건 소거한다.

STEP 2 ▷ 빈칸 앞의 동사는 'used'가 아닌 'are also used'임에 주의하자. be p.p. 뒤에는 to V가 들어가야 한다.

STEP 3 ▷ 부정사 현재시제인 (a)가 정답이다.

TIP ▷ ❶ 문장 구조를 볼 때 부사(also)는 빼놓고 생각하면 편하다.

❷ be p.p. 뒤에는 to V가 정답이지만, 두 가지 예외의 경우가 있다. be caught ~ing, be finished ~ing도 따로 암기해두자.

해석
문학에서, 은유는 단지 시적 장치가 아니다. 은유는 또한 사용된다 / 묘사하기 위해서 / 복잡한 감정을. 작가들은 활용한다 / 은유의 힘을 / 생생한 감정적 이미지를 그려내기 위해서.

어휘
literature 명 문학
metaphor 명 은유, 비유
poetic 형 시의, 시적인
device 명 장치; 방법
complex 형 복잡한
harness 타 이용하다
emotional 형 감정적인, 감정의
landscape 명 풍경, 광경

25 시제 　　　　정답 (a) will have been living

Mr. Cliff hired the best contractor to renovate the entire building. By the time the historic structure undergoes a stunning transformation, his family will have been ~ing there for almost 30 years.

Step by Step

STEP 1 〉 선택지 4개가 모두 동사이고 ~ing로 끝나는 선택지가 2개 이상이므로 시제 문제이다.

STEP 2 〉 ~ing로 끝나지 않는 선택지 (d)를 소거한다.

STEP 3 〉 빈칸은 주절의 동사이며, 시간/조건부사절(by the time절)의 동사는 현재시제(undergoes)로 미래를 표현하므로 미래시제가 아닌 (b)를 소거한다.

STEP 4 〉 빈칸 문장에 기간을 나타내는 표현 'for+숫자 기간'이 있으므로 미래완료진행인 (a)가 정답이다.

해석
Cliff 씨는 고용했다 / 최고의 도급업자를 / 건물 전체를 개조하기 위해. 그 역사적인 건물이 겪을 때쯤에는 / 아름다운 변화를, / 그의 가족은 살아왔을 것이다 / 거기에서 / 거의 30년 동안.

어휘
contractor 명 계약자, 도급업자
renovate 타 개조하다
historic 형 역사적으로 중요한, 역사적인
undergo 타 겪다, 받다
stunning 형 굉장히 아름다운, 깜짝 놀랄
transformation 명 변화, 탈바꿈, 변신

26 준동사 　　　　정답 (c) to trick

Fascinated by the game's complexity and determined to explore every secret, Irene devised a clever strategy. She changed the address to v the system into revealing the hidden level.

Step by Step

STEP 1 〉 선택지 안에 동명사(V+ing)와 부정사(to V)가 있으므로 준동사 문제이다. have p.p.는 무조건 소거한다.

STEP 2 〉 빈칸 앞에는 명사 the address가 있으므로 명사 뒤에 부정사를 넣어야 한다.

STEP 3 〉 부정사 현재시제인 (c)가 정답이다.

해석
매료된 / 게임의 복잡성에 / 그리고 결심한 / 모든 비밀을 파헤치기로, / Irene은 고안했다 / 기발한 전략을. 그녀는 주소를 변경했다 / 시스템을 속여 / 숨겨진 레벨을 드러내도록.

어휘
fascinated 형 매료된, 마음을 다 뺏긴
complexity 명 복잡성
determine 타 결정하다; 알아내다
explore 타 탐구하다, 탐색하다
devise 타 창안하다, 고안해내다
strategy 명 전략
trick 타 속이다
reveal 타 드러내다

TEST 4 실전 모의고사 정답 및 해설

실전 모의고사 p. 19

빠른 정답

01	02	03	04	05	06	07	08	09	10
(c)	(b)	(c)	(a)	(a)	(c)	(a)	(b)	(b)	(d)
11	12	13	14	15	16	17	18	19	20
(c)	(b)	(d)	(b)	(a)	(d)	(d)	(d)	(b)	(c)
21	22	23	24	25	26				
(a)	(a)	(c)	(c)	(d)	(a)				

01 가정법   정답 (c) would never leave

Professor Pecker is reserved in expressing his true feelings. If he were to offer more praise to his students, they 과거조동사+동사원형 the graduate school and thrive in the academic community.

Step by Step

STEP 1 〉 선택지 4개가 모두 동사이고 ~ing로 끝나는 선택지가 2개 미만이므로 가정법 문제이다.

STEP 2 〉 빈칸은 주절 동사이며, if절의 동사는 were(과거시제)이므로 가정법 과거이다. (were은 대표적인 가정법 과거의 if절 동사)

STEP 3 〉 가정법 과거의 주절 동사로 '과거조동사+동사원형'인 (c)가 정답이다.

해석

Pecker 교수는 말을 아끼는 편이다 / 자신의 진심을 표현하는 데 있어서. 만약 그가 더 많은 칭찬을 해준다면 / 학생들에게, / 학생들은 떠나지 않을 것이다 / 대학원을 / 그리고 잘해낼 것이다 / 학계에서.

어휘

reserved 형 말을 잘하지 않는
express 타 표현하다
praise 명 칭찬
graduate school 명 대학원
thrive 자 잘 해내다, 번창하다

02 조동사   정답 (b) must

Hemophilia is a disease that causes a person to bleed profusely for an extended period from a minor cut. One with this condition 권고 protect themselves by taking precautions to avoid injuries.

Step by Step

STEP 1 〉 선택지 4개가 모두 조동사이므로 조동사 문제이다.

STEP 2 〉 본문의 시제가 전부 현재이므로 과거조동사 (d)는 일단 빼둔다. (나머지 선택지 중 적합한 것 없으면 나중에 다시 확인)

STEP 3 〉 해석: 혈우병은 경미한 상처에도 오랜 기간 동안 다량의 출혈을 일으키는 질환이다. 이 질환을 가진 사람은 부상을 피하기 위해 예방 조치를 취함으로써 스스로를 (보호할 수 있다 / 보호해야 한다 / 보호할 것이다).

STEP 4 〉 의학적인, 질병에 관한 권고사항이다. 주어는 '혈우병에 가진 사람'이므로 이 사람들이 자신을 보호하기 위해 하는 행위는 must/should가 어울린다.

TIP 〉 질병의 인과관계는 can, may가 정답이 되고 질병에 관련된 유의사항은 must, should가 정답이 됨을 기억하자! 질병 관련 100% 적용되는 출제 포인트로, 둘이 헷갈릴 때에는 '주어-서술부'의 관계를 잘 살펴보자.

해석

혈우병은 질병이다 / (그게 뭐냐면) 야기한다 / 사람을 / 피를 많이 흘리도록 / 오랜 시간 동안 / 가벼운 상처에도. 사람은 / 이 질환을 가진 / 자신을 보호해야 한다 / 예방 조치를 취하여 / 부상을 입지 않도록.

어휘

hemophilia 명 혈우병
disease 명 질병
bleed profusely 피를 많이 흘리다
extended 형 길어진
minor 형 작은, 사소한
condition 명 (치유가 안 되는 만성의) 질환, 문제
precaution 명 예방책
injury 명 부상

03 시제　　　　　　　　정답 (c) had been collecting

Jeffrey contemplated whether he should invest in new furniture for his new house. He <u>had been ~ing</u> antique furniture for years before he moved to a modern apartment.

🚶 Step by Step

STEP 1 〉 선택지 4개가 모두 동사이고 ~ing로 끝나는 선택지가 2개 이상이므로 시제 문제이다.

STEP 2 〉 ~ing로 끝나지 않는 선택지 (b)를 소거한다.

STEP 3 〉 빈칸은 주절의 동사이며, 시간/조건부사절 (before절)의 동사는 과거시제(moved)로 과거에 끝났음을 표현하므로 과거시제가 아닌 (a), (d)를 소거한다.

STEP 4 〉 남아있는 과거완료진행 (c)가 정답이다. 빈칸 문장에 기간을 나타내는 'for+숫자기간'이 있는 것도 확인하자.

해석
Jeffrey는 고민했다 / 그가 새 가구에 투자해야 하는지 / 그의 새 집을 위해. 그는 수집해왔다 / 골동품 가구들을 / 몇 년 동안 / 그가 이사하기 전에 / 현대식 아파트로.

어휘
contemplate 타 생각하다, 심사숙고하다
antique 형 골동품인

04 준동사　　　　　　　　정답 (a) starting

Mike was deeply affected after a series of failed relationships that left him emotionally drained. Contemplating a fresh start, he considered <u>v+ing</u> over with a focus on self-discovery.

🚶 Step by Step

STEP 1 〉 선택지 안에 동명사(V+ing)와 부정사(to V)가 있으므로 준동사 문제이다. have p.p.는 무조건 소거한다.

STEP 2 〉 빈칸 앞에는 동사 considered가 있으므로 consider의 목적어를 묻는 문제이다.

STEP 3 〉 consider는 목적어로 동명사를 받는 타동사이다. (암기하자!) 동명사 현재시제인 (a)가 정답이다.

해석
Mike는 깊이 상처받았다 / 연이은 연애 실패 후에 / (어떤 연애냐면) 만들었다 / 그를 / 감정적으로 소모되도록. 고민하던 / 새로운 시작을, / 그는 생각했다 / 다시 시작하는 것을 / 자기 발견에 중점을 두고.

어휘
affect 타 (강한 정서적) 충격을 주다
a series of 연이은, 일련의
drain 타 (힘·돈 등을) 빼내 가다, 소모시키다
contemplate 타 생각하다, 심사숙고하다
start over 다시 시작하다
discovery 명 발견

05 연결사 ★　　　　　　　정답 (a) unless

Hungary has very strict laws regarding taking photos in public. In fact, individuals may not capture pictures in public places <u>반대가정</u> they first ask strangers for permission.

🚶 Step by Step

STEP 1 〉 선택지 4개가 모두 종속접속사이므로 종속접속사 문제이다.

STEP 2 〉 해석: 헝가리는 공공장소에서의 사진 촬영에 관한 법률이 매우 엄격하다. 실제로 개인은 낯선 사람에게 먼저 허락을 (구하지 않는다면 / 구하는 반면 / 구하기 때문에 / 구한 후에) 공공장소에서 사진을 찍을 수 없다.

STEP 3 〉 종속절 내용은 '낯선 사람에게 사진 찍기 허락을 구함', 주절은 '공공장소에서 사진을 찍으면 안 됨'이다. 둘은 가상의 상황과 그에 따른 합리적/일반적인 결과의 반대 결과에 해당하므로 반대가정의 연결사인 'unless'가 정답이다.

해석
헝가리는 매우 엄격한 법률을 가지고 있다 / (그게 뭐냐면) 사진 촬영에 관련된 / 공공장소에서의. 사실, 개인은 사진을 찍어서는 안 된다 / 공공장소에서 / 그들이 먼저 구하지 않는다면 / 낯선 사람에게 / 허락을.

어휘
strict 형 엄격한
regarding 전 ~에 관하여, 대하여
permission 명 허락, 승인

06 should 생략   정답 (c) ask

As the semester began, the teacher spoke with Jeremy separately. To enhance his knowledge of the subject, she recommends that he 동사원형 questions during class discussions.

Step by Step

STEP 1 ▷ 선택지에 동사원형이 있고, 빈칸 앞에 '동사/형용사+that+주어'가 있으므로 should 생략 문제이다.

STEP 2 ▷ should가 생략된 동사원형 형태인 (c)가 정답이다.

TIP ▷ should 생략 문제의 정답을 고를 때 어려움을 느낀다면 모든 선택지 앞에 'should'를 넣어보자. 쉽게 판별이 가능하다.

해석
학기가 시작했을 때, / 교사는 이야기를 나눴다 / Jeremy와 / 따로. 그의 지식을 향상하기 위해 / 그 과목의, / 그녀는 권유했다 / 그가 질문을 해야 한다고 / 수업 토론 중에.

어휘
semester 명 학기
separately 부 따로따로, 각기, 별도로
enhance 타 높이다, 강화하다

07 가정법   정답 (a) would probably have beaten

Lucas is an excellent chess player, but he lost the championship this year. If his opponent's queen had been positioned differently, he 과거조동사+have P.P. him and secured the title.

Step by Step

STEP 1 ▷ 선택지 4개가 모두 동사이고 ~ing로 끝나는 선택지가 2개 미만이므로 가정법 문제이다.

STEP 2 ▷ 빈칸은 주절이며, if절의 동사는 had been positioned(had p.p.)이므로 가정법 과거완료이다. (be동사의 과거완료형은 been이다)

STEP 3 ▷ 가정법 과거완료의 주절 동사로 '과거조동사+have p.p.'인 (a)가 정답이다.

해석
Lucas는 뛰어난 체스 선수이다, / 하지만 그는 패배했다 / 선수권 대회에서 / 올해. 만약 상대방의 퀸이 / 위치되었더라면 / 다르게, / 그는 아마도 이겼을 것이다 / 그를 / 그리고 우승을 차지했을 것이다.

어휘
opponent 명 상대, 반대자
position 타 두다
beat 타 패배시키다
secure 타 얻어 내다

08 시제   정답 (b) will have been ministering

Josephine needed something to focus on after her son was taken away by the military. By this time next year, she will have been ~ing to the community for three decades.

Step by Step

STEP 1 ▷ 선택지 4개가 모두 동사이고 ~ing로 끝나는 선택지가 2개 이상이므로 시제 문제이다.

STEP 2 ▷ ~ing로 끝나지 않는 선택지 (d)를 소거한다.

STEP 3 ▷ 빈칸 문장에 미래를 가리키는 전치사 'by(~쯤에)'와 함께 'this time next year'이 있으므로 미래시제가 아닌 (a)를 소거한다.

STEP 4 ▷ 빈칸 문장에 기간을 나타내는 표현 'for+숫자 기간'이 있으므로 미래완료진행인 (b)가 정답이다.

해석
Josephine은 무언가가 필요했다 / 집중할 / 그의 아들이 떠나간 후에 / 군대에 의해. 내년 이맘때쯤이면, / 그녀는 봉사해왔을 것이다 / 지역사회를 위해 / 30년 동안.

어휘
take away 타 제거하다, 치우다, 죽이다
minister to sth ~의 시중을 들다, 보살피다

09 준동사   정답 (b) rubbing

Dermatologist emphasizes the importance of gentle care for healthy skin. For instance, individuals with sensitive skin should avoid v+ing their face with harsh towels.

Step by Step

STEP 1 〉 선택지 안에 동명사(V+ing)와 부정사(to V)가 있으므로 준동사 문제이다. have p.p.는 무조건 소거한다.

STEP 2 〉 빈칸 앞에는 동사 should avoid가 있으므로 avoid의 목적어를 묻는 문제이다.

STEP 3 〉 avoid는 목적어로 동명사를 받는 타동사이다. (암기하자!) 동명사 현재시제인 (b)가 정답이다.

해석

피부과 전문의는 강조한다 / 조심스러운 관리의 중요성을 / 건강한 피부를 위한. 예를 들어, / 민감한 피부를 가진 사람들은 / 피해야 한다 / 문지르는 것을 / 그들의 얼굴을 / 거친 수건으로.

어휘

dermatologist 명 피부과 전문의
emphasize 타 강조하다
gentle 형 온화한, 심하지 않은, 가벼운
sensitive 형 세심한, 예민한
rub 타 문지르다
harsh 형 가혹한, 혹독한

10 준동사 　　　　　　　　정답 (d) to fly

Jason has a fear of heights. However, he bravely decided to v above picturesque landscapes in a hot air balloon, driven by the special occasion of his honeymoon.

Step by Step

STEP 1 〉 선택지 안에 동명사(V+ing)와 부정사(to V)가 있으므로 준동사 문제이다. have p.p.는 무조건 소거한다.

STEP 2 〉 빈칸 앞에는 동사 decided가 있으므로 decide의 목적어를 묻는 문제이다.

STEP 3 〉 decide는 목적어로 부정사를 받는 타동사이다. (암기하자!) 부정사 현재시제인 (d)가 정답이다.

해석

Jason은 고소공포증을 가지고 있다. 하지만, 그는 용감하게 결정했다 / 그림 같은 풍경 위를 날기로 / 열기구를 타고, / 맞아서 / 특별한 날을 / 그의 신혼여행이라는.

어휘

fear of heights 고소공포증
bravely 부 용감하게
picturesque 형 그림 같은, 생생한
drive 타 (사람을 특정한 방식의 행동을 하도록) 만들다, 몰아붙이다
occasion 명 때; 행사

11 연결사 　　　　　　　　정답 (c) Eventually

Brazilian Jiu-Jitsu is a martial art which had been practiced exclusively by experts. 시간 경과, it gained widespread popularity as skilled masters spread across the world.

Step by Step

STEP 1 〉 선택지 4개가 모두 접속부사이므로 접속부사 문제이다.

STEP 2 〉 해석: 브라질리언 주짓수는 전문가들만 수련하던 무술이다. (반면에 / 게다가 / 이윽고 / 그러므로), 숙련된 마스터들이 전 세계에 퍼져 사람들을 가르치면서 널리 인기를 얻었다.

STEP 3 〉 앞 문장 내용은 '브라질리언 주짓수는 전문가들만 수련했음'(대과거 사용), 해당 문장 내용은 '전문가들이 세계로 뻗어나가면서 인기를 얻음'(과거 사용)이다. 둘은 인과관계가 없이 시간이 지남에 따라 일어난 사건들의 나열이므로 'eventually'가 정답이다.

TIP 〉 대조 관계를 설명하는 meanwhile과 헷갈릴 수 있지만, meanwhile은 동시 발생한 일들 사이의 대조 관계를 설명하는 접속부사이다. ('그동안에'라는 뜻에서 파생)

해석

브라질리언 주짓수는 무술이다 / (그게 뭐냐면) 행해졌다 / 오직 전문가들에 의해서만. 이윽고, 주짓수는 대중적인 인기를 얻었다 / 숙련된 고수들이 퍼져나가면서 / 전 세계로.

어휘

martial art 명 무도, 무술
practice 타 실행하다, 실천하다
exclusively 부 전적으로, 독점적으로
expert 명 전문가
widespread 형 광범위한, 널리 퍼진
popularity 명 인기
skilled 형 숙련된, 숙련된 기술을 요하는

12 가정법   정답 (b) would wilt

The survival of the garden depends on consistent care and attention. If Keira were to forget watering the plants for a week, the delicate flowers 과거조동사+동사원형 in the scorching sun.

Step by Step

STEP 1 ▷ 선택지 4개가 모두 동사이고 ~ing로 끝나는 선택지가 2개 미만이므로 가정법 문제이다.

STEP 2 ▷ 빈칸은 주절 동사이며, if절의 동사는 were(과거시제)이므로 가정법 과거이다. (were은 대표적인 가정법 과거의 if절 동사)

STEP 3 ▷ 가정법 과거의 주절 동사로 '과거조동사+동사원형'인 (b)가 정답이다.

해석
정원의 생존은 / 달려 있다 / 지속적인 관리와 관심에. 만일 Keira가 잊는다면 / 식물에 물을 주는 것을 / 일주일 동안, / 그 연약한 꽃들은 시들 것이다 / 뜨거운 햇볕에.

어휘
survival 명 생존
depend on ~에 달려있다
consistent 형 한결같은, 거듭되는
delicate 형 연약한, 섬세한
wilt 자 시들다, 지치다
scorching 형 모든 걸 태울 듯이 더운, 맹렬한

13 시제   정답 (d) is trying

Jenny is under pressure as she needs to present the results of her project in class tomorrow. Right now, she is ~ing to overcome her fear of public speaking by practicing in front of a mirror.

Step by Step

STEP 1 ▷ 선택지 4개가 모두 동사이고 ~ing로 끝나는 선택지가 2개 이상이므로 시제 문제이다.

STEP 2 ▷ ~ing로 끝나지 않는 선택지 (c)를 소거한다.

STEP 3 ▷ 빈칸 문장에 현재를 나타내는 표현 right now(바로 지금)가 있으므로 현재시제가 아닌 (a), (b)를 소거한다.

STEP 4 ▷ 남아있는 현재진행 (d)가 정답이다. 빈칸 문장에 기간을 나타내는 'for+숫자기간'이나 'since ~' 등의 표현도 없다.

해석
Jenny는 압박감에 시달리고 있다 / 그녀가 발표해야 하기 때문에 / 그녀의 프로젝트 결과를 / 수업 시간에 / 내일. 바로 지금, 그녀는 노력하고 있다 / 그녀의 두려움을 극복하려고 / 발표에 대한 / 연습함으로써 / 거울 앞에서.

어휘
present 타 제출하다, 보여주다
overcome 타 극복하다
public 형 대중을 위한, 공공의

14 관계사   정답 (b) which is also known as action painting

Abstract expressionism focuses on conveying emotion and energy. The art form, which 관계사절, is characterized by gestural brush-strokes or mark-making, and the impression of spontaneity.

Step by Step

STEP 1 ▷ 선택지 4개가 모두 관계사로 시작하므로 관계사 문제이다.

STEP 2 ▷ 선행사 'the art form'이 있으므로 관계사 what으로 시작하는 (a)를 소거한다.

STEP 3 ▷ 선행사 'the art form' 뒤에 쉼표(,)가 있으므로 관계사 that으로 시작하는 (d)를 소거한다.

STEP 4 ▷ 선행사 'the art form(예술 형식)'은 사람이 아니므로 관계사 who로 시작하는 (c)를 소거한다.

STEP 5 ▷ 남은 선택지 (b)에 관계대명사 which의 관계사절로 불완전한 문장이 오므로 문법상 올바르다.

해석
추상 표현주의는 중점을 둔다 / 감정과 에너지를 전달하는 데에. 이 예술 형식은, (그게 뭐냐면) 또한 알려져있다 / 액션 페인팅이라고, 특징지어진다 / 손으로 그린 붓질이나 흔적으로, / 그리고 즉흥적인 느낌으로.

어휘
abstract 형 추상적인
convey 타 전달하다
characterize 타 특징짓다
gestural 형 몸짓의, 손짓의
stroke 명 (글씨나 그림의) 획
spontaneity 명 자발적임, 자연스러움, 즉각성

15 조동사 ★   정답 (a) will

Everyone acquainted with Sylvia is utterly mesmerized by her beauty. She 예정 turn fifty in a few weeks, but she doesn't have a single wrinkle, defying the passage of time.

Step by Step

STEP 1 ▷ 선택지 4개가 모두 조동사이므로 조동사 문제이다.

STEP 2 ▷ 본문의 시제가 전부 현재이므로 과거조동사 (c)는 일단 빼둔다. (나머지 선택지 중 적합한 것 없으면 나중에 다시 확인)

STEP 3 ▷ 해석: 실비아를 아는 모든 사람들은 그녀의 아름다움에 완전히 매료된다. 그녀는 몇 주 후면 50살이 (될 것이지만 / 되어야 하지만 / 될지도 모르지만) 세월의 흐름을 거스르며 주름 하나 없다.

STEP 4 ▷ 전치사 in 뒤에 장소가 오면 '~안에'라는 뜻이지만, 기간이 오면 '~후에'라는 뜻이다. '몇 주 후에' 나이가 먹는 것은 예정된 미래의 일이므로 (a)가 가장 자연스럽다.

TIP ▷ 'in+기간표현'은 '(기간) 후에'라는 뜻으로 꼭 암기해두자. 시제 문제에서도 가끔 등장하는데, 완료시제로 오해해서는 안 된다.

해석

모든 사람들은 / (그게 누구냐면) Sylvia를 아는 / 완전히 매료된다 / 그녀의 아름다움에. 그녀는 쉰 살이 될 것이다 / 몇 주 후에, / 하지만 그녀는 가지고 있지 않다 / 주름 하나도, / 거스르면서 / 세월의 흐름을.

어휘

acquaint with   ~를 알다, 숙지하다
utterly 부 완전히, 순전히
mesmerize 타 최면을 걸듯 마음을 사로잡다, 완전 넋을 빼놓다
wrinkle 명 주름
defy 타 반항하다, 견뎌내다
passage 명 (시간의) 흐름, 경과

16 가정법   정답 (d) would enjoy

Alfred found himself immersed in the concert he had been looking forward to for a long time. If he were not to have a test the next day, he 과거조동사+동사원형 the concert much more.

Step by Step

STEP 1 ▷ 선택지 4개가 모두 동사이고 ~ing로 끝나는 선택지가 2개 미만이므로 가정법 문제이다.

STEP 2 ▷ 빈칸은 주절 동사이며, if절의 동사는 were(과거시제)이므로 가정법 과거이다. (were은 대표적인 가정법 과거의 if절 동사)

STEP 3 ▷ 가정법 과거의 주절 동사로 '과거조동사+동사원형'인 (d)가 정답이다.

해석

Alfred는 완전히 몰입했다 / 콘서트에 / (그게 뭐냐면) 그가 학수고대해왔다 / 오랫동안. 만약 그가 가지고 있지 않다면 / 시험을 / 다음 날, / 그는 즐길 것이다 / 콘서트를 / 훨씬 더.

어휘

immerse 타 ~에 몰두하게 만들다
look forward to N   N을 학수고대하다

17 가정법   정답 (d) would likely have survived

Samantha is undergoing rehabilitation training after a life-threatening car crash. If she had been wearing a seatbelt during the incident, she 과거조동사+have p.p. with fewer injuries.

Step by Step

STEP 1 ▷ 선택지 4개가 모두 동사이고 ~ing로 끝나는 선택지가 2개 미만이므로 가정법 문제이다.

STEP 2 ▷ 빈칸은 주절이며, if절의 동사는 had been wearing(had p.p.)이므로 가정법 과거완료이다. (동사 be의 과거완료형은 been이다)

STEP 3 ▷ 가정법 과거완료의 주절 동사로 '과거조동사+have p.p.'인 (d)가 정답이다.

해석

Samantha는 재활 훈련을 받고 있다 / 생명을 위협하는 교통사고 이후에. 만약 그녀가 착용하고 있었다면 / 안전벨트를 / 사고 당시에, / 그녀는 생존했을 것이다 / 부상을 덜 입은 상태로.

어휘

undergo 타 (특히 변화·안 좋은 일 등을) 겪다, 받다
rehabilitation 명 재활
threatening 형 협박하는, 위협하는
incident 명 일, 사건

18 준동사　　　　　　　　　　**정답** (d) smiling

Last year, Maya gave birth to a beautiful baby girl and is grateful for every precious minute. Watching her child take the first steps, she can't help v+ing, overwhelmed with parental joy.

🚶 Step by Step

STEP 1 ▷ 선택지 안에 동명사(V+ing)와 부정사(to V)가 있으므로 준동사 문제이다. have p.p.는 무조건 소거한다.

STEP 2 ▷ 빈칸 앞에는 동사구 can't help가 있으므로 can't help의 목적어를 묻는 문제이다.

STEP 3 ▷ 동사구 can't help는 목적어로 동명사를 받는 표현이다. (암기하자!) 동명사 현재시제인 (d)가 정답이다.

해석
작년에, Maya는 출산했다 / 아름다운 딸을 / 그리고 감사하고 있다 / 소중한 매 순간을. 목격한 / 그녀의 아이를 / 첫걸음을 내딛는 것을, / 그녀는 미소를 지을 수밖에 없었다, / 압도되어서 / 부모의 기쁨으로.

어휘
grateful 형 고마워하는, 감사하는
precious 형 귀중한, 소중한
overwhelm 타 휩싸다, 제압하다
parental 형 부모의

---

19 준동사　　　　　　　　　　**정답** (b) to convert

As the business landscape evolves, embracing digital transformation becomes imperative. Eric's company is required to v its paper records into a digital database.

🚶 Step by Step

STEP 1 ▷ 선택지 안에 동명사(V+ing)와 부정사(to V)가 있으므로 준동사 문제이다. have p.p.는 무조건 소거한다.

STEP 2 ▷ 빈칸 앞의 동사는 'required'가 아닌 'is required'임에 주의하자. be p.p. 뒤에는 to V가 들어가야 한다.

STEP 3 ▷ 부정사 현재시제인 (b)가 정답이다.

TIP ▷ ❶ require의 목적어를 묻는 문제가 나왔을 때에는, 동명사가 정답이다. (require ~ing 암기)

❷ be p.p. 뒤에는 to V가 정답이지만, 두 가지 예외의 경우가 있다. be caught ~ing, be finished ~ing도 따로 암기해두자.

해석
비즈니스 환경이 진화함에 따라, / 디지털 변화를 수용하는 것은 필수가 되었다. Eric의 회사는 요구를 받았다 / 변환하도록 / 회사의 종이 기록들을 / 디지털 데이터베이스로.

어휘
landscape 명 풍경, 환경
evolve 자 발달하다, 진화하다
embrace 타 받아들이다, 포괄하다
imperative 형 반드시 해야 하는, 긴요한
convert 타 전환하다, 바꾸다

---

20 should 생략　　　　　　　　**정답** (c) eat

Amy wanted a baby and successfully conceived a child after three rounds of IVF. Her doctor consistently emphasized that she 동사원형 nutrient-rich foods for the baby's development.

🚶 Step by Step

STEP 1 ▷ 선택지에 동사원형이 있고, 빈칸 앞에 '동사/형용사+that+주어'가 있으므로 should 생략 문제이다.

STEP 2 ▷ should가 생략된 동사원형 형태인 (c)가 정답이다.

TIP ▷ should 생략 문제의 정답을 고를 때 어려움을 느낀다면 모든 선택지 앞에 'should'를 넣어보자. 쉽게 판별이 가능하다.

해석
Amy는 아기를 원했다 / 그리고 성공적으로 아기를 임신했다 / 세 차례의 시험관 시술 끝에. 그녀의 의사는 지속적으로 강조했다 / 그녀가 섭취해야 한다고 / 영양이 풍부한 음식을 / 아기의 발달을 위해.

어휘
conceive 타 가지다, 품다
consistently 부 일관되게, 지속적으로
emphasize 타 강조하다

21 시제 ★★   정답 (a) will be competing

Scott has been chosen to represent Seattle at the upcoming Chess Championships. As he will be ~ing with the world champion, he has already commenced his preparations.

Step by Step

STEP 1 〉 선택지 4개가 모두 동사이고 ~ing로 끝나는 선택지가 2개 이상이므로 시제 문제이다.

STEP 2 〉 ~ing로 끝나지 않는 선택지 (b)를 소거한다.

STEP 3 〉 빈칸 문장에는 시제 힌트가 '이미 시작했다' 밖에 없다. 해석이 필요한 문제이다. 앞 문장에서 그가 참가하는 것이 'upcoming(다가오는)' 체스 챔피언십 이라고 하였으므로 빈칸 문장에서 경쟁하는 (compete) 것은 '다가오는', 즉 미래 시점이다.

STEP 4 〉 기간을 나타내는 'for+숫자기간'이나 'since ~' 등의 표현이 없으므로 미래진행인 (a)가 정답이다.

TIP 〉 간혹 해석을 요구하는 시제 문제가 출제되는데, 당황할 필요 없이 다른 시제 문제들을 먼저 풀어보자. 마지막에 숫자 맞추기를 통해 충분히 정답을 유추할 수 있다.

해석
Scott은 선발되었다 / 시애틀을 대표하도록 / 다가오는 체스 선수권 대회에서. 그가 승부를 겨룰 것이기 때문에 / 세계 챔피언과, / 그는 이미 착수했다 / 그의 준비에.

어휘
represent 타 대표하다
upcoming 형 다가오는, 곧 있을
compete 자 승부를 겨루다
commence 타 시작하다

22 준동사   정답 (a) to make

Thomas Edison not only revolutionized technology but also forever changed the music industry. He invented the device to v recording and playing back sound possible.

Step by Step

STEP 1 〉 선택지 안에 동명사(V+ing)와 부정사(to V)가 있으므로 준동사 문제이다. have p.p.는 무조건 소거한다.

STEP 2 〉 빈칸 앞에는 명사 the device가 있으므로 명사 뒤에 부정사를 넣어야 한다.

STEP 3 〉 부정사 현재시제인 (a)가 정답이다.

해석
Thomas Edison은 혁명을 일으켰을 뿐만 아니라 / 기술에 / 완전히 바꿔놓았다 / 음악 산업을. 그는 발명했다 / 장치를 / 만드는 / 소리를 녹음하고 재생하는 것을 / 가능하도록.

어휘
revolutionize 타 대변혁을 일으키다
industry 명 산업
invent 타 발명하다, 지어내다
device 명 장치

23 시제   정답 (c) has been begging

Despite numerous polite requests and complaints, the noise from the neighboring apartment persists. Nicole has been ~ing her neighbors to keep their music down for several years.

Step by Step

STEP 1 〉 선택지 4개가 모두 동사이고 ~ing로 끝나는 선택지가 2개 이상이므로 시제 문제이다.

STEP 2 〉 ~ing로 끝나지 않는 선택지 (b), (d)를 소거한다.

STEP 3 〉 빈칸은 주절의 동사이며, 기간을 나타내는 표현으로 'for+숫자기간'이 있으므로 완료시제이다.

STEP 4 〉 끝나는 시점이 언급되어 있지 않으므로 '이 말을 하고 있는 현재까지'를 뜻하는 현재완료진행 (c)가 정답이다.

해석
수많은 정중한 요청과 불만에도 불구하고, 소음은 / 이웃 아파트로부터 나오는 / 계속된다. Nicole은 간청해왔다 / 그녀의 이웃에게 / 그들의 음악을 줄여달라고 / 몇 년 동안.

어휘
numerous 형 수많은
polite 형 예의 바른
request 명 요청, 요구
complaint 명 불평, 고소
persist 자 계속되다, 끊이지 않다
beg 타 간청하다, 구걸하다

24 가정법 　　정답 (c) would have studied

The average score on the final exam was below 60, revealing the unexpected difficulty. Had we known that the final exam would be that challenging in advance, we 과거조동사+have p.p. harder.

Step by Step

STEP 1 〉 선택지 4개가 모두 동사이고 ~ing로 끝나는 선택지가 2개 미만이므로 가정법 문제이다.

STEP 2 〉 빈칸은 주절이며, if절의 동사를 찾아보니 if가 없고 had p.p. 사이에 주어가 있으므로 가정법 과거완료 도치이다.

STEP 3 〉 가정법 과거완료의 주절 동사로 '과거조동사 +have p.p.'인 (c)가 정답이다.

해석

평균 점수는 / 최종 시험에서의 / 60점 미만이었다. / 드러내면서 / 예상치 못한 난이도를. 만약 우리가 알았더라면 / 최종 시험이 이렇게 어려울 것이라는 것을 / 사전에, / 우리는 더 열심히 공부했을 것이다.

어휘

average 형 평균의
below 전 ~아래에
reveal 타 드러내다, 드러내 보이다
unexpected 형 예기치 않은, 예상 밖의
challenging 형 어려운, 도전 의식을 북돋우는
in advance 사전에, 미리

25 관계사 　　정답 (d) who can smell certain scents

Not all scientific research is about discovering mysterious new facts. Victor's team conducted an experiment and revealed that people who 관계사절 possess a heightened olfactory sensitivity.

Step by Step

STEP 1 〉 선택지 4개가 모두 관계사로 시작하므로 관계사 문제이다.

STEP 2 〉 선행사 'people'이 있으므로 관계사 what으로 시작하는 (c)를 소거한다.

STEP 3 〉 선행사 'people(사람들)'은 사람이므로 관계사 which로 시작하는 (b)를 소거한다.

STEP 4 〉 남은 선택지의 관계절을 확인한다. 관계대명사 that 뒤에 완벽한 문장이 오는 (a)는 문법상 오답이다.

STEP 5 〉 관계대명사 who의 관계사절로 불완전한 문장이 오는 (d)가 정답이다.

해석

모든 과학 연구가 발견하는 것에 대한 것은 아니다 / 신비한 새로운 사실을. Victor의 연구팀은 실행했다 / 실험을 / 그리고 밝혀냈다 / (그게 뭐냐면) 사람들은 / (그게 누구냐면) 특정 향을 맡을 수 있는 / 가지고 있다 / 높은 후각 민감성을.

어휘

scientific 형 과학의, 과학적인
conduct 타 하다, 행하다
experiment 명 실험
reveal 타 드러내다, 드러내 보이다
scent 명 향기
possess 타 소유하다, 지니다
heightened 형 과장된, 강렬한
olfactory 형 후각의

26 시제
정답 (a) was lying

Wilson's dog, Teddy, always craves attention, especially wanting his belly rubbed after a hearty meal. Wilson was ~ing on the bed when Teddy jumped on the bed, wagging its tail.

Step by Step

STEP 1 〉 선택지 4개가 모두 동사이고 ~ing로 끝나는 선택지가 2개 이상이므로 시제 문제이다.

STEP 2 〉 ~ing로 끝나지 않는 선택지 (a)를 소거한다.

STEP 3 〉 빈칸은 주절의 동사이며, 시간/조건부사절 (when절)의 동사는 과거시제(jumped)로 과거를 표현하므로 과거시제가 아닌 (b), (d)를 소거한다.

STEP 4 〉 남아있는 과거진행 (a)가 정답이다. 기간을 나타내는 'for+숫자기간'이나 'since ~' 등의 표현도 없다.

해석
Wilson의 개 Teddy는 항상 관심을 갈망한다. / (그리고) 특히 원한다 / 그의 배를 / 문질러지도록 / 푸짐한 식사 이후에. Wilson은 누워있었다 / 침대에 / Teddy가 뛰어올랐을 때 / 침대 위로, / 그의 꼬리를 흔들면서.

어휘
crave 타 갈망하다
attention 명 주의, 주목
rub 타 문지르다
hearty 형 따뜻한, 원기 왕성한
lie 자 눕다 (lie-lay-lain)
wag 타 흔들다

TEST 5 실전 모의고사 정답 및 해설

실전 모의고사 p. 24

빠른 정답

01	02	03	04	05	06	07	08	09	10
(b)	(c)	(a)	(c)	(c)	(c)	(d)	(b)	(c)	(b)
11	12	13	14	15	16	17	18	19	20
(c)	(a)	(a)	(d)	(a)	(d)	(b)	(d)	(b)	(b)
21	22	23	24	25	26				
(a)	(d)	(d)	(a)	(b)	(d)				

01 준동사 정답 (b) to read

As a book lover, I always pack more than I need on vacation, stuffing my favorites in a suitcase to v on the beach. There's nothing like reading books on vacation.

Step by Step

STEP 1 ▷ 선택지 안에 동명사(V+ing)와 부정사(to V)가 있으므로 준동사 문제이다. have p.p.는 무조건 소거한다.

STEP 2 ▷ 빈칸 앞에는 명사 a suitcase가 있으므로 명사 뒤에 부정사를 넣어야 한다.

STEP 3 ▷ 부정사 현재시제인 (b)가 정답이다.

해석

책 애호가로서, 나는 항상 챙긴다 / 더 많은 것들을 / 내가 필요한 것보다 / 휴가 때, / (왜냐하면) 채워넣는다 / 내가 좋아하는 책들을 / 여행 가방에 / 읽기 위해서 / 해변에서. 존재하지 않는다 / 책을 읽는 것만큼 / 좋은 것은 / 휴가 때.

어휘
stuff 타 채워 넣다, 쑤셔 넣다
favorite 명 특히 좋아하는 물건, 사람

02 시제 ★★ 정답 (c) is still working

I was hoping to get her input on the proposal, but it looks like we'll have to schedule another meeting when she's available. She said that she can't attend the meeting because she is ~ing on a deadline for a project.

Step by Step

STEP 1 ▷ 선택지 4개가 모두 동사이고 ~ing로 끝나는 선택지가 2개 이상이므로 시제 문제이다.

STEP 2 ▷ ~ing로 끝나지 않는 선택지 (b)를 소거한다.

STEP 3 ▷ 빈칸 문장에는 시제 힌트가 '이미 시작했다' 밖에 없다. 해석이 필요한 문제이다. 그녀가 말하길, 그녀가 회의에 참가하지 못하는 것이 현재(can't)이므로, 그 이유로 제시된 '작업 중인 사실'도 현재시제여야 한다. 현재시제가 아닌 (d)를 소거한다.

STEP 4 ▷ 기간을 나타내는 'for+숫자기간'이나 'since ~' 등의 표현이 없으므로 현재진행인 (c)가 정답이다.

TIP ▷ 'for a project'에서 'project'는 기간 명사가 아닌 일반 명사이므로 '~동안'으로 해석될 수 없다. '프로젝트를 위한'이 맞는 해석이고 '프로젝트 동안에'는 'during a project'이다.

해석
나는 희망하고 있었다 / 그녀의 의견을 얻는 것을 / 제안서에 대한, / 하지만 우리가 일정을 잡아야 하는 것처럼 보였다 / 다른 회의를 / 그녀가 가능할 때에. 그녀가 말했다 / (그게 뭐냐면) 그녀는 회의에 참석할 수 없다고 / 그녀가 아직 일하고 있기 때문에 / 마감일에 맞추어 / 프로젝트를 위한.

어휘
input 명 (일·사업 등을 성공시키기 위한) 조언(의 제공)
proposal 명 제안, 제안서
available 형 시간이 있는
deadline 명 마감일

03 연결사 ★   정답 (a) However

Marshmallow originated in ancient Egypt using sap mixed with honey and nuts for gods and royalty. 대조, no one knows what it looked like because the original recipe and appearance were lost over time.

Step by Step

STEP 1 > 선택지 4개가 모두 접속부사이므로 접속부사 문제이다.

STEP 2 > 해석: 마시멜로는 고대 이집트에서 신과 왕족을 위해 꿀과 견과류를 섞은 수액을 사용하면서 시작되었다. (하지만 / 그러므로 / 마침내 / 그렇지 않으면) 시간이 지나면서 원래의 레시피와 모양이 사라졌기 때문에 그것이 어떤 모양이었는지는 아무도 모른다.

STEP 3 > 앞 문장 내용은 '마시멜로가 고대 이집트에서 처음 만들어짐', 해당 문장 내용은 '현재는 아무도 당시의 레시피와 형태를 모름'이다. 알려진 정보와 알려지지 않은 정보, 즉 서로 상반되는 내용을 연결하는 'however'이 정답이다.

TIP > finally(마침내, 결국)는 예상했던, 혹은 희망했던 결과가 시간의 경과와 함께 실제로 발생했을 때 사용하는 접속부사이다.

해석

마시멜로는 유래했다 / 고대 이집트에서 / 수액을 사용했던 / 꿀과 견과류와 함께 혼합된 / 신과 왕족을 위해서. 하지만, 아무도 알지 못한다 / 그것이 어떤 모양이었는지 / 원래의 레시피와 모양이 사라졌기 때문에 / 시간이 지나면서.

어휘

originate 재 비롯되다, 유래하다
sap 명 수액
royalty 명 왕족
appearance 명 모습, 모양

04 가정법   정답 (c) would be

I was looking forward to hanging out with my friend tonight, but he hasn't called yet to confirm. If he called earlier, we 과거조동사+동사원형 able to make plans. Maybe he's having trouble with his phone or something came up at work.

Step by Step

STEP 1 > 선택지 4개가 모두 동사이고 ~ing로 끝나는 선택지가 2개 미만이므로 가정법 문제이다.

STEP 2 > 빈칸은 주절 동사이며, if절의 동사는 called(과거시제)이므로 가정법 과거이다.

STEP 3 > 가정법 과거의 주절 동사로 '과거조동사+동사원형'인 (c)가 정답이다.

해석

나는 학수고대하고 있었다 / 내 친구와 함께 노는 것을 / 오늘 밤, 하지만 그는 아직 전화하지 않았다 / 확정하기 위한. 만약 그가 조금 더 일찍 전화했다면, / 우리는 약속을 잡을 수 있었을 것이다. 아마도 그가 문제가 있다 / 그의 핸드폰에 / 혹은 어떤 일이 / 생겼다 / 직장에.

어휘

hang out with ~와 놀다, ~와 시간을 보내다

05 시제   정답 (c) had been studying

I had an important exam on Monday, so I decided to stay in and study instead of going out with my friends. I had been ~ing for three hours straight when my roommate reminded me of our dinner reservations downtown.

Step by Step

STEP 1 > 선택지 4개가 모두 동사이고 ~ing로 끝나는 선택지가 2개 이상이므로 시제 문제이다.

STEP 2 > ~ing로 끝나지 않는 선택지 (a)를 소거한다.

STEP 3 > 빈칸은 주절의 동사이며, 시간/조건부사절 (when절)의 동사는 과거시제(reminded)로 과거에 끝났음을 표현하므로 과거시제가 아닌 (b)를 소거한다.

STEP 4 > 빈칸 문장에 기간을 나타내는 표현 'for+숫자 기간'이 있으므로 과거완료진행인 (c)가 정답이다.

해석

나는 가지고 있었다 / 중요한 시험을 / 월요일에, 그래서 결정했다 / 집에 남아서 공부하기로 / 외출하는 대신에 / 친구들과. 나는 공부를 해왔다 / 3시간 내내 / 내 룸메이트가 상기시켜 줬을 때 / 나에게 / 저녁 식사 예약을 / 시내에 있는.

어휘

straight 부 내리, 잇달아 계속하여
remind A of B A에게 B에 대해 상기시키다
reservation 명 예약

06 should 생략 　　　　정답 (c) reconsider

Charles is considering converting to part-time so he can spend more time with his kids. However, the counselor advised that he 동사원형 his decision before making any permanent changes to his current employment status.

Step by Step

STEP 1 〉 선택지에 동사원형이 있고, 빈칸 앞에 '동사/형용사+that+주어'가 있으므로 should 생략 문제이다.

STEP 2 〉 should가 생략된 동사원형 형태인 (c)가 정답이다.

TIP 〉 should 생략 문제의 정답을 고를 때 어려움을 느낀다면 모든 선택지 앞에 'should'를 넣어보자. 쉽게 판별이 가능하다.

해석

Charles는 고려하고 있다 / 시간제로 전환하는 것을 / 그래서 그가 더 많은 시간을 보낼 수 있도록 / 그의 아이들과. 하지만, 상담사는 조언했다 / 그가 재고해야 한다고 / 그의 결정을 / 영구적인 변화를 만들기 전에 / 그의 현재 고용 상태에.

어휘

convert 타 전환하다, 바꾸다
counselor 명 상담사
reconsider 타 재고하다
permanent 형 영구적인
status 명 상황, 상태

07 준동사 ★★ 　　　　정답 (d) to automate

Our company recently invested in a new software program designed to v repetitive tasks. This has significantly increased productivity and freed up time for our team to focus on more important projects.

Step by Step

STEP 1 〉 선택지 안에 동명사(V+ing)와 부정사(to V)가 있으므로 준동사 문제이다. have p.p.는 무조건 소거한다.

STEP 2 〉 빈칸 앞의 단어는 과거분사(p.p.)로 쓰인 'designed'이다. which is가 생략된 be p.p. 형태로 뒤에는 to V가 들어가야 한다.

STEP 3 〉 부정사 현재시제인 (d)가 정답이다.

TIP 〉 ❶ 1년에 1~2회 출제되는 고난도 문제로, 본동사인 invested를 찾을 수 있어야 designed가 형용사(p.p.)라는 것을 알 수 있다.
❷ design은 짝꿍 준동사가 없는 단어이므로, 암기한 적이 없다. 다른 준동사 문제를 모두 푼 후, 숫자 맞추기로 정답을 유추하는 것도 좋은 전략이다.
❸ be p.p. 뒤에는 to V가 정답이지만, 두 가지 예외의 경우가 있다. be caught ~ing, be finished ~ing도 따로 암기해두자.

해석

우리 회사는 최근 투자했다 / 새로운 소프트웨어 프로그램에 / (그게 뭐냐면) 디자인되었다 / 자동화하기 위해서 / 반복적인 작업. 이것은 엄청나게 향상했다 / 생산성을 / 그리고 시간을 확보해 주었다 / (어떤 시간이냐면) 우리 팀이 / 집중할 수 있는 / 더 중요한 프로젝트에.

어휘

invest 자 투자하다
design 타 디자인하다, 설계하다
automate 타 자동화하다
repetitive 형 반복적인, 반복되는
significantly 부 상당히, 중요하게
productivity 명 생산성
free up ~을 풀어주다, 해방하다, 해소하다

08 should 생략 　　　　정답 (b) undergo

After reviewing the patient's medical history and conducting several tests, the doctor suggested that the patient 동사원형 surgery to treat the medical condition. He said that the surgery may be the only treatment needed.

Step by Step

STEP 1 〉 선택지에 동사원형이 있고, 빈칸 앞에 '동사/형용사+that+주어'가 있으므로 should 생략 문제이다.

STEP 2 〉 should가 생략된 동사원형 형태인 (b)가 정답이다.

TIP 〉 should 생략 문제의 정답을 고를 때 어려움을 느낀다면 모든 선택지 앞에 'should'를 넣어보자. 쉽게 판별이 가능하다.

해석

검토한 후에 / 환자의 병력을 / 그리고 실시한 후에 / 몇 가지 검사를, / 그 의사는 제안했다 / 그 환자가 수술을 받아야 한다고 / 질병을 치료하기 위해서. 그는 말했다 / 그 수술이 유일한 치료법일 수 있다고 / 필요한.

어휘
review 타 검토하다
conduct 타 하다, 행하다
undergo 타 (특히 변화·안 좋은 일 등을) 겪다, 받다
surgery 명 수술
treatment 명 치료

09 준동사   정답 (c) watching

I promised myself I would focus on work, but the cliffhanger from the previous episode was too alluring to turn away from. I couldn't resist V+ing the latest episode of my favorite TV show.

Step by Step

STEP 1 〉 선택지 안에 동명사(V+ing)와 부정사(to V)가 있으므로 준동사 문제이다. have p.p.는 무조건 소거한다.

STEP 2 〉 빈칸 앞에는 동사 couldn't resist가 있으므로 resist의 목적어를 묻는 문제이다.

STEP 3 〉 resist는 목적어로 동명사를 받는 타동사이다. (암기하자!) 동명사 현재시제인 (c)가 정답이다.

해석
나는 약속했다 / 나 자신과 / 일에 집중하겠다고, / 하지만 손에 땀을 쥐게 하는 상황이 / 이전 에피소드의 / 너무 매력적이었다 / 고개를 돌리기에는. 나는 참을 수 없었다 / 최신 에피소드를 보는 것을 / 내가 좋아하는 TV 프로그램의.

어휘
cliffhanger 명 손에 땀을 쥐게 하는 상황
previous 형 이전의, 바로 앞의
alluring 형 매혹적인
turn away 물리치다, 외면하다
resist 타 저항하다, 참다
latest 형 최근의

10 가정법   정답 (b) would never pursue

I used to be unsure about what I wanted to do with my life, but then I met someone who changed everything. If it were not for her encouragement, I 과거조동사+동사원형 my dreams.

Step by Step

STEP 1 〉 선택지 4개가 모두 동사이고 ~ing로 끝나는 선택지가 2개 미만이므로 가정법 문제이다.

STEP 2 〉 빈칸은 주절 동사이며, if절의 동사는 were(과거시제)이므로 가정법 과거이다. (were은 대표적인 가정법 과거의 if절 동사)

STEP 3 〉 가정법 과거의 주절 동사로 '과거조동사+동사원형'인 (b)가 정답이다.

해석
나는 확신하지 못했었다 / 내가 무엇을 하고 싶은지 / 내 인생에서, / 그러나 그때 나는 누군가를 만났다 / (그게 누구냐면) 바꾸었다 / 모든 것을. 만약 그녀의 격려가 없다면, / 나는 절대 좇지 못할 것이다 / 나의 꿈을.

어휘
unsure 형 확신하지 못하는, 자신 없는
if it were not been for = if it had not been for
= without ~없이
encouragement 명 격려
pursue 타 추구하다, 뒤쫓다

11 시제   정답 (c) was driving

When I was in a traffic accident, I was ~ing down the highway and listening to music, completely unaware of the impending danger ahead. I woke up later in the hospital with a broken arm and several other injuries.

Step by Step

STEP 1 〉 선택지 4개가 모두 동사이고 ~ing로 끝나는 선택지가 2개 이상이므로 시제 문제이다.

STEP 2 〉 ~ing로 끝나지 않는 선택지 (a), (d)를 소거한다.

STEP 3 〉 빈칸은 주절의 동사이며, 시간/조건부사절 (when절)의 동사는 과거시제(was)로 과거를 표현한다.

STEP 4 〉 기간을 나타내는 'for+숫자기간'이나 'since ~' 등의 표현이 없으므로 과거진행인 (c)가 정답이다.

해석
내가 교통사고를 당했을 때, / 나는 운전하고 있었다 / 고속도로를 따라서 / 그리고 음악을 듣고 있었다, / 완전히 모른 상태로 / 임박한 위험을 / 전방에. 나는 깨어났다 / 나중에 / 병원에서 / 부러진 팔과 다른 여러 부상들과 함께.

어휘
completely 부 완전히, 전적으로
unaware 형 ~을 알지 못하는
impending 형 곧 닥칠, 임박한
ahead 부 앞에, 미리, 앞서서
injury 명 부상, 상처

12 준동사   정답 (a) to sign

After several rounds of discussion and compromise, the two companies were able to find common ground. The parties involved in the negotiations finally agreed to v a contract that satisfied both of their interests.

🚶 Step by Step

STEP 1 〉 선택지 안에 동명사(V+ing)와 부정사(to V)가 있으므로 준동사 문제이다. have p.p.는 무조건 소거한다.

STEP 2 〉 빈칸 앞에는 동사 agreed가 있으므로 agree의 목적어를 묻는 문제이다.

STEP 3 〉 agree는 목적어로 부정사를 받는 타동사이다. (암기하자!) 부정사 현재시제인 (a)가 정답이다.

해석
여러 번 후에 / 논의와 타협의, / 두 회사들은 찾을 수 있었다 / 공통점을. 양사는 (그게 뭐냐면) 관련되어 있는 / 그 협상에 / 마침내 합의했다 / 계약에 서명하기로 (그게 뭐냐면) 만족시키는 / 서로의 이해관계 모두를.

어휘
round 명 (장기적으로 진행되는 일의) 한 차례
compromise 명 타협
ground 명 (관심·지식의) 분야, 영역; 화제
involve 타 포함하다
negotiation 명 협상, 교섭, 절충
contract 명 계약
interest 명 관심; 이익

13 시제   정답 (a) have been trying

I had an important meeting scheduled for this afternoon, but I realized that I had misplaced my phone. Since this morning, I have been ~ing to find my missing phone, but despite my best efforts, it seems to have disappeared without a trace.

🚶 Step by Step

STEP 1 〉 선택지 4개가 모두 동사이고 ~ing로 끝나는 선택지가 2개 이상이므로 시제 문제이다.

STEP 2 〉 ~ing로 끝나지 않는 선택지 (d)를 소거한다.

STEP 3 〉 빈칸은 주절의 동사이며, 기간을 나타내는 표현으로 'since ~'가 있으므로 완료시제가 아닌 (b)를 소거한다.

STEP 4 〉 끝나는 시점이 언급되어 있지 않으므로 '이 말을 하고 있는 현재까지'를 뜻하는 현재완료진행 (a)가 정답이다.

해석
나는 중요한 회의가 있었다 / (그게 뭐냐면) 예정된 / 오늘 오후에, / 하지만 나는 깨달았다 / 내가 휴대폰을 잃어버렸다는 것을. 오늘 아침부터, / 나는 애쓰고 있었다 / 내 잃어버린 휴대폰을 찾기 위해서, / 하지만 내 노력에도 불구하고, / 그것은 사라진 것 같아 보인다 / 흔적도 없이.

어휘
misplace 타 제자리에 두지 않다
missing 형 없어진, 행방불명된
disappear 자 사라지다
trace 명 흔적, 자취

14 관계사   정답 (d) who performed the operation

Most of patients trust the surgeon who 관계사절 and feel safe in his hands. This is because they know that he has performed countless successful surgeries before.

🚶 Step by Step

STEP 1 〉 선택지 4개가 모두 관계사로 시작하므로 관계사 문제이다.

STEP 2 〉 선행사 'the surgeon'가 있으므로 관계사 what으로 시작하는 (b)를 소거한다.

STEP 3 〉 선행사 'the surgeon(외과의)'은 사람이므로 관계사 which로 시작하는 (c)를 소거한다.

STEP 4 〉 남은 선택지의 관계절을 확인한다. 관계대명사 that 뒤에 완벽한 문장이 오는 (a)는 문법상 오답이다.

STEP 5 〉 관계대명사 who의 관계사절로 불완전한 문장이 오는 (d)가 정답이다.

> **TIP** 선행사가 생소한 단어일 때에는 해석을 통해 사람인지 아닌지 확인해보자. 관계절의 설명은 '수술을 집도하는'이므로 사람인 의사를 의미한다.

해석
대부분의 환자들은 그 외과의를 신뢰한다 / (그게 누구냐면) 수술을 집도한 / 그리고 안전하다고 느낀다 / 그의 행위에서. 이것은 그들이 알고 있기 때문이다 / (그게 뭐냐면) 그가 수행했다는 것을 수많은 성공적인 수술들을 / 이전에.

어휘
patient 명 환자
surgeon 명 외과의
operation 명 수술
countless 형 무수한, 셀 수 없이 많은

15 조동사   **정답** (a) should

As a high-end restaurant, 'Floral' has a strictly set dress code for all customers. Recently, the restaurant updated their dress code policy for men, so any men 의무 wear closed-toe shoes.

> **Step by Step**
>
> **STEP 1** 선택지 4개가 모두 조동사이므로 조동사 문제이다.
>
> **STEP 2** 앞 문장은 현재시제이며, 빈칸 문장은 과거에 일어난 사건을 언급하고 그에 따른 현재의 영향을 설명하고 있다. 과거조동사 (d)는 일단 빼둔다. (나머지 선택지 중 적합한 것 없으면 나중에 다시 확인)
>
> **STEP 3** 해석: 고급 레스토랑인 '플로랄'은 모든 고객에 대해 엄격하게 정해진 드레스 코드를 가지고 있다. 최근 이 레스토랑은 남성의 드레스 코드 정책을 업데이트했고, 그래서 모든 남성은 앞코가 닫힌 신발을 (착용해야 한다 / 착용할 것이다 / 착용할 수 있다).
>
> **STEP 4** '엄격하게 정해진 드레스 코드', '모든 남성'이라는 힌트를 사용해 정해진 규칙을 이야기하고 있으므로 '의무'를 설명하는 (a)가 가장 자연스럽다.
>
> **TIP** 규칙이나 규약, 법칙 등에 대해 이야기할 때에는 must, should가 연결되어야 하는 것을 기억해두자.

해석
고급 레스토랑으로서, / 'Floral'은 가지고 있다 / 엄격하게 정해진 드레스 코드를 / 모든 고객에 대하여. 최근, 이 레스토랑은 새로 바꾸었다 / 그들의 드레스 코드 정책을 / 남성에 대한, / 그래서 모든 남성은 / 착용해야 한다 / 앞코가 닫힌 신발을.

어휘
high-end 형 고급의
strictly 부 엄격하게, 절대적으로
code 명 (조직·국가의) 법규, 규정
policy 명 정책

16 가정법   **정답** (d) could have prepared

I wish you had let me know in advance that you were coming. Had I known you are coming, I 과거조동사+have p.p. a meal that is specifically designed for vegetarians like you.

> **Step by Step**
>
> **STEP 1** 선택지 4개가 모두 동사이고 ~ing로 끝나는 선택지가 2개 미만이므로 가정법 문제이다.
>
> **STEP 2** 빈칸은 주절이며, if절의 동사를 찾아보니 if가 없고 had p.p. 사이에 주어가 있으므로 가정법 과거완료 도치이다.
>
> **STEP 3** 가정법 과거완료의 주절 동사로 '과거조동사 +have p.p.'인 (d)가 정답이다.

해석
나는 소망한다 / 당신이 알려주었기를 / 나에게 / 사전에 / (그게 뭐냐면) 당신이 올 것이라는 것을. 만약 내가 알았다면 / 당신이 온다는 것을, / 나는 준비했을 것이다 / 식사를 / (그게 뭐냐면) 특별히 준비된 / 채식주의자를 위해 / 당신 같은.

어휘
in advance 사전에, 미리
meal 명 식사, 식단
specifically 부 명확하게, 특별히
vegetarian 명 채식주의자

17 연결사 ★   정답 (b) Even though

The workers are dissatisfied with the company's pay-for-performance policy, and the union labor leader decided to organize a strike to rectify the situation. 역접 his efforts are unsuccessful, he will persist in his fight until the very end.

🚶 Step by Step

STEP 1 > 선택지 4개가 모두 종속접속사이므로 종속접속사 문제이다.

STEP 2 > 해석: 노동자들은 회사의 성과급 정책에 불만을 품고 있고, 노조 지도부는 상황을 바로잡기 위해 파업을 조직하기로 결정했다. 그의 노력이 (성공하지 못한 반면 / 성공하지 못할지라도 / 성공하지 못하기 때문에 / 성공하지 못한다면) 그는 끝까지 투쟁을 계속할 것이다.

STEP 3 > 종속절 내용은 '노력이 실패함', 주절은 '끝까지 투쟁할 예정'이다. 둘은 원인과 그에 따른 합리적/일반적인 결과의 반대 상황에 해당하므로 역접의 연결사인 'even though'가 정답이다.

TIP > ❶ 대조 관계를 설명하는 while과 헷갈릴 수 있지만, while은 동시 발생한 일들 사이의 대조 관계를 설명하는 종속접속사이다('~하는 동안에'라는 뜻에서 파생). 이 문제에서 종속절과 주절은 시제가 다르다.
❷ if는 가상의 조건과 그에 따라 예상할 수 있는 합리적/일반적인 결과를 연결할 때 쓴다. '노력의 실패'에 따르는 합리적/일반적 결과는 '포기'이므로, 그 반대 결과인 '끝까지 투쟁'을 연결하는 접속사로 if는 부적절하다.

해석
노동자들은 불만을 가진다 / 회사의 성과급 정책에, / 그리고 노동조합 지도부는 결정했다 / 파업을 조직하기로 / 상황을 바로잡기 위해. 비록 그의 노력은 성공하지 못할지라도, / 그는 계속할 것이다 / 그의 투쟁을 / 마지막까지.

어휘
dissatisfy 타 불만을 느끼게 하다, 불평을 갖게 하다
union labor 명 노조 노동자
strike 명 파업
rectify 타 바로잡다, 고치다
persist 자 끈질기게 계속하다

18 관계사   정답 (d) which was washed up

I found a beautiful seashell on the strand, which 관계사절 by the waves. It was a reminder of the vastness of the ocean and the wonder and beauty that can be found in the smallest things.

🚶 Step by Step

STEP 1 > 선택지 4개가 모두 관계사로 시작하므로 관계사 문제이다.

STEP 2 > 선행사 'seashell on the strand'가 있으므로 관계사 what으로 시작하는 (a)를 소거한다.

STEP 3 > 선행사 'seashell on the strand' 뒤에 쉼표(,)가 있으므로 관계사 that으로 시작하는 (c)를 소거한다.

STEP 4 > 선행사 'seashell(조개껍질)'은 사람이 아니므로 관계사 who로 시작하는 (b)를 소거한다.

STEP 5 > 남은 선택지 (d)에 관계대명사 which의 관계사절로 불완전한 문장이 오므로 문법상 올바르다.

해석
나는 발견했다 / 아름다운 조개껍질을 / 해변에서, / (그게 뭐냐면) 떠밀려왔다 / 파도에 의해서. 그것은 상기해 주는 것이었다 / 바다의 광활함을 / 그리고 경이로움과 아름다움을 / (그게 뭐냐면) 발견될 수 있다 / 아주 작은 것들에서.

어휘
strand 명 물가
reminder 명 (이미 잊었거나 잊고 싶은 것을) 상기하는/생각나게 하는 것
vastness 명 광대함
wonder 명 경탄, 경이, 불가사의

19 준동사   정답 (b) singing

The band had been touring non-stop for weeks, and the grueling schedule finally caught up with the lead singer. He had to stop v+ing in the middle of the concert due to a sore throat, disappointing the audience.

🚶 Step by Step

STEP 1 > 선택지 안에 동명사(V+ing)와 부정사(to V)가 있으므로 준동사 문제이다. have p.p.는 무조건 소거한다.

STEP 2 > 빈칸 앞에는 동사 had to stop가 있으므로 stop의 뒤에 동명사/부정사가 어울리는지 해석이 필요하다.

STEP 3 〉 그는 인후통으로 인해 콘서트 도중에 (노래를 중단해야 했고 / 노래하기 위해 하던 것을 중단해야 했고), 관객들을 실망시켰다.

STEP 4 〉 인후통으로 인해 '노래를 중단'한 것이니 동명사 현재시제인 (b)가 정답이다.

TIP 〉 ❶ 확실한 부사적 정답이 3개 나왔기 때문에 숫자 맞추기를 이용하여 정답 유추가 가능하다.
❷ 지금까지 stop은 총 10여 회 출제되었으며, 한 번을 제외하고는 모두 ~ing가 정답이었다는 것도 기억해두자.

해석
그 밴드는 투어를 하고 있었다 / 쉬지 않고 / 몇 주 동안. / 그리고 그 고된 일정이 마침내 리드 보컬의 발목을 잡았다. 그는 멈춰야만 했다 / 노래하는 것을 / 콘서트 도중에 / 인후통으로 인해, / (그리고) 실망시켰다 / 관객들을.

어휘
grueling 형 녹초로 만드는, 엄한
catch up with somebody (문제가) 발목을 잡다
sore throat 명 인후통

20 가정법　　　**정답** (b) would have aced

Robert has always strived to be at the top of his class, but he was unable to give his best on the test, taking care of his younger brother. If he had had more time, he 과거조동사+have p.p. this test again.

Step by Step

STEP 1 〉 선택지 4개가 모두 동사이고 ~ing로 끝나는 선택지가 2개 미만이므로 가정법 문제이다.

STEP 2 〉 빈칸은 주절이며, if절의 동사는 had had(had p.p.)이므로 가정법 과거완료이다.

STEP 3 〉 가정법 과거완료의 주절 동사로 '과거조동사 +have p.p.'인 (b)가 정답이다.

TIP 〉 항상 동사는 덩어리로 묶어서 보는 습관을 가져야 한다. had had는 일반동사 have(가지다)의 had p.p. 형태이다.

해석
Robert는 항상 노력해왔다 / 1등을 하기 위해서 / 그의 학급에서, / 하지만 그는 최선을 다하지 못했다 / 시험에, 돌보느라 / 그의 남동생을. 만약 그가 가졌더라면 / 더 많은 시간을, / 그는 1등을 했을 것이다 / 이 시험에서 / 다시 한번.

어휘
strive 자 분투하다
give one's best 최선을 다하다
ace 타 시험 등을 잘 보다, 1등으로 득점하다

21 시제　　　**정답** (a) will be playing

After spending hours getting ready and carefully selecting our outfits, we finally leave for the party, excited to see our friends and enjoy the evening's festivities. By the time we get there, the DJ will be ~ing some of our favorite songs.

Step by Step

STEP 1 〉 선택지 4개가 모두 동사이고 ~ing로 끝나는 선택지가 2개 이상이므로 시제 문제이다.

STEP 2 〉 ~ing로 끝나지 않는 선택지 (d)를 소거한다.

STEP 3 〉 빈칸은 주절의 동사이며, 시간/조건부사절 (by the time절)의 동사는 현재시제(get)로 미래를 표현하므로 미래시제가 아닌 (b)를 소거한다.

STEP 4 〉 기간을 나타내는 'for+숫자기간'이나 'since ~' 등의 표현이 없으므로 미래진행인 (a)가 정답이다.

해석
몇 시간을 소모한 후에 / 준비하는 데에 / 그리고 신중하게 의상을 고르는 것에, / 우리는 드디어 떠난다 / 파티를 위해서, / 들뜬 마음으로 / 친구들을 만나는 것에 / 그리고 저녁의 축제 분위기를 즐기는 것에. 우리가 파티에 도착할 때쯤이면, / DJ가 틀어주고 있을 것이다 / 우리가 좋아하는 노래를.

어휘
carefully 부 세심하게, 면밀하게
outfit 명 옷
festivity 명 축제 기분

22 시제 　**정답** (d) will have been being delayed

I hope we can still catch our connecting flight despite the delay, but it seems unlikely. By the time we arrive at the airport, our flight will have been ~ing for six hours, and I will be exhausted from all the waiting.

🚶 Step by Step

STEP 1 〉 선택지 4개가 모두 동사이고 ~ing로 끝나는 선택지가 2개 이상이므로 시제 문제이다.

STEP 2 〉 ~ing로 끝나지 않는 선택지 (a)를 소거한다. (맨 끝 단어가 모두 ~ing가 아닐 때에는 바로 앞 단어를 기준으로 찾는다)

STEP 3 〉 빈칸은 주절의 동사이며, 시간/조건부사절 (by the time절)의 동사는 현재시제(arrive)로 미래를 표현하므로 미래시제가 아닌 (b), (c)를 소거한다.

STEP 4 〉 남아있는 미래완료진행 (d)가 정답이다. 빈칸 문장에 기간을 나타내는 'for+숫자기간'이 있는 것도 확인하자.

해석

나는 희망한다 / 우리가 아직 탈 수 있기를 / 연결 항공편을 / 연착에도 불구하고, / 하지만 그렇지 않을 것 같아 보인다. 우리가 도착할 때쯤이면 / 공항에, / 우리 비행기는 늦어왔을 것이다 / 6시간이나, / 그리고 우리는 지쳐있을 것이다 / 모든 기다림으로.

어휘

catch 타 (버스·기차·비행기 등을 시간 맞춰) 타다
unlikely 형 ~할/일 것 같지 않은, 있음직하지 않은
delay 타 지연시키다
exhaust 타 기진맥진하게 만들다

23 준동사 　**정답** (d) implementing

After analyzing the data and considering the environmental impact, the task force determined that a change was necessary. The research findings support v+ing a new policy to reduce plastic waste in our city.

🚶 Step by Step

STEP 1 〉 선택지 안에 동명사(V+ing)와 부정사(to V)가 있으므로 준동사 문제이다. have p.p.는 무조건 소거한다.

STEP 2 〉 빈칸 앞에는 동사 support가 있으므로 support의 목적어를 묻는 문제이다.

STEP 3 〉 support는 목적어로 동명사를 받는 타동사이다. (암기하자!) 동명사 현재시제인 (d)가 정답이다.

해석

데이터를 분석한 후에 / 그리고 환경적 영향을 고려한 후에, / 대책 위원회는 결정했다 / (그게 뭐냐면) 변화가 필요하다고. 그 연구 결과는 뒷받침한다 / 새로운 정책 시행을 / 플라스틱 쓰레기를 줄이기 위한 / 우리 도시에서.

어휘

analyze 타 분석하다
consider 타 고려하다
task force 명 (특정한 문제를 해결하기 위한) 대책 위원회, 프로젝트 팀
determine 타 결정하다, 알아내다
finding 명 결과, 결과물
support 타 지지하다, 힘을 실어주다
implement 타 시행하다
policy 명 정책

24 가정법 　**정답** (a) could avoid

It seems that his habit of rushing and taking unnecessary risks while driving is the reason why he has been getting into accidents repeatedly. If he were to drive more cautiously, he 과거조동사+동사원형 getting into accidents.

🚶 Step by Step

STEP 1 〉 선택지 4개가 모두 동사이고 ~ing로 끝나는 선택지가 2개 미만이므로 가정법 문제이다

STEP 2 〉 빈칸은 주절 동사이며, if절의 동사는 were(과거시제)이므로 가정법 과거이다. (were은 대표적인 가정법 과거의 if절 동사)

STEP 3 〉 가정법 과거의 주절 동사로 '과거조동사+동사원형'인 (a)가 정답이다.

> 해석

그의 습관은 / (어떤 습관이냐면) 서두르는 / 그리고 불필요한 위험을 감수하는 / 운전 중에 / 원인인 것 같아 보인다 / (무엇의 원인이냐면) 그가 사고를 일으키는 / 반복적으로. 만약 그가 운전한다면 / 조금만 더 조심스럽게, / 그는 피할 수 있을 것이다 / 사고를.

> 어휘

rush 자 (너무 급히) 서두르다
unnecessary 형 불필요한, 쓸데없는
take a risk (위험할 수 있는 줄 알면서) 모험을 하다
repeatedly 부 반복해서, 되풀이해서
cautiously 부 신중하게, 조심스럽게

25 조동사   정답 (b) can

Stem cells are special cells that have the ability to develop into various types of cells in the body, such as blood cells, nerve cells, muscle cells, and others. They 능력/가능성 help repair, replace, and regenerate damaged tissues and organs.

> Step by Step

STEP 1 ▷ 선택지 4개가 모두 조동사이므로 조동사 문제이다.

STEP 2 ▷ 본문의 시제가 전부 현재이므로 과거조동사 (d)는 일단 빼둔다. (나머지 선택지 중 적합한 것 없으면 나중에 다시 확인)

STEP 3 ▷ 해석: 줄기세포는 혈액 세포, 신경 세포, 근육 세포 등 신체의 다양한 유형의 세포로 발전할 수 있는 능력을 가진 특수 세포다. 줄기세포는 손상된 조직과 장기를 복구, 대체 및 재생하는 데 도움을 (줄지도 모른다 / 줄 수 있다 / 주어야 한다).

STEP 4 ▷ 주어는 이성적 판단 능력이 없는 동식물, 또는 신체 기관으로, 그의 '능력'이나 '가능성'을 설명하는 (b)가 가장 자연스럽다.

> 해석

줄기세포는 특수 세포이다 / (그게 뭐냐면) 능력을 가지고 있다 / 발전할 수 있는 / 다양한 유형의 세포로 / 몸 안에 있는 / 예를 들어 혈액 세포, 신경 세포, 근육 세포 같은. 줄기세포는 도움을 줄 수 있다 / 복구, 대체 및 재생하는 데 / 손상된 조직과 장기를.

> 어휘

stem 명 줄기
various 형 다양한
nerve 명 (신체) 신경
muscle 명 (신체) 근육
repair 타 수리하다, 바로잡다
replace 타 대신하다, 바꾸다
regenerate 타 재건하다, 재생하다
tissue 명 (신체) 조직
organ 명 (신체) 장기

26 가정법   정답 (d) would have made

Mark had been unable to sell his house for a long time, which prevented him from investing the money tied up in it elsewhere. Had he invested in the stock market earlier, he 과거조동사+have p.p. a fortune.

> Step by Step

STEP 1 ▷ 선택지 4개가 모두 동사이고 ~ing로 끝나는 선택지가 2개 미만이므로 가정법 문제이다.

STEP 2 ▷ 빈칸은 주절이며, if절의 동사를 찾아보니 if가 없고 had p.p. 사이에 주어가 있으므로 가정법 과거완료 도치이다.

STEP 3 ▷ 가정법 과거완료의 주절 동사로 '과거조동사+have p.p.'인 (d)가 정답이다.

> 해석

Mark는 팔지 못해왔다 / 그의 집을 / 오랫동안, / (그것은) 막았다 / 그를 / 그 돈을 투자하는 것으로부터 / (어떤 돈이냐면) 묶여있는 / 거기에 / 다른 곳에. 만약 그가 투자했다면 / 주식 시장에 / 좀 더 일찍, / 그는 큰돈을 벌었을 것이다.

> 어휘

prevent 타 막다, 방지하다
invest 타 투자하다, 투입하다
tie up 단단히 묶다
elsewhere 부 다른 곳에서, 다른 곳에
stock market 명 주식 시장
make a fortune 큰돈을 벌다

TEST 6 실전 모의고사 정답 및 해설

실전 모의고사 p. 29

빠른 정답

01	02	03	04	05	06	07	08	09	10
(d)	(d)	(d)	(c)	(d)	(c)	(a)	(b)	(a)	(b)
11	12	13	14	15	16	17	18	19	20
(c)	(b)	(c)	(c)	(d)	(a)	(a)	(d)	(b)	(a)
21	22	23	24	25	26				
(d)	(c)	(b)	(b)	(a)	(d)				

01 가정법

정답 (d) would go

Jane and her friends haven't seen each other since last summer, which was at her wedding. Jane's friends agree very well that they should have dinner together. She 과거조동사+동사원형 there if she were not busy working.

Step by Step

STEP 1 〉 선택지 4개가 모두 동사이고 ~ing로 끝나는 선택지가 2개 미만이므로 가정법 문제이다.

STEP 2 〉 빈칸은 주절 동사이며, if절의 동사는 were (과거시제)이므로 가정법 과거이다. (were은 대표적인 가정법 과거의 if절 동사)

STEP 3 〉 가정법 과거의 주절 동사로 '과거조동사+동사원형'인 (d)가 정답이다.

해석

Jane과 그녀의 친구들은 서로를 보지 못했다 / 지난 여름 이후, / (그게 뭐냐면) 그녀의 결혼식에서였다. Jane의 친구들은 매우 동의한다 / 그들이 함께 저녁을 먹어야 한다는 것에. 그녀는 그곳에 갔을 것이다 / 만약 그녀가 일하느라 바쁘지 않다면.

어휘

agree 타 동의하다

02 시제 ★★

정답 (d) had been theorizing

Last week, two bodies with physical handicaps were excavated in an Egyptian tomb. Based on equipment buried along with corpses, they were respected a lot. Until the discovery, historians had been ~ing that ancient people wouldn't treat the disabled fairly.

Step by Step

STEP 1 〉 선택지 4개가 모두 동사이고 ~ing로 끝나는 선택지가 2개 이상이므로 시제 문제이다.

STEP 2 〉 ~ing로 끝나지 않는 선택지 (b)를 소거한다.

STEP 3 〉 빈칸은 주절의 동사이며, 시제 힌트로 제시된 'Until the discovery'에 'Until'은 '~까지'라는 뜻으로 기간을 나타내는 표현이므로 완료 시제가 아닌 (c)를 소거한다.

STEP 4 〉 'the discovery'가 현재를 뜻하는지 과거를 뜻하는지 찾아보자. '그 발견'은 첫 문장의 발굴을 가리키며, 과거시제(were excavated)이므로 빈칸의 행위의 '끝나는 시점'이 과거라는 것을 알 수 있다. 과거완료진행시제 (d)가 정답이다.

TIP 〉 간혹 해석을 요구하는 시제문제가 출제되는데, 당황할 필요 없이 다른 문제들을 먼저 풀어보자. 마지막에 숫자맞추기를 통해 충분히 정답을 유추할 수 있다.

해석

지난주, 시신 2구가 / 신체적 장애를 가진 / 발굴됐다 / 이집트 무덤에서. 장비에 근거하여 / (그게 뭐냐면) 시신과 함께 묻힌, / 그들은 매우 존중받았다. 그 발견이 있기 전까지 / 역사가들은 이론을 세워왔다 / 고대인들이 대하지 않았을 것이라고 / 장애인을 / 공평하게.

어휘

physical 형 신체적인
handicap 명 장애, 핸디캡
excavate 타 발굴하다
tomb 명 무덤
equipment 명 장비, 용품
bury 타 묻다, 숨기다
corpse 명 시체, 송장

theorize 타 이론을 제시하다
treat 타 대하다, 여기다
the disabled 명 장애인
fairly 부 공평하게

03 should 생략   정답 (d) give

Nowadays parents tend to give their children a name in fashion. Many educators ask that parents 동사원형 a name to the kid more freely. The given name can prescribe their personalities and it can oppress their lives.

Step by Step

STEP 1 ▷ 선택지에 동사원형이 있고, 빈칸 앞에 '동사/형용사+that+주어'가 있으므로 should 생략 문제이다.

STEP 2 ▷ should가 생략된 동사원형 형태인 (d)가 정답이다.

해석
요즘 부모들은 주는 경향이 있다 / 자식들에게 / 이름을 / 유행에 따라서. 많은 교육자들은 요청한다 / 부모들이 주어야 한다고 / 이름을 / 아이들에게 / 더 자유롭게. 지어주는 이름은 규정할 수 있다 / 그들의 성격을 / 그리고 그것은 억압할 수 있다 / 그들의 삶을.

어휘
fashion 명 유행
educator 명 교육자, 교육인
prescribe 타 처방하다, 규정하다
personality 명 성격, 인격
oppress 타 억압하다

04 준동사   정답 (c) experiencing

According to the American Psychological Association, 64 percent of Americans say money is a significant source of stress in their life, and 52 percent admit v+ing negative financial impact due to the political unrest.

Step by Step

STEP 1 ▷ 선택지 안에 동명사(V+ing)와 부정사(to V)가 있으므로 준동사 문제이다. have p.p.는 무조건 소거한다.

STEP 2 ▷ 빈칸 앞에는 동사 admit이 있으므로 admit의 목적어를 묻는 문제이다.

STEP 3 ▷ admit는 목적어로 동명사를 받는 타동사이다. (암기하자!) 동명사 현재시제인 (c)가 정답이다.

해석
미국심리학회에 따르면, / 미국인의 64%가 말했다 / 돈은 중대한 스트레스 요인이라고 / 인생에서, 그리고 52%는 시인했다 / 경험했다고 / 부정적인 재정적 영향을 / 정치적 불안으로 인해.

어휘
significant 형 심각한, 중요한
source 명 원천, 근원
admit 타 인정하다, 시인하다
negative 형 부정적인
financial 형 금융의
impact 명 영향, 충격
political 형 정치적인
unrest 명 불안

05 시제   정답 (d) is having

Ted got a temporary driving license as soon as he turned seventeen. Although he passed both the written exam and driving course test in one go, at the moment he is ~ing difficulty in parallel parking.

Step by Step

STEP 1 ▷ 선택지 4개가 모두 동사이고 ~ing로 끝나는 선택지가 2개 이상이므로 시제 문제이다.

STEP 2 ▷ ~ing로 끝나지 않는 선택지 (c)를 소거한다.

STEP 3 ▷ 빈칸 문장에 현재를 나타내는 표현 at the moment(바로 지금)가 있으므로 현재시제가 아닌 (a)를 소거한다.

STEP 4 ▷ 기간을 나타내는 'for+숫자기간'이나 'since ~' 등의 표현이 없으므로 현재진행인 (d)가 정답이다.

TIP ▷ at the moment, at this moment는 현재 시제, at that moment는 과거 시제의 표지인 것을 기억해두자.

TEST 6 실전 모의고사 정답 및 해설 | 55

해석
Ted는 임시운전면허를 취득했다 / 그가 열일곱 살이 되자마자. 비록 그는 합격했지만 / 필기시험과 도로주행시험 모두를 / 한 번에, / 지금 그는 어려움을 겪고 있다 / 평행 주차에.

어휘
temporary 형 일시적인, 임시의
driving license 명 운전면허증
in one go 한 번에, 모두 함께
parallel parking 명 평행 주차

06 준동사   정답 (c) to get

Elliott's parents promised to v him PlayStation 5, which was his desired one. He tried hard but he got a lower place in his class and he made a bad decision. Because he lied to his parents, he got grounded.

Step by Step

STEP 1 〉 선택지 안에 동명사(V+ing)와 부정사(to V)가 있으므로 준동사 문제이다. have p.p.는 무조건 소거한다.

STEP 2 〉 빈칸 앞에는 동사 promised가 있으므로 promise의 목적어를 묻는 문제이다.

STEP 3 〉 promise는 목적어로 부정사를 받는 타동사이다. (암기하자!) 부정사 현재시제인 (c)가 정답이다.

해석
Elliott의 부모는 약속했다 / 사주겠다고 / 그에게 / 플레이스테이션 5를, / (그게 뭐냐면) 그가 소망했던 것이다. 그는 열심히 노력했다 / 하지만 그는 얻었다 / 낮은 등수를 / 그의 반에서 / 그리고 그는 잘못된 결정을 내렸다. 왜냐하면 그는 거짓말을 했기 때문에 / 부모님께, / 그는 외출금지를 당했다.

어휘
desired 형 바랐던, 희망했던
decision 명 결정
ground 타 외출 금지를 내리다

07 관계사   정답 (a) where a woman becomes the queen

Bella just finished her final exams in her college life and felt free and easy. Before the test scores are announced, she will binge-watch her favorite series where 관계사절.

Step by Step

STEP 1 〉 선택지 4개가 모두 관계사로 시작하므로 관계사 문제이다.

STEP 2 〉 선행사 series가 있으므로 관계사 what으로 시작하는 (c)를 소거한다.

STEP 3 〉 남은 선택지의 관계절을 살펴보았을 때, 관계대명사 which와 that 뒤에 완벽한 문장이 오는 (b), (d)는 문법상 틀렸다.

STEP 4 〉 남은 선택지 (a)에 관계부사 where의 관계사절로 완벽한 문장이 있으므로 문법상, 해석상 올바르다.

해석
Bella는 막 마쳤다 / 그녀의 마지막 시험을 / 그녀의 대학생활에서 / 그리고 자유롭고 편안함을 느꼈다. 시험 점수가 발표되기 전에, / 그녀는 몰아서 볼 것이다 / 그녀가 가장 좋아하는 시리즈를 / (그 시리즈 안에서) 한 여성이 여왕이 된다.

어휘
announce 타 발표하다
binge-watch 타 정주행하다, 몰아서 보다

08 조동사 ★★   정답 (b) should

Jarry was notified to be transferred to the new branch office in Texas. Therefore, he got up his nerve and asked out his colleague Laura, whom he had liked for a long time. By suppertime, he 당뒤 dress himself in order to impress her.

Step by Step

STEP 1 〉 선택지 4개가 모두 조동사이므로 조동사 문제이다.

STEP 2 〉 빈칸 문장의 by suppertime은 미래를 나타내므로 과거조동사 (c)는 일단 빼둔다. (나머지 선택지 중 적합한 것 없으면 나중에 다시 확인)

STEP 3 > 해석: 제리는 텍사스의 새 지사로 전보 발령 통보를 받았다. 그래서 그는 용기를 내어 오랫동안 좋아했던 동료 로라에게 데이트 신청을 했다. 저녁 시간 쯤에, 그는 그녀에게 깊은 인상을 주기 위해 옷을 (차려입을지도 모른다 / 차려입어야 한다 / 차려입을 수 있다).

STEP 4 > 그가 오랫동안 좋아하던 동료와의 데이트라는 것에 주목하자. 주어진 이 힌트를 통해 남자가 옷을 갈아입을 가능성을 유추해야 한다. 또한 그녀에게 인상 깊게 보이고자 하는 '목적'도 제시되었으니, '옷을 차려입어야 한다(당위)'가 '옷을 차려입을지도 모른다/차려입을 수 있다(낮은 가능성)'보다 더 잘 어울린다.

TIP > in order to는 '~을 하기 위해서'라는 뜻으로, 목적을 나타낸다. 그 목적을 달성하기 위해서 '해야 하는(의무, 당위)' 것을 언급하는 것은 함께 자주 쓰이는 표현 중의 하나로, 'in order to'가 'should/must'와 자주 매칭됨을 기억해두자.

[해석]
Jarry는 통보를 받았다 / 전임된다는 / 새로운 지사로 / 텍사스에 있는. 그래서, / 그는 용기를 냈다 / 그리고 데이트 신청을 했다 / 그의 동료 Laura에게, / (그게 누구냐면) 그가 좋아해왔다 / 오랫동안. 저녁때가 되면, / 그는 차려입어야 한다 / 그녀에게 깊은 인상을 남기기 위해서.

[어휘]
notify 타 알리다
transfer 타 전근시키다, 옮기다
branch 명 지사, 분점
get up one's nerve 용기를 내다
ask out 통 ~에게 데이트를 신청하다
colleague 명 동료
suppertime 명 저녁 식사 시간
dress oneself 통 차려입다

09 시제   **정답** (a) was taking

NASA found that one of their orbit satellites didn't follow the given route. This was because when it **deviated** from its orbit, the satellite was ~ing pictures, which was transmitted to NASA. They stated that they would fix the problem as soon as possible.

Step by Step

STEP 1 > 선택지 4개가 모두 동사이고 ~ing로 끝나는 선택지가 2개 이상이므로 시제 문제이다.

STEP 2 > ~ing로 끝나지 않는 선택지 (d)를 소거한다.

STEP 3 > 빈칸은 주절의 동사이며, 시간/조건부사절(when절)의 동사는 과거시제(deviated)로 과거를 표현하므로 과거시제가 아닌 (b)를 소거한다.

STEP 4 > 기간을 나타내는 'for+숫자기간'이나 'since ~' 등의 표현이 없으므로 과거진행인 (a)가 정답이다.

[해석]
NASA는 발견했다 / (그게 뭐냐면) 그들의 궤도 위성들 중 하나가 / 따르지 않았다는 것을 / 주어진 경로를. 이것은 왜냐하면 / 위성이 이탈했을 때 / 궤도를, / 그 위성이 사진을 찍고 있었다. / (그 사진이 뭐냐면) 전송되었다 / NASA에. 그들은 말했다 / 그들이 해결할 것이라고 / 문제를 / 가능한 한 빨리.

[어휘]
orbit 명 궤도
satellite 명 위성
deviate 자 벗어나다
transmit 타 전송하다
state 타 말하다, 진술하다

10 가정법   **정답** (b) wouldn't have put

When I came back home after a morning class, I found out my lunch box was gone. **Had I known** someone else would eat it, I 과거조동사+have p.p. it in the fridge. I should have labeled it.

Step by Step

STEP 1 > 선택지 4개가 모두 동사이고 ~ing로 끝나는 선택지가 2개 미만이므로 가정법 문제이다.

STEP 2 > 빈칸은 주절이며, if절의 동사를 찾아보니 if가 없고 had p.p. 사이에 주어가 있으므로 가정법 과거완료 도치이다.

STEP 3 > 가정법 과거완료의 주절 동사로 '과거조동사+have p.p.'인 (b)가 정답이다.

TIP > 선택지 (d)에 있는 won't는 'will not'의 축약형이다. 과거 조동사가 아니므로 가정법 주절을 묻는 가정법 문제에서 절대로 정답이 될 수 없다.

해석

내가 집에 돌아왔을 때 / 아침 수업이 끝나고, / 나는 발견했다 / 내 점심 도시락이 없어진 것을. 만일 내가 알았더라면 / 다른 사람이 그것을 먹을 것을, / 나는 두지 않았을 것이다 / 그것을 / 냉장고에. 나는 라벨을 붙였어야 했다 / 그것에.

어휘

fridge 명 냉장고
label 타 라벨을 붙이다

---

11 연결사 ★   **정답** (c) Consequently

Koalas spend most of their lifetime on trees. 인과, their body is specially adapted for gripping and climbing. Koalas have strong arms, powerful legs, and sharp claws suitable for climbing trees.

Step by Step

STEP 1 ▶ 선택지 4개가 모두 접속부사이므로 접속부사 문제이다.

STEP 2 ▶ 해석: 코알라는 일생의 대부분을 나무 위에서 보낸다. (그럼에도 불구하고 / 어쨌든 / 따라서 / 그동안에), 코알라의 몸은 나무를 움켜쥐고 오르는 데 특별히 적응되어 있다. 코알라는 나무를 오르기에 적합한 강한 팔과 힘찬 다리, 날카로운 발톱을 가지고 있다.

STEP 3 ▶ 앞 문장 내용은 '코알라가 대부분의 시간을 나무 위에서 보냄', 해당 문장 내용은 '나무 위 생활에 맞게 신체가 적응됨'이다. 둘은 원인과 결과에 해당하므로 '그러므로/결과적으로'라는 뜻을 가지는 'consequently'가 정답이다.

TIP ▶ After all은 예상과 다른, 예상치 못한 결과를 제시할 때 사용되는 접속부사이다. 문제에서 제시된 두 문장의 관계는 '의외의 결과'가 아니므로 After all은 정답이 될 수 없다.

해석

코알라는 보낸다 / 일생의 대부분을 / 나무에서. 결과적으로, 그들의 몸은 특별히 적응되었다 / 붙잡고 오르기 위해. 코알라는 가지고 있다 / 강한 팔, 강력한 다리, 그리고 날카로운 발톱을 / (그게 뭐냐면) 나무를 오르기에 적합한.

어휘

adapt 타 적응하다
grip 타 꽉 잡다, 움켜잡다
climb 타 오르다, 타다
sharp 형 날카로운, 뾰족한

---

claw 명 발톱
suitable 형 적합한, 적절한

---

12 준동사   **정답** (b) enhancing

Joe has been an avid gamer for a long time, but it wasn't until he experienced a traumatic incident. He learned video games can be used for more than just having fun. It encouraged _v+ing_ his mental health.

Step by Step

STEP 1 ▶ 선택지 안에 동명사(V+ing)와 부정사(to V)가 있으므로 준동사 문제이다. have p.p.는 무조건 소거한다.

STEP 2 ▶ 빈칸 앞에는 동사 encouraged가 있으므로 encourage의 목적어를 묻는 문제이다.

STEP 3 ▶ encourage는 목적어로 동명사를 받는 타동사이다. (암기하자!) 동명사 현재시제인 (b)가 정답이다.

해석

Joe는 열심히 게임을 하는 사람이다 / 오랫동안, / 하지만 그것은 그가 경험하고 나서였다 / 충격적인 사건을. 그는 배웠다 / 비디오 게임이 이용될 수 있다는 것을 / 단순히 즐기는 것 이상을 위해. 그것은 고무했다 / 그의 정신 건강을 증진시키는 것을.

어휘

avid 형 열렬한
not until 동 ~까지는 아니었다(~이후에야 시작되었다)
traumatic 형 대단히 충격적인
incident 명 사건
encourage 타 격려하다, 고무하다, 부추기다
enhance 타 높이다, 증진시키다

---

13 준동사   **정답** (c) to settle

Engineers announced that they would also join the strike if the company doesn't accommodate workers' demands. Management vowed _to v_ the situation as soon as possible.

Step by Step

STEP 1 ▶ 선택지 안에 동명사(V+ing)와 부정사(to V)가 있으므로 준동사 문제이다. have p.p.는 무조건 소거한다.

STEP 2 빈칸 앞에는 동사 vowed가 있으므로 vow의 목적어를 묻는 문제이다.

STEP 3 vow는 목적어로 부정사를 받는 타동사이다. (암기하자!) 부정사 현재시제인 (c)가 정답이다.

해석

기술자들은 발표했다 / 그들도 또한 파업에 동참할 것이라고 / 만일 회사가 수용하지 않는다면 / 노동자들의 요구를. 경영진은 약속했다 / 문제를 해결하겠다고 / 가능한 한 빨리.

어휘

engineer 명 기술자
announce 동 발표하다
join 동 ~에 합류하다
strike 명 파업
accommodate 동 수용하다
demand 명 요구
management 명 경영진
vow 동 약속하다
settle 동 해결하다

---

14 시제   **정답** (c) has been piloting

Austin is a former officer serving in the navy. Ever since he was discharged, he has been ~ing the merchant vessels run by an international clothing company. He is now happy with his job except for the fact that he misses other officers.

Step by Step

STEP 1 선택지 4개가 모두 동사이고 ~ing로 끝나는 선택지가 2개 이상이므로 시제 문제이다.

STEP 2 ~ing로 끝나지 않는 선택지 (d)를 소거한다.

STEP 3 빈칸은 주절의 동사이며, 기간을 나타내는 표현으로 ever since절이 있으므로 완료시제가 아닌 (b)를 소거한다.

STEP 4 시작 시간은 ever since절의 동사 'was discharged'를 근거로 '과거'이다. 하지만 이와 관련 없이 끝나는 시점이 언급되어 있지 않으므로 '이 말을 하고 있는 현재까지'를 뜻하는 현재완료진행 (c)가 정답이다.

TIP 다음 문장에서 현재시제가 사용된 것을 보아 현재까지 진행 중이라는 것을 알 수 있지만, 항상 주변 문장을 모두 살펴볼 필요는 없다. 해당 문장에서 끝나는 시점이 언급되어있지 않다면 '현재완료진행'이 정답이다.

해석

Austin은 전직 장교이다 / (그게 누구냐면) 해군에서 복무했다. 그가 제대한 이후로, / 그는 조종해왔다 / 상선들을 / (그게 뭐냐면) 운영된다 / 한 국제 의류업체에 의해서. 그는 지금 만족한다 / 그의 일에 / 그 사실 외에는 / (그게 뭐냐면) 그는 다른 장교들을 그리워한다.

어휘

former 형 예전의, 과거의
officer 명 장교
navy 명 해군
discharge 타 제대시키다; 해고하다
vessel 명 선박
run 타 운영하다
except for ~을 제외하고는

---

15 가정법 ★★   **정답** (d) could not be

A 10-year-old visually impaired girl Abby started her YouTube channel last year. Her channel is about new technologies for visually impaired and blind people. If it had not been for her, their lives <과거조동사+동사원형> more accessible now.

Step by Step

STEP 1 선택지 4개가 모두 동사이고 ~ing로 끝나는 선택지가 2개 미만이므로 가정법 문제이다.

STEP 2 빈칸은 주절이며, if절의 동사는 had not been (had p.p.)이므로 가정법 과거완료로 (c) could not have been을 선택했을 수 있지만, 마지막에 숫자맞추기 확인 후 '과거조동사+have p.p.'를 선택했던 문제 4개를 모두 점검해봐야 한다.

STEP 3 해당 문장의 주절에 'now'가 들어있으므로 주절의 시제는 현재, 즉 가정법 과거의 법칙에 따라야 하는 혼합 가정법이다.

STEP 4 가정법 과거의 주절 동사로 '과거조동사+동사원형'인 (d)가 정답이다.

TIP if절과 주절의 시제가 서로 다른 혼합 가정법은 2년에 한 번 정도 출제된다. 하지만 그것도 항상 '과거조동사+동사원형' 정답이 3문제, '과거조동사+have p.p.' 정답이 3문제인 출제 패턴을 해치지 않는다. 3+3 숫자맞추기를 확인한 후 차분하게 주절에 있는 시제 힌트를 찾아보자.

해석
10살의 시각장애 소녀인 Abby는 시작했다 / 그녀의 유튜브 채널을 / 작년에. 그녀의 채널은 / 새로운 기술에 관한 것이다 / 장애가 있는 맹인들을 위한. 만일 그녀가 없었더라면, / 그들의 삶은 더 편해질 수 없었을 것이다 현재.

어휘
visually 부 시각적으로
impaired 형 손상된, 장애가 있는
blind 형 눈이 먼, 맹인인
accessible 형 접근 가능한, 이해하기 쉬운

16 준동사   정답 (a) to seek

By the late 1800s, physics was not a popular choice among young women to v an academic career. Nevertheless, Harriet Brooks got a master's degree in physics in 1901 and made a crucial discovery, "recoil effect".

Step by Step
STEP 1 〉 선택지 안에 동명사(V+ing)와 부정사(to V)가 있으므로 준동사 문제이다. have p.p.는 무조건 소거한다.

STEP 2 〉 빈칸 앞에는 명사 a popular choice가 있으므로 명사 뒤에 부정사를 넣어야 한다(명사 women 뒤라고 보아도 큰 오류는 없지만, among young women은 '전치사+명사'로 수식어구이다).

STEP 3 〉 부정사 현재시제인 (a)가 정답이다.

해석
1800년대 후반쯤, / 물리학은 대중적인 선택이 아니었다 / 젊은 여성들 사이에서 / 추구하는 / 학문적 경력을. 그럼에도 불구하고, Harriet Brooks는 석사학위를 받았다 / 물리학에서 / 1901년에 / 그리고 해냈다 / 중요한 발견, "반동 효과"를.

어휘
physics 명 물리학
seek 타 구하다, 찾다
master's degree 명 석사학위
crucial 형 중대한, 결정적인
discovery 명 발견
recoil 명 반동

17 가정법   정답 (a) would have had

In South Africa, one of the mines experienced a conflagration. Many miners got injured, but anyone did not lose their lives. However, unless it had not been put out as soon as possible, it 과거조동사+have P.P. casualties.

Step by Step
STEP 1 〉 선택지 4개가 모두 동사이고 ~ing로 끝나는 선택지가 2개 미만이므로 가정법 문제이다.

STEP 2 〉 unless는 'if ~ not'을 의미하며 가정법 문제로 가끔 등장한다(2년에 한 번 정도). 겁먹을 것 없이 if와 똑같이 생각하자. 빈칸은 주절이며, unless절의 동사는 had not been put(had p.p.)이므로 가정법 과거완료이다(동사 put은 과거형, 과거완료형 모두 put이다).

STEP 3 〉 가정법 과거완료의 주절 동사로 '과거조동사+have p.p.'인 (a)가 정답이다.

TIP 〉 unless는 가정법 문제보다 연결사 문제에서 더 자주 등장한다. '~하지 않다면'이라는 반대 가정을 나타내는 종속접속사로 꼭 암기해두자. Unless you study hard, you can fail the exam. (네가 열심히 공부하지 않는다면, 너는 시험에 떨어질 수 있다.)

해석
남아프리카에서, / 광산들 중 하나가 / 대화재를 경험했다. 많은 광부들이 다쳤다. / 하지만 아무도 목숨을 잃지 않았다. 그러나 만일 그것이 진압되지 않았다면 / 최대한 빨리, / 그것은 사상자를 가졌을 것이다.

어휘
mine 명 광산
conflagration 명 대화재
miner 명 광부
injure 타 해치다, 부상을 입히다
put out 동 불·전깃불 등을 끄다
casualty 명 사상자, 피해자

18 should 생략   정답 (d) not keep

The product brochure requested that you 동사원형 your smartphone or tablet sitting out in the blazing sun. Otherwise, exposing your device to extreme heat can permanently damage the battery life.

🚶 Step by Step

STEP 1 ▶ 선택지에 동사원형이 있고, 빈칸 앞에 '동사/형용사+that+주어'가 있으므로 should 생략 문제이다.

STEP 2 ▶ should가 생략된 동사원형 형태인 (d)가 정답이다.

TIP ▶ should 생략 문제에서 'should'가 생략되지 않고 남아있는 선택지는 오답으로 출제된 적이 있다. 언제나 should가 생략된 동사원형 형태를 선택하자!

해석
제품 브로셔는 요구했다 / 당신은 두어서는 안 된다 / 스마트폰이나 태블릿을 / 기다리는 상태로 / 쨍쨍 내리쬐는 햇볕에서. 그렇지 않으면, / 노출하는 것은 / 당신의 기기를 / 극심한 열에 / 영구적으로 손상시킬 수 있다 / 배터리 수명을.

어휘
sit out 동 남아있다
blazing 형 타는 듯이 더운, 맹렬한
expose 타 드러내다, 노출시키다
device 명 장치, 기기
extreme 형 극도의, 극심한
permanently 부 영원히
damage 타 손상시키다

---

19 관계사　　**정답** (b) which is added to the soil

Compost is a mixture of decayed plants and vegetable waste, which 관계사절 to help plants grow. Food composting lowers your carbon footprint by reducing methane emissions from landfills.

🚶 Step by Step

STEP 1 ▶ 선택지 4개가 모두 관계사로 시작하므로 관계사 문제이다.

STEP 2 ▶ 선행사 'a mixture ~'이 있으므로 관계사 what으로 시작하는 (d)를 소거한다.

STEP 3 ▶ 선행사 'a mixture ~' 뒤에 쉼표(,)가 있으므로 관계사 that으로 시작하는 (a)를 소거한다.

STEP 4 ▶ 선행사 'a mixture ~'는 사람이 아니므로 관계사 who로 시작하는 (c)를 소거한다.

STEP 5 ▶ 남은 선택지 (b)에 관계대명사 which의 관계사절로 주어가 생략된 불완전한 문장이 있으므로 문법상 올바르다.

해석
퇴비는 혼합물이다 / 썩은 식물과 채소 폐기물의, / (그게 뭐냐면) 첨가된다 / 토양에 / 식물을 자라도록 돕기 위해서. 음식물 퇴비화는 줄인다 / 당신의 탄소 발자국을 / 메탄 배출량을 줄임으로써 / 매립지에서 나오는.

어휘
compost 명 퇴비
mixture 명 혼합물
decay 타 부패시키다
waste 명 폐기물, 쓰레기
lower 타 낮추다, 내리다, 줄이다
carbon footprint 명 탄소 발자국(온실 효과를 유발하는 이산화탄소의 배출량)
emission 명 배출, 배출물
landfill 명 매립지

---

20 시제　　**정답** (a) will have been conducting

In Singapore, a team led by Ariff Bongso is studying several types of stem cell to treat a variety of diseases. They have recently succeeded in replacing bone marrow with healthy cells. By the time they announce the result, they will have been ~ing the research for two years.

🚶 Step by Step

STEP 1 ▶ 선택지 4개가 모두 동사이고 ~ing로 끝나는 선택지가 2개 이상이므로 시제 문제이다.

STEP 2 ▶ ~ing로 끝나지 않는 선택지 (c)를 소거한다.

STEP 3 ▶ 빈칸은 주절의 동사이며, 시간/조건부사절 (by the time절)의 동사는 현재시제(announce)로 미래를 표현하므로 미래시제가 아닌 (b)를 소거한다.

STEP 4 ▶ 빈칸 문장에 기간을 나타내는 표현 'for+숫자 기간'이 있으므로 미래완료진행시제인 (a)가 정답이다.

해석
싱가포르에서, 한 팀이 / (그게 뭐냐면) 이끌어지는 / Ariff Bongso에 의해서 / 연구하고 있다 / 여러 종류의 줄기세포를 / 다양한 질병을 치료하기 위해. 그들은 최근에 성공했다 / 골수를 건강한 세포로 대체하는 데. 그들이 발표할 때쯤 / 결과를, / 그들은 진행해오고 있었을 것이다 / 연구를 / 2년 동안.

어휘
stem cell 명 줄기세포
a variety of 형 다양한
disease 명 질병

replace A with B   A를 B로 대체하다
bone marrow 몡 골수
announce 타 발표하다
conduct 타 하다

21 연결사   정답 (d) because

Chloe loves to purchase postcards, local liquor, or fridge magnets as travel souvenirs. Once she brought with her dried ginkgo leaves 결과-원인 they reminded her of the beautiful scenery of Canada.

🚶 Step by Step

STEP 1 ▷ 선택지 4개가 모두 종속접속사이므로 종속접속사 문제이다.

STEP 2 ▷ 해석: Chloe는 여행 기념품으로 엽서, 현지 주류 또는 냉장고 자석을 구입하는 것을 좋아한다. 한번은 캐나다의 아름다운 풍경을 떠올리게 (하기 전에 / 함에도 불구하고 / 하는 동안 / 하기 때문에) 말린 은행잎을 가져온 적이 있다.

STEP 3 ▷ 종속절 내용은 '은행잎이 아름다운 풍경을 떠올리게 함', 주절은 '은행잎을 가져옴'이다. 둘은 원인과 결과이므로 인과관계 연결사인 'because'가 정답이다.

해석

Chloe는 구입하기를 좋아한다 / 엽서, 지역 술, 또는 냉장고 자석을 / 여행 기념품으로. 한번은 그녀가 가지고 왔다 / 말린 은행잎을 / 그것들이 떠오르게 하기 때문에 그녀로 하여금 / 캐나다의 아름다운 풍경을.

어휘

purchase 타 구입하다
postcard 몡 엽서
liquor 몡 술, 주류
fridge 몡 냉장고
magnet 몡 자석
souvenir 몡 기념품
bring 타 가져오다
ginkgo 몡 은행나무
remind A of B   A에게 B를 상기시키다
scenery 몡 경치

22 시제   정답 (c) will be brewing

Diana loves drinking coffee but nowadays she had difficulty falling asleep. If she has a coffee machine at home, she will be ~ing decaffeinated coffee herself. There are few cafes where she can get a decaffeinated one.

🚶 Step by Step

STEP 1 ▷ 선택지 4개가 모두 동사이고 빈칸이 포함된 문장에 if가 있지만, if절의 동사가 가정법에 맞지 않아 시제 문제이다.

STEP 2 ▷ ~ing로 끝나지 않는 선택지 (a)를 소거한다.

STEP 3 ▷ 빈칸은 주절의 동사이며, 시간/조건부사절(if절)에 현재시제(has)가 있어 미래를 표현한다. 미래시제가 아닌 (b), (d)를 소거한다.

STEP 4 ▷ 남아있는 미래진행 (c)가 정답이다. 빈칸 문장에 기간을 나타내는 'for+숫자기간'이나 'since ~' 등의 표현도 없다.

해석

Diana는 좋아한다 / 커피 마시는 것을 / 하지만 요즘 그녀는 어려움을 겪었다 / 잠드는 데. 만약 그녀가 커피머신을 가지고 있다면 / 집에, 그녀는 끓일 것이다 / 디카페인 커피를 / 직접. 카페가 거의 없다 / (거기가 어디냐면) 그녀가 구할 수 있다 / 디카페인 커피를.

어휘

have difficulty ~ing   ~하는 데 어려움을 겪다
fall asleep 동 잠들다
decaffeinated 형 디카페인의
brew 타 양조하다, 끓이다

23 가정법   정답 (b) would not have been caught

FBI uses the comparison microscope to identify questioned hair and compare it with known hairs. It can help the identification of suspects. If the technology had not existed, John Wayne 과거조동사 +have p.p..

Step by Step

STEP 1 〉 선택지 4개가 모두 동사이고 ~ing로 끝나는 선택지가 2개 미만이므로 가정법 문제이다.

STEP 2 〉 빈칸은 주절이며, if절의 동사는 had not existed(had p.p.)이므로 가정법 과거완료이다.

STEP 3 〉 가정법 과거완료의 주절 동사로 '과거조동사 +have p.p.'인 (b)가 정답이다.

TIP 〉 선택지가 길어져 형태가 복잡할 때에는 하나씩 천천히 생각해보면 된다. 일단 과거조동사로 시작하는 두 선택지만 남긴다. 둘 중에 더 긴 것은 '가정법 과거완료'의 주절, 더 짧은 것은 '가정법 과거'의 주절이다.

해석

FBI는 사용한다 / 비교 현미경을 / 식별하기 위해서 / 의심이 되는 머리카락을 / 그리고 비교하기 위해서 / 그것을 / 알고있는 머리카락과. 그것은 도울 수 있다 / 용의자의 신원 확인을. 만약 그 기술이 존재하지 않았다면, / John Wayne은 잡히지 않았을 것이다.

어휘

comparison 명 비교
microscope 명 현미경
identify 타 식별하다
identification 명 신원 확인, 식별
suspect 명 용의자
exist 자 존재하다

24 준동사   정답 (b) naming

Eva got into argument with her husband about naming their baby girl. He asserted that Apple can be a unique and eye-catching name. However, v+ing the baby after his grandmother might make her classy.

Step by Step

STEP 1 〉 선택지 안에 동명사(V+ing)와 부정사(to V)가 있으므로 준동사 문제이다. have p.p.는 무조건 소거한다.

STEP 2 〉 문장이 시작되는 빈칸은 주어 자리이거나 부사 자리일 수 있다. 선택지의 동사 'name'을 넣어 문장 구조를 살펴보면 'name the baby' 뒤에 동사인 might make가 나오므로 빈칸이 주어 자리인 것을 알 수 있다.('after his grandmother'은 '전치사+명사' 수식어구이므로 문장 구조에 영향을 끼치지 않는다)

STEP 3 〉 주어 자리에는 동명사가 들어가야 하므로 동명사 현재시제인 (b)가 정답이다.

TIP 〉 ❶ 지텔프 준동사 문제에 한해서 주어 자리는 항상 동명사가 정답이다.

❷ 주어/부사 자리 여부를 묻는 이런 문제는 2년에 1회 정도 출제되는 고난도 문제다. 문장 구조를 파악하기가 어렵다면 다른 준동사 문제를 모두 푼 후, 숫자 맞추기로 정답을 유추하는 것도 좋은 전략이다.

해석

Eva는 말다툼을 했다 / 그녀의 남편과 / 이름을 지어주는 것에 관해서 / 그들의 딸아이에게. 그는 주장했다 / Apple이 될 수 있다고 / 독특하고 눈길을 끄는 이름이. 하지만, / 이름을 지어주는 것은 / 아이에게 / 그의 할머니의 이름을 따서 / 만들 수도 있다 / 그녀를 / 품격 있게.

어휘

argument 명 논쟁, 말다툼
name 타 이름을 지어주다
assert 타 주장하다
unique 형 독특한, 유일한
eye-catching 형 눈길을 끄는
classy 형 고급의, 세련된, 품격 있는

25 조동사 정답 (a) can

In Canada, more than 80,000 cases of skin cancer are diagnosed every year. Exposure to ultraviolet radiation is associated with 90% of them. This is why the use of sunscreen, which 능력 block the sun's rays, is promoted as an important means of preventing skin cancers.

Step by Step

STEP 1 〉 선택지 4개가 모두 조동사이므로 조동사 문제이다.

STEP 2 〉 본문의 시제가 전부 현재이므로 과거조동사 (c)는 일단 빼둔다. (나머지 선택지 중 적합한 것 없으면 나중에 다시 확인)

STEP 3 〉 해석: 캐나다에서는 매년 8만 건 이상의 피부암이 진단된다. 그중 90%가 자외선 노출과 관련이 있다. 그렇기 때문에 자외선을 (차단할 수 있는 / 차단할지도 모르는 / 차단해야 하는) 선크림 사용이 피부암 예방의 중요한 수단으로 장려된다.

STEP 4 〉 자외선 차단제에 대한 부연설명으로, 그것의 역할에 대해 묘사하고 있다. 희박한 가능성을 표현하는 (b)나 의무를 나타내는 (d)는 모두 부적절하다. 선크림의 '능력'을 표현하는 (a)가 정답이다.

해석

캐나다에서, / 8만 건 이상의 피부암이 진단되고 있다 / 매년. 자외선에 대한 노출은 관련이 있다 / 그중 90%와. 이것이 이유이다 / (그 이유로) 자외선 차단제의 사용이, / (그게 뭐냐면) 태양광을 막을 수 있는, / 장려된다 / 중요한 수단으로 / 피부암 예방의.

어휘

cancer 명 암
diagnose 타 진단하다
exposure 명 노출
ultraviolet radiation 명 자외선
associate 타 연관시키다, 관련시키다
sunscreen 명 자외선 차단제
block 타 막다
promote 타 홍보하다, 촉진하다; 고취하다
means 명 수단, 방법
prevent 타 막다, 예방하다

26 가정법 정답 (d) would spend

Annie is a bookworm. Whenever she takes the bus or subway, she is always reading books. This girl spends most of her free time reading. If she could get a job, she 과거조동사+동사원형 more money on books.

Step by Step

STEP 1 〉 선택지 4개가 모두 동사이고 ~ing로 끝나는 선택지가 2개 미만이므로 가정법 문제이다.

STEP 2 〉 빈칸은 주절 동사이며, if절의 동사는 could get이므로 가정법 과거이다(can get의 과거시제).

STEP 3 〉 가정법 과거의 주절 동사로 '과거조동사+동사원형'인 (d)가 정답이다.

TIP 〉 If절 동사에 could가 나오면 항상 가정법 과거로 생각하자!

해석

Annie는 책벌레이다. 그녀가 버스나 지하철을 탈 때마다, / 그녀는 항상 책을 읽고 있다. 이 소녀는 보낸다 / 그녀의 여가 시간의 대부분을 / 독서하면서. 만약 그녀가 취업한다면, / 그녀는 소비할 것이다 / 더 많은 돈을 / 책에.

어휘

bookworm 명 책벌레

TEST 7 실전 모의고사 정답 및 해설

실전 모의고사 p. 34

빠른 정답

01	02	03	04	05	06	07	08	09	10
(d)	(d)	(a)	(d)	(c)	(b)	(b)	(c)	(a)	(b)
11	12	13	14	15	16	17	18	19	20
(b)	(a)	(d)	(b)	(c)	(b)	(d)	(a)	(c)	(b)
21	22	23	24	25	26				
(c)	(d)	(a)	(c)	(b)	(a)				

---

01 시제 ★★   **정답** (d) will have been reviewing

We are receiving applications for admission **by 1, December**. After this, the people in charge *will have been ~ing* completed forms **for a month**. As soon as the evaluation is over, you can see the results on our homepage within a week.

🚶 Step by Step

STEP 1 > 선택지 4개가 모두 동사이고 ~ing로 끝나는 선택지가 2개 이상이므로 시제 문제이다.

STEP 2 > ~ing로 끝나지 않는 선택지 (a)를 소거한다.

STEP 3 > 빈칸은 주절의 동사이며, 기간을 나타내는 표현으로 'for+숫자기간'이 있으므로 완료시제가 아닌 (c)를 소거한다.

STEP 4 > 다른 시제 힌트로 제시된 'After this'는 '이것 이후에'를 뜻하며 시작시점을 알려준다. 시작시점인 this가 과거라면 끝나는 시점이 언급되지 않았으므로 현재완료진행이, 시작시점인 this가 미래라면 끝나는 시점도 당연히 미래일 것이므로 미래완료진행이 정답이 된다. 'this'는 앞문장의 '1, December'를 받으며, 미래를 가리키는 전치사 'by(~쯤에)'와 함께 쓰였으므로 12월 1일은 아직 다가오지 않은 미래이다.

STEP 5 > 미래에 시작할 일이 현재나 과거에 끝날 수는 없으므로 미래완료진행인 (d)가 정답이다.

TIP > 간혹 해석을 요구하는 시제문제가 출제되는데, 당황할 필요 없이 다른 문제들을 먼저 풀어보자. 마지막에 숫자맞추기를 통해 충분히 정답을 유추할 수 있다.

해석

우리는 받고있다 / 입학원서를 / 12월 1일까지. 그 후에, 담당자들이 검토할 것이다 / 완성된 양식을 / 한 달 동안. 평가가 끝나는 대로, / 당신은 볼 수 있다 / 그 결과를 / 우리의 홈페이지에서 / 일주일 안에.

어휘

receive 타 받다, 받아들이다
application 명 신청서
admission 명 입학
in charge ~을 맡은, 담당인
evaluation 명 평가
review 타 검토하다

---

02 연결사   **정답** (d) in spite of

My 80-year-old grandmother takes a walk every day after having breakfast. She does not do anything harmful to her health. That's why *역접* her age, she is still very energetic and gets rarely sick.

🚶 Step by Step

STEP 1 > 선택지 4개가 모두 연결사이므로 연결사 문제이다.

STEP 2 > 주어진 빈칸 뒤에 명사가 있으므로 한 문장 안에서 명사와 주절을 연결하는 전치사 자리이다. 등위접속사 (c)를 소거한다.

STEP 3 > 해석: 여든 살의 할머니는 아침 식사 후 매일 산책을 한다. 그녀는 건강에 해로운 일을 하지 않는다. 그래서 할머니는 (그녀의 나이 때문에 / 그녀의 나이라기보다는 / 그녀의 나이에도 불구하고) 여전히 매우 활기차고 거의 아프지 않다.

STEP 4 > 전치사의 목적어의 의미는 80살인 그녀의 나이이고, 주절의 내용은 그녀가 여전히 건강하다는 것이다. 일반적으로 나이가 많으면 건강하지 않기 때문에, 이 둘은 역접/반대 인과 관계로, '역접'의 전치사 (d)가 해석상 가장 적절하다.

해석

나의 80세 할머니는 산책을 한다 / 매일 / 아침 식사 후에. 그녀는 하지 않는다 / 어떤 것도 / (그게 뭐냐면) 그녀의 건강에 해로운. 그렇기 때문에 그녀의 나이에도 불구하고 / 그녀는 여전히 매우 활기차고 거의 아프지 않다.

어휘

harmful 형 해로운
energetic 형 활기찬, 에너지가 넘치는
rarely 부 거의 ~않는, 드물게

03 should 생략   정답 (a) not perm

Recently the new hair salon opened in front of my office. I visited it to try out a new hairstyle. A hairdresser advised that I <u>동사원형</u> my hair because I have straight, thin hair. I decided to have my hair cut.

🚶 Step by Step

STEP 1 ▶ 선택지에 동사원형이 있고, 빈칸 앞에 '동사/형용사+that+주어'가 있으므로 should 생략 문제이다.

STEP 2 ▶ should가 생략된 동사원형 형태인 (a)가 정답이다.

TIP ▶ should 생략 문제의 정답을 고를 때 어려움을 느낀다면 모든 선택지 앞에 'should'를 넣어보자. 쉽게 판별이 가능하다.

해석

최근에 새로운 미용실이 개업했다 / 나의 사무실 앞에. 나는 그곳을 방문했다 / 시도하기 위해서 / 새로운 헤어스타일을. 한 미용사가 충고했다 / 나는 파마를 하지 않아야 한다고 / 왜냐하면 나는 가지고 있기 때문에 / 직모의, 얇은 머리카락을. 나는 결심했다 / 머리를 자르기로.

어휘

try out 동 시도해보다
hairdresser 명 미용사
perm 타 파마하다
straight 형 곧은, 똑바른

04 준동사   정답 (d) keeping

Dave reached the age of puberty. Not only does it cause physical changes, but it also leads to psychological unrest. Nowadays he rejects <u>V+ing</u> his room's door open and spends most of his time alone.

🚶 Step by Step

STEP 1 ▶ 선택지 안에 동명사(V+ing)와 부정사(to V)가 있으므로 준동사 문제이다. have p.p.는 무조건 소거한다.

STEP 2 ▶ 빈칸 앞에는 동사 rejects가 있으므로 reject의 목적어를 묻는 문제이다.

STEP 3 ▶ reject는 목적어로 동명사를 받는 타동사이다. (암기하자!) 동명사 현재시제인 (d)가 정답이다.

해석

Dave는 도달했다 / 사춘기의 나이에. 그것은 초래할 뿐만 아니라 / 신체적인 변화를, / 또한 야기한다 / 심리적 불안까지. 요즘 그는 거부한다 / 그의 방문을 열어두는 것을 / 그리고 보낸다 / 대부분의 시간을 / 혼자서.

어휘

reach 타 도달하다
puberty 명 사춘기
physical 형 신체적인
lead to 동 야기하다, 초래하다, ~로 이어지다
psychological 형 심리적인
unrest 명 불안
reject 타 거부하다

05 시제   정답 (c) had been reporting

In Afghanistan, there was a long-lived struggle between the Taliban and the United Front. One of the greatest efforts to stop this tragedy was that the brave reporters <u>had been ~ing</u> the civil war on location <u>for some months before</u> the government prohibited them from recording anything.

🚶 Step by Step

STEP 1 ▶ 선택지 4개가 모두 동사이고 ~ing로 끝나는 선택지가 2개 이상이므로 시제 문제이다.

STEP 2 ▶ ~ing로 끝나지 않는 선택지 (b)를 소거한다.

STEP 3 ▶ 빈칸은 that절의 동사이며, 시간/조건부사절 (before절)의 동사는 과거시제(prohibited)로 과거에 끝났음을 표현하므로 과거시제가 아닌 (a)를 소거한다.

STEP 4 ▶ 빈칸 문장에 기간을 나타내는 표현 'for+숫자 기간'이 있으므로 과거완료진행인 (c)가 정답이다.

해석
아프가니스탄에는, 오래도록 지속된 투쟁이 있었다 / 탈레반과 연합전선 사이에. 가장 큰 노력 중 하나는 / 이 비극을 막기 위한 / 용감한 기자들이 보도해 왔다는 것이다 / 내전을 / 현장에서 / 몇 달 동안 / 정부가 금지하기 전에 / 어떤 것이든 녹화하는 것을.

어휘
long-lived 형 장수하는, 오래가는
struggle 명 투쟁, 분투
tragedy 명 비극
brave 형 용감한
on location 현장에서
prohibit 타 금지하다

06 가정법   정답 (b) could not have been saved

Last night, a big fire broke out near Wendy's house. The fire had burnt out two hours after fire engines arrived, and she managed to escape death. Had her scream not gone heard, she 과거조동사+have p.p..

Step by Step
STEP 1 선택지 4개가 모두 동사이고 ~ing로 끝나는 선택지가 2개 미만이므로 가정법 문제이다.

STEP 2 빈칸은 주절이며, if절의 동사를 찾아보니 if가 없고 had p.p. 사이에 주어가 있으므로 가정법 과거완료 도치이다.

STEP 3 가정법 과거완료의 주절 동사로 '과거조동사+have p.p.'인 (b)가 정답이다.

해석
어젯밤, / 큰 불이 났다 / Wendy의 집 근처에서. 불은 꺼졌다 / 2시간 후에 / 소방차가 도착한 지, / 그리고 그녀는 가까스로 죽음을 면했다. 만약 그녀의 비명소리가 들리지 않았다면, / 그녀는 구출되지 못했을 것이다.

어휘
break out 통 발발하다, 발생하다
burn out 통 다 타다, 다 타고 꺼지다
manage to RV 간신히 ~하다, 성공하다, 해내다
escape 타 탈출하다
scream 명 비명
save 타 구하다

07 시제   정답 (b) has been serving

In coming October, Judge Thomas Woodall will retire. He has been ~ing the court's judicial jurisdiction since 1996. Instead of him, judge Ayers made the shortlist because she has sufficient experience and is highly qualified.

Step by Step
STEP 1 선택지 4개가 모두 동사이고 ~ing로 끝나는 선택지가 2개 이상이므로 시제 문제이다.

STEP 2 ~ing로 끝나지 않는 선택지 (a), (c)를 소거한다.

STEP 3 빈칸 문장에 기간을 나타내는 표현으로 'since+과거시점'이 있다. 남은 선택지는 모두 완료 시제이다.

STEP 4 시작 시점은 과거이지만 이와 관련 없이 끝나는 시점이 언급되어 있지 않으므로 '이 말을 하고 있는 현재까지'를 뜻하는 현재완료진행 (b)가 정답이다.

해석
오는 10월에, / Thomas Woodall 판사는 은퇴할 것이다. 그는 맡아왔다 / 법원의 사법 관할권을 / 1996년부터. 그를 대신하여, Ayers 판사가 최종 후보자로 선정되었다 / 왜냐하면 그녀는 충분한 경험을 가지고 있다 / 그리고 뛰어난 자격을 갖추고 있다.

어휘
coming 형 다가오는
retire 자 은퇴하다
make the shortlist 최종 후보자로 선정되다
sufficient 형 충분한
qualified 형 자격을 갖춘

08 준동사   정답 (c) to upload

Aurora recorded her baby's first birthday party but failed to v the video on her Facebook page. Her husband said she should reduce the file size. Although she knew how to edit the video, she couldn't give up any scenes.

Step by Step

STEP 1 〉 선택지 안에 동명사(V+ing)와 부정사(to V)가 있으므로 준동사 문제이다. have p.p.는 무조건 소거한다.

STEP 2 〉 빈칸 앞에는 동사 failed가 있으므로 fail의 목적어를 묻는 문제이다.

STEP 3 〉 fail은 목적어로 부정사를 받는 타동사이다. (암기하자!) 부정사 현재시제인 (c)가 정답이다.

해석
Aurora는 녹화했다 / 그녀의 아기의 돌잔치를 / 하지만 실패했다 / 동영상을 올리는 것을 / 자신의 페이스북에. 그녀의 남편은 말했다 / 그녀가 줄여야 한다고 / 파일 크기를. 비록 그녀는 알고 있었지만 / 비디오를 편집하는 법을, / 그녀는 포기할 수 없었다 / 어떤 장면도.

어휘
record 타 녹화하다
reduce 타 줄이다
edit 타 편집하다
give up 통 포기하다

---

09 시제 　　　정답 (a) will be browsing

She persuaded his husband to repair his old car on his own. This afternoon, while her husband devotes himself to examining it in the garage, she will be ~ing the ice cream section at the supermarket. In fact, she likes to do grocery shopping alone.

Step by Step

STEP 1 〉 선택지 4개가 모두 동사이고 ~ing로 끝나는 선택지가 2개 이상이므로 시제 문제이다.

STEP 2 〉 ~ing로 끝나지 않는 선택지 (c)를 소거한다.

STEP 3 〉 빈칸은 주절의 동사이며, 시간/조건부사절(while절)의 동사는 현재시제(devotes)로 미래를 표현하므로 미래시제가 아닌 (b), (d)를 소거한다.

STEP 4 〉 남아있는 미래진행 (a)가 정답이다. 빈칸 문장에 기간을 나타내는 'for+숫자기간'이나 'since ~' 등의 표현도 없다.

TIP 〉 또 다른 시간 표지인 'This afternoon'을 현재 시제의 표지로 오해하는 경우가 많다. Today, this morning, this afternoon, tonight 등의 '오늘'을 나타내는 단어들은 모두 현재진행과 함께 쓰일 수 없고, 과거나 미래를 나타낸다. 오늘 밥 먹는 중이다(X), 오늘 밥을 먹었다(O-과거), 오늘 밥을 먹을 것이다(O-미래). 현재진행형은 항상 '지금'이라는 뜻의 단어들(Right now, currently, at the moment, at this moment)과 함께 쓰인다는 것을 기억하자!

해석
그녀는 설득했다 / 그의 남편을 / 수리하도록 / 그의 낡은 차를 / 스스로. 오늘 오후, 그녀의 남편이 차를 점검하는 데 / 전념하는 동안 / 차고에서, / 그녀는 둘러볼 것이다 / 아이스크림 코너를 / 슈퍼마켓에 있는. 사실, 그녀는 좋아한다 / 혼자서 장을 보는 것을.

어휘
persuade 타 설득하다
on one's own 혼자서, 단독으로
devote oneself to N ~하는 데 전념하다
garage 명 차고, 주차장
grocery 명 식료품 및 잡화

---

10 준동사 　　　정답 (b) grinding

The reaction to stress and anxiety includes V+ing one's teeth. Certain self-help measures like stress reduction and mindfulness may help. However, if you have chronic pain, you should seek professional help.

Step by Step

STEP 1 〉 선택지 안에 동명사(V+ing)와 부정사(to V)가 있으므로 준동사 문제이다. have p.p.는 무조건 소거한다.

STEP 2 〉 빈칸 앞에는 동사 includes가 있으므로 include의 목적어를 묻는 문제이다.

STEP 3 〉 include는 목적어로 동명사를 받는 타동사이다. (암기하자!) 동명사 현재시제인 (b)가 정답이다.

해석
반응은 / 스트레스와 걱정에 대한 / 포함한다 / 이를 가는 것을. 특정한 자구책은 / 스트레스 감소나 마음챙김 같은 / 도움이 될 수 있다. 하지만, / 만일 당신이 가지고 있다면 / 만성적인 통증을, / 당신은 구해야 한다 / 전문가의 도움을.

어휘
reaction 명 반응
anxiety 명 불안
grind 타 갈다
self-help 명 자립, 자조

measure 명 조치, 정책
reduction 명 축소, 삭감
chronic 형 만성적인
seek 타 구하다, 찾다

11 연결사 ★   정답 (b) However

James does not believe in the existence of life after death because there is not any scientific evidence but only empirical evidence. 역접, he thinks every evil deed rebounds upon the doer in any way.

🚶 Step by Step

STEP 1 ▷ 선택지 4개가 모두 접속부사이므로 접속부사 문제이다.

STEP 2 ▷ 해석: 제임스는 과학적 증거는 없고 경험적 증거만 있기 때문에 사후 세계의 존재를 믿지 않는다. (반면에 / 그러나 / 사실상 / 예를 들어), 그는 모든 악행은 어떤 식으로든 행위자에게 되돌아온다고 생각한다.

STEP 3 ▷ 앞 문장 내용은 '과학적 증거가 없기 때문에 사후세계를 믿지 않음', 뒤의 내용은 '인과응보를 믿음'이다. 이 둘은 반대인과, 즉 역접 관계이다. 과학적 증거가 없다는 이유로 전자를 믿지 않는다면, 마찬가지로 과학적 증거가 없는 후자도 믿지 않아야 한다. 하지만 이와 일치하지 않는 반대의 상황이 서술되었으므로 역접의 연결사인 'However'이 정답이다.

TIP ▷ 'On the other hand'는 인과관계가 전혀 없는 서로 다른 사실을 연결할 때 사용한다. 예를 들어, '그는 키가 크다', '나는 키가 작다'같이 둘 사이에 인과관계가 없이 대조되는 내용일 때 사용한다. 이 문제에서는 두 문장 사이에 '역접'의 반대인과 (역접)관계가 있으므로 (a)는 정답이 될 수 없다.

해석

James는 믿지 않는다 / 사후 세계의 존재를 / 왜냐하면 어떠한 과학적 증거가 없고 / 오직 경험적인 증거만 있기 때문이다. 하지만, 그는 생각한다 / 모든 악행들이 되돌아온다고 / 그 행동을 한 사람에게 / 어떤 식으로든.

어휘

existence 명 존재, 실재
scientific 형 과학적인, 과학의
evidence 명 증거
empirical 형 경험에 의거한, 실증적인
evil 형 사악한, 악랄한
deed 명 행위
rebound 자 되돌아오다
doer 명 행위자

12 조동사   정답 (a) must

It was after the plane took off that a minor problem with its left wing was reported. Although minor, it was serious enough to reexamine the engine precisely. The control tower called the pilot in haste and told that they 의무 return to the airport immediately.

🚶 Step by Step

STEP 1 ▷ 선택지 4개가 모두 조동사이므로 조동사 문제이다.

STEP 2 ▷ 빈칸 문장의 주절시제가 과거이므로(told) 현재조동사 (d)는 일단 빼둔다. (나머지 선택지 중 적합한 것 없으면 나중에 다시 확인)

STEP 3 ▷ 해석: 비행기가 이륙한 후 왼쪽 날개에 사소한 문제가 보고되었다. 사소하긴 했지만, 그것은 엔진을 정밀하게 재점검해야 할 정도로 심각했다. 관제탑은 급히 기장을 호출해서 즉시 공항으로 (돌아가야 한다고 / 돌아갈 것이라고 / 돌아갈 수 있다고) 말했다.

STEP 4 ▷ 앞에서 비행기에 결함이 발견되었고, 그 결함은 정밀한 재점검을 필요로 한다고 하였다. 게다가 serious(심각한), in haste(서둘러서), immediately(즉시) 등의 표현이 모두 사태의 심각성을 강조하고 있어 비행기가 공항으로 돌아오는 것은 선택이 아닌 필수이다. '의무'에 해당하는 (a)가 가장 자연스럽다.

해석

그것은 비행기가 이륙한 후이다 / (그게 뭐냐면) 사소한 문제점이 / 비행기의 왼쪽 날개에서 / 보고되었다. 경미했음에도 불구하고, / 그것은 충분히 심각했다 / 재점검할 만큼 / 그 엔진을 / 정밀하게. 관제탑은 호출했다 / 조종사를 / 급하게 / 그리고 말했다 / 그들이 돌아가야 한다고 / 공항으로 / 즉시.

어휘

take off 동 이륙하다
reexamine 타 재시험하다, 재점검하다
precisely 부 정밀하게
control tower 명 관제탑
pilot 명 조종사
in haste 부 서둘러서, 성급하게
immediately 부 즉시

13 가정법
정답 (d) would start

He is ready to release the new product for the disabled to type more easily. The only problem is that he spent most of his budget to do research and development for this one. He 과거조동사+동사원형 to produce, if he could find the investors.

Step by Step

STEP 1 ▶ 선택지 4개가 모두 동사이고 ~ing로 끝나는 선택지가 2개 미만이므로 가정법 문제이다.

STEP 2 ▶ 빈칸은 주절 동사이며, if절의 동사는 could find이므로 가정법 과거이다(can find의 과거시제).

STEP 3 ▶ 가정법 과거의 주절 동사로 '과거조동사+동사원형'인 (d)가 정답이다.

해석
그는 준비가 되어 있다 / 신제품을 출시할 / 장애인들이 / 좀 더 쉽게 타자칠 수 있는. 유일한 문제는 / 그가 대부분을 소비했다는 것이다 / 그의 예산의 / 연구 개발을 하기 위해서 / 이것을 위한. 그는 생산하기 시작할 것이다, / 만약 그가 찾을 수 있다면 / 투자자들을.

어휘
release 타 출시하다; 풀어 주다, 석방하다
the disabled 명 장애가 있는 사람들
type 자 타자를 치다
budget 명 예산
investor 명 투자자

14 시제
정답 (b) was playing

I learned that my 7-year-old daughter Jenny has a talent for playing the piano. Every time I went to her preschool, she was ~ing the piano for her friends and other children praised her play. I am thinking about letting her go to an art school.

Step by Step

STEP 1 ▶ 선택지 4개가 모두 동사이고 ~ing로 끝나는 선택지가 2개 이상이므로 시제 문제이다.

STEP 2 ▶ ~ing로 끝나지 않는 선택지 (a)를 소거한다.

STEP 3 ▶ 빈칸은 주절의 동사이며, 시간/조건부사절(every time절)의 동사는 과거시제(went)로 과거를 표현하므로 과거시제가 아닌 (c)를 소거한다.

STEP 4 ▶ 빈칸 문장에 기간을 나타내는 'for+숫자기간'이나 'since ~' 등의 표현이 없으므로 과거진행인 (b)가 정답이다.

TIP ▶ 전치사 for이 있을 경우, for의 목적어(전치사 뒤의 명사)가 숫자기간인지 아닌지 꼭 확인하자! 'for+숫자기간'은 '~동안'이라는 뜻으로 시제에서 완료시제의 힌트가 되지만, 'for+일반명사'는 '~을 위하여/~때문에'라는 뜻으로 시제와 아무런 관련이 없다.

해석
나는 알게 되었다 / (그게 뭐냐면) 내 7살 된 딸 제니가 재능이 있다는 것을 / 피아노 치는 것에. 내가 갔을 때마다 / 그녀의 유치원에, / 그녀는 피아노를 치고 있었다 / 그녀의 친구들을 위해 / 그리고 다른 아이들은 칭찬했다 / 그녀의 연주를. 나는 생각 중이다 / 딸을 예술 학교에 보내는 것에 대해서.

어휘
talent 명 재능
preschool 명 유치원
praise 타 칭찬하다
let 타 허락하다

15 준동사
정답 (c) to remarry

Vivien Leigh was a British actress winning Academy Awards twice. She starred Scarlett O'Hara in *Gone with the Wind*, and after it was released she divorced her husband to v Olivier.

Step by Step

STEP 1 ▶ 선택지 안에 동명사(V+ing)나 부정사(to V)가 있으므로 준동사 문제이다.

STEP 2 ▶ 빈칸 앞에는 명사 her husband가 있으므로 명사 뒤에 부정사를 넣어야 한다.

STEP 3 ▶ 부정사 현재시제인 (c)가 정답이다.

해석
Vivien Leigh는 영국의 여배우다 / (그게 누구냐면) 수상했다 / 아카데미 상을 / 두 번. 그녀는 주연을 맡았다 / 스칼렛 오하라로 / *바람과 함께 사라지다*에서, / 그리고 그것이 개봉한 후에 / 그녀는 남편과 이혼했다 / Olivier와 재혼하기 위해서.

어휘
star 타 주연을 맡다
release 타 발표하다
divorce 타 이혼하다
remarry 타 재혼하다

16 시제 　　　　　정답 (b) are currently registering

These days most people responded that they want to be highly educated and enter university. In the United States, 50 percent of population in their twenties are ~ing at public and private universities.

> **Step by Step**
>
> **STEP 1** 〉 선택지 4개가 모두 동사이고 ~ing로 끝나는 선택지가 2개 이상이므로 시제 문제이다.
>
> **STEP 2** 〉 ~ing로 끝나지 않는 선택지 (a), (c)를 소거한다.
>
> **STEP 3** 〉 시간 힌트가 선택지 안에 들어있다. 이런 경우 보통 '현재'를 표시하는 단어들이 등장하는데 currently(지금, 현재) 또한 마찬가지다. 남아있는 선택지 모두 현재시제이다.
>
> **STEP 4** 〉 빈칸 문장에 기간을 나타내는 'for+숫자기간'이나 'since ~' 등의 표현이 없으므로 현재진행인 (b)가 정답이다.

[해석]
요즘 / 대부분의 사람들은 응답했다 / 그들은 원한다고 / 고등교육을 받는 것을 / 그리고 대학에 가는 것을. 미국에서는, / 50%가 / 20대 인구의 / 현재 등록하고 있다 / 공립 및 사립 대학에.

[어휘]
respond 타 대답하다, 반응하다
population 명 인구, 주민
register 자 등록하다

17 조동사 　　　　　정답 (d) should

Kevin Durant is one of the most important assets for the team. When he is injured, he 의무 be treated immediately and thoroughly to prevent long-term aftereffects. Otherwise, it can be a factor in cutting his career.

> **Step by Step**
>
> **STEP 1** 〉 선택지 4개가 모두 조동사이므로 조동사 문제이다.
>
> **STEP 2** 〉 빈칸 문장의 종속절(When S 현재시제)이 미래를 가리키므로 과거조동사 (b), (c)는 일단 빼둔다. (나머지 선택지 중 적합한 것 없으면 나중에 다시 확인)
>
> **STEP 3** 〉 해석: Kevin Durant는 팀의 가장 중요한 자산 중 하나다. 그가 부상을 당하면, 장기적인 후유증을 예방하기 위해 즉각적으로, 철저하게 (치료받을지도 모른다 / 치료받아야 한다). 그렇지 않으면 그것은 그의 커리어를 단절시키는 요인이 될 수 있다.
>
> **STEP 4** 〉 첫 문장의 '중요한 자산'이라는 언급이 힌트이다. 이 중요한 자산이 부상을 입었을 때, 즉각적인 치료는 당연히 필요한 것이므로 '당위, 의무'를 나타내는 (d)가 가장 자연스럽다.

[해석]
Kevin Durant는 하나이다 / 가장 중요한 자산 중의 / 팀에게. 그가 부상을 당했을 때, / 그는 치료되어야 한다 / 즉각적으로 그리고 철저하게 / 예방하기 위해서 / 장기적인 후유증을. 그렇지 않으면, 그것은 요인이 될 수 있다 / 그의 경력을 단절시키는.

[어휘]
asset 명 자산
injure 타 부상을 입히다
treat 타 치료하다, 처치하다
immediately 부 즉시
thoroughly 부 철저하게
prevent 타 예방하다
aftereffect 명 여파, 후유증
factor 명 요인

18 should 생략 　　　　　정답 (a) get off

All kinds of buses have their own fixed route. If you missed the stop, it is customary that you 동사원형 the bus. You had better cross the street and take another bus to go back to the stop that you wanted to go.

> **Step by Step**
>
> **STEP 1** 〉 선택지에 동사원형이 있고, 빈칸 앞에 '동사/형용사+that+주어'가 있으므로 should 생략 문제이다.
>
> **STEP 2** 〉 should가 생략된 동사원형 형태인 (a)가 정답이다.
>
> **TIP** 〉 should 생략 문제에서 'should'가 생략되지 않고 남아있는 선택지는 오답으로 출제된 적이 있다. 언제나 should가 생략된 동사원형 형태를 선택하자!

[해석]
모든 종류의 버스들은 / 가진다 / 그들만의 정해진 노선을. 만일 당신이 놓쳤다면 / 정류장을, / 그것은 관행이다 / (그게 뭐냐면) 당신은 내려야 한다 / 버스에서. 당신은 길을 건너는 편이 낫다 / 그리고 다른 버스를 타는 편이 낫다 / 돌아가기

위해서 / 정류장으로 / (그게 뭐냐면) 당신이 가고자 했던.

어휘
fixed 형 고정된
route 명 길, 노선
had better 통 ~하는 편이 낫다
get off 통 떠나다, 출발하다

19 가정법   정답 (c) could have been prevented

Seven people died underneath a crane that collapsed in 2008. The workers were trying to lift the crane to reach a higher point during construction when part of it snapped. Had they followed the safety rules, the disaster 과거조동사+have p.p..

Step by Step

STEP 1 〉 선택지 4개가 모두 동사이고 ~ing로 끝나는 선택지가 2개 미만이므로 가정법 문제이다.

STEP 2 〉 빈칸은 주절이며, if절의 동사를 찾아보니 if가 없고 had p.p. 사이에 주어가 있으므로 가정법 과거완료 도치이다.

STEP 3 〉 가정법 과거완료의 주절 동사로 '과거조동사+have p.p.'인 (c)가 정답이다.

해석
7명이 죽었다 / 무너진 크레인 밑에서 / 2008년에. 작업자들은 노력 중이었다 / 크레인을 들어올리기 위해 / 더 높은 지점에 도달하기 위해서 / 공사 중에 / 크레인 일부가 부러졌을 때. 만약 그들이 지켰다면 / 안전수칙들을, / 그 재난은 예방될 수 있었을 것이다.

어휘
underneath 전 ~의 밑에
crane 명 기중기, 크레인
collapse 자 붕괴되다, 무너지다
construction 명 건설, 공사
snap 자 딱 부러지다
disaster 명 참사, 재난, 재해

20 관계사   정답 (d) which transfers contacts, messages, or any files

These days mobile phones have a backup and synchronization function, which 관계사절 to the new device. With this, people can use their new device wontedly the same way as they used before.

Step by Step

STEP 1 〉 선택지 4개가 모두 관계사로 시작하므로 관계사 문제이다.

STEP 2 〉 선행사 'function'이 있으므로 관계사 what으로 시작하는 (c)를 소거한다.

STEP 3 〉 선행사 'function' 뒤에 쉼표(,)가 있으므로 관계사 that으로 시작하는 (b)를 소거한다.

STEP 4 〉 선행사 'function'은 사람이 아니므로 관계사 who로 시작하는 (a)를 소거한다.

STEP 5 〉 남은 선택지 (d)에 관계대명사 which의 관계사절로 주어가 생략된 불완전한 문장이 있으므로 문법상 올바르다.

해석
오늘날 / 휴대폰은 가지고 있다 / 백업 및 동기화 기능을, / (그게 뭐냐면) 전송한다 / 연락처, 메시지 또는 모든 파일을 / 새 장치로. 이것으로, / 사람들은 사용할 수 있다 / 그들의 새 기기를 / 익숙하게 / 같은 방법으로 / 그들이 전에 사용했던 것과.

어휘
synchronization 명 동기화
function 명 기능
transfer 타 전달하다, 전송하다
contact 명 연락처
wontedly 부 익숙하게

21 준동사   정답 (c) to respect

The candidate promised stricter regulations for illegal immigrants. This provoked a raging debate, but all parties agreed to v the languages and culture of the legal immigrants.

Step by Step

STEP 1 〉 선택지 안에 동명사(V+ing)와 부정사(to V)가 있으므로 준동사 문제이다. have p.p.는 무조건 소거한다.

STEP 2 〉 빈칸 앞에는 동사 agreed가 있으므로 agree의 목적어를 묻는 문제이다.

STEP 3 〉 agree는 목적어로 부정사를 받는 타동사이다. (암기하자!) 부정사 현재시제인 (c)가 정답이다.

해석
그 후보는 약속했다 / 더 엄격한 규제를 / 불법적인 이민에 대한. 이것은 일으켰다 / 열띤 논쟁을, / 그러나 모든 정당들은 동의했다 / 존중하기를 / 언어와 문화를 / 합법적인 이민자들의.

어휘
candidate 명 후보자
strict 형 엄격한
regulation 명 규제
illegal 형 불법적인
immigrant 명 이민자
provoke 동 유발하다
raging 형 격렬한
party 명 정당

22 준동사 정답 (d) prohibiting

The fire regulation instructs every building to eliminate or reduce the risk of fire as far as is reasonably practical. In addition, by strictly v+ing parking in front of main gates, they should be prepared for an emergency.

Step by Step
STEP 1 〉 선택지 안에 동명사(V+ing)와 부정사(to V)가 있으므로 준동사 문제이다. have p.p.는 무조건 소거한다.

STEP 2 〉 빈칸 앞에 전치사 by가 있으므로 전치사의 목적어를 묻는 문제이다.

STEP 3 〉 전치사의 목적어 자리에 준동사가 올 때에는 동명사만 쓸 수 있다. 동명사 현재시제인 (d)가 정답이다.

TIP 〉 문장 구조를 볼 때 부사(strictly)는 빼놓고 생각하면 편하다.

해석
소방법은 지시한다 / 모든 건물이 / 제거하도록 혹은 줄이도록 / 화재의 위험을 / 그것이 합리적으로 실행 가능한만큼. 또한, 엄격하게 금지함으로써 / 주차하는 것을 / 정문 앞에, / 그들은 대비해야 한다 / 비상사태에.

어휘
regulation 명 규정, 규제
instruct 타 지시하다
eliminate 타 제거하다
reduce 타 줄이다
risk 명 위험, 위험성
as far as ~하는 한
reasonably 부 합리적으로
practical 형 실행 가능한
strictly 부 엄격하게
prohibit 타 금하다, 금지하다
emergency 명 비상

23 가정법 정답 (a) would not have been

The architect Frank Lloyd Wright became famous as the creator of 'organic architecture'. Also, he is well known as a perfectionist. If he had been easy-going, his buildings 과거조동사+have P.P. as good.

Step by Step
STEP 1 〉 선택지 4개가 모두 동사이고 ~ing로 끝나는 선택지가 2개 미만이므로 가정법 문제이다.

STEP 2 〉 빈칸은 주절이며, if절의 동사는 had been (had p.p.)이므로 가정법 과거완료이다.

STEP 3 〉 가정법 과거완료의 주절 동사로 '과거조동사 +have p.p.'인 (a)가 정답이다.

해석
건축가 Frank Lloyd Wright는 유명해졌다 / 창시자로서 / '유기적 건축'의. 또한, 그는 잘 알려져 있다 / 완벽주의자로. 만약 그가 느긋했다면, / 그의 건물들은 그 정도로 훌륭하지 않았을 것이다.

어휘
architect 명 건축가
organic 형 유기농의, 유기적인
perfectionist 명 완벽주의자
easy-going 형 느긋한, 태평스러운

24 가정법 정답 (c) would go

When she was young, Emily's parents took her on many overseas trips. However, when she grew up to be an adult, she couldn't travel abroad as many as before, responsible for her spending. If she did not have to pay, she 과거조동사+동사원형 to trip more often.

Step by Step

STEP 1 ▷ 선택지 4개가 모두 동사이고 ~ing로 끝나는 선택지가 2개 미만이므로 가정법 문제이다.

STEP 2 ▷ 빈칸은 주절 동사이며, if절의 동사는 did not have to pay이므로 가정법 과거이다.

STEP 3 ▷ 가정법 과거의 주절 동사로 '과거조동사+동사원형'인 (c)가 정답이다.

TIP ▷ if절의 동사 형태가 눈에 확 들어오지 않는다면, 동사 덩어리가 had p.p로 시작하는지(가정법 과거완료인지) 확인하는 것도 하나의 방법이다.

해석

그가 어렸을 때, / Emily의 부모님은 데리고 갔다 / 그녀를 / 많은 해외 여행에. 하지만, 그녀가 자라서 어른이 되었을 때, / 그녀는 할 수 없었다 / 해외 여행을 / 예전처럼 많이, / (왜냐하면) 책임을 졌다 / 그녀의 지출에. 만약 그녀가 돈을 내지 않아도 된다면, / 그녀는 여행을 갈 것이다 / 더 자주.

어휘

overseas 부 해외의, 해외에
abroad 부 해외에, 해외로
responsible 형 책임이 있는

---

25 관계사 **정답** (b) that are embedded in your clothing

Tailor is a smart closet that uses miniature sensors ~~that 관계대명사절~~. It detects the items you own and tracks the garments you wear on a daily basis. Its artificial intelligence can help you get dressed perfectly.

Step by Step

STEP 1 ▷ 선택지 4개가 모두 관계사로 시작하므로 관계사 문제이다.

STEP 2 ▷ 선행사 'miniature sensors'가 있으므로 관계사 what으로 시작하는 (a)를 소거한다.

STEP 3 ▷ 선행사 'miniature sensors'는 사람이 아니므로 관계사 who로 시작하는 (d)를 소거한다.

STEP 4 ▷ (c)의 where이 가리키는 선행사 '미니어처 센서들'과 관계부사절의 주어 they가 가리키는 '센서들'이 일치하므로 해석상 비문이다. (미니어처 센서들에서 / 센서들은 내장되어있다 / 당신의 옷에 – 비문)

STEP 5 ▷ '당신의 옷에 내장된'이라는 뜻의 (b)는 문법상, 해석상 올바르다.

해석

Tailor는 스마트 옷장이다 / (그게 뭐냐면) 사용한다 / 미니어처 센서들을 / (그게 뭐냐면) 내장되어 있다 / 당신의 옷에. 그것은 감지한다 / 아이템들을 / 당신이 소유하고 있는 / 그리고 추적한다 / 옷들을 / 당신이 입는 / 매일. 그것의 인공지능은 도울 수 있다 / 당신이 옷을 입도록 / 완벽하게.

어휘

closet 명 벽장, 옷장
sensor 명 센서, 감지기
embed 타 박다, 끼워넣다
detect 타 감지하다
own 타 소유하다
track 타 추적하다
garment 명 의복, 옷
on a daily basis 매일
artificial intelligence 명 인공지능, AI

---

26 가정법 **정답** (a) would train

He started to learn to ride horses last month. He had lots of work to handle and thought this fun hobby could help release stress. Until now he has been so satisfied, and if he had more time, he ~~과거조동사+동사원형~~ to ride every day.

Step by Step

STEP 1 ▷ 선택지 4개가 모두 동사이고 ~ing로 끝나는 선택지가 2개 미만이므로 가정법 문제이다.

STEP 2 ▷ 빈칸은 주절 동사이며, if절의 동사는 had(일반동사 have의 과거시제)이므로 가정법 과거이다.

STEP 3 ▷ 가정법 과거의 주절 동사로 '과거조동사+동사원형'인 (a)가 정답이다.

TIP ▷ 항상 동사는 덩어리로 묶어서 보는 습관을 가져야한다. had 뒤에 목적어인 more time이 나오므로 had p.p. 형태가 아니다.

해석

그는 배우기 시작했다 / 말 타는 법을 / 지난달에. 그는 일이 많았다 / 처리해야 할 / 그리고 생각했다 / 이 재미있는 취미가 도움이 될 수 있다고 / 스트레스를 푸는 데. 지금까지 그는 매우 만족해했다, / 그리고 만약 그가 시간이 더 있다면, / 그는 연습할 것이다 / 말타는 법을 / 매일.

어휘

handle 타 다루다
release 타 풀어주다, 놓아주다
satisfy 타 만족시키다
train 타 교육받다

TEST 8 실전 모의고사 정답 및 해설

실전 모의고사 p. 39

빠른 정답

01	02	03	04	05	06	07	08	09	10
(b)	(c)	(c)	(a)	(a)	(a)	(a)	(b)	(d)	(c)
11	12	13	14	15	16	17	18	19	20
(d)	(d)	(d)	(c)	(c)	(a)	(b)	(b)	(d)	(b)
21	22	23	24	25	26				
(d)	(c)	(c)	(a)	(c)	(b)				

01 관계사

정답 (b) who smoked cigarettes exclusively

People who smoked traditional cigarettes in addition to using e-cigarettes experienced health effects as harmful as those who 관계사절. Moreover, those effects are associated with a higher risk for cardiovascular disease and death.

Step by Step

STEP 1 > 선택지 4개가 모두 관계사로 시작하므로 관계사 문제이다.

STEP 2 > 선행사 'those'가 있으므로 관계사 what으로 시작하는 (d)를 소거한다.

STEP 3 > 선행사 'those'가 사람인지 아닌지 확인한다. 선택지에 있는 관계절의 해석이 '연초만 피우는'이므로 사람임을 알 수 있다. 관계사 which로 시작하는 (a)와 관계부사 where로 시작하는 (c)를 소거한다.

STEP 4 > 남은 선택지 (b)에 관계대명사 who의 관계사절로 주어가 생략된 불완전한 문장이 있으므로 문법상 올바르다.

TIP > 'those'는 'people' 대신 자주 쓰이는 대명사인 것을 기억해두자!

해석
사람들은 / (그게 누구냐면) 연초를 피우는 / 전자담배를 사용하는 것 외에 / 경험했다 / 건강에의 영향을 / 해로운 / 연초만 피운 사람들만큼. 게다가, 그러한 영향은 / 관련이 있다 / 더 높은 위험과 / 심혈관 질환과 사망에 대한.

어휘
traditional 형 전통적인
harmful 형 해로운
exclusively 부 배타적으로, 완전히
associate 타 연관시키다
risk 명 위험(성)
cardiovascular 형 심혈관의

02 시제

정답 (c) will still have been creating

Brendon learned origami at school and it became his favorite hobby. In fact, he opened an online class for origami beginners. **By the time** he **turns** 20 years old, he will have been ~ing many artworks made with paper.

Step by Step

STEP 1 > 선택지 4개가 모두 동사이고 ~ing로 끝나는 선택지가 2개 이상이므로 시제 문제이다.

STEP 2 > ~ing로 끝나지 않는 선택지 (b), (d)를 소거한다.

STEP 3 > 빈칸은 주절의 동사이며, 시간/조건부사절 (by the time절)의 동사는 현재시제(turns)로 미래를 표현하므로 미래시제가 아닌 (a)를 소거한다.

STEP 4 > 남아있는 미래완료진행 (c)가 정답이다.

TIP > 이렇게 완벽하게 힌트와 정답이 매칭되지 않는 문제가 가끔 출제되는데, 지텔프 문법은 객관식임을 기억하자. 주어진 선택지 안에서 차분하게 정답을 고르면 된다.

해석
Brendon은 배웠다 / 종이접기를 / 학교에서 / 그리고 그것은 그가 가장 좋아하는 취미가 되었다. 사실, 그는 열었다 / 온라인 수업을 / 종이접기 초보자들을 위한. 그가 20살이 될 때쯤이면, 그는 여전히 만들어왔을 것이다 / 많은 예술 작품들을 / 종이로 만들어진.

어휘
origami 명 종이접기
beginner 명 초심자, 초보자
artwork 명 예술작품

03 가정법   정답 (c) could find

We provide all of our customers with a complimentary valet parking service. However, you must pay the parking fee. If you brought your car, you 과거조동사+동사원형 our parking agents in front of the front door.

Step by Step

STEP 1 선택지 4개가 모두 동사이고 ~ing로 끝나는 선택지가 2개 미만이므로 가정법 문제이다.

STEP 2 빈칸은 주절 동사이며, if절의 동사는 bought(buy의 과거시제)이므로 가정법 과거이다.

STEP 3 가정법 과거의 주절 동사로 '과거조동사+동사원형'인 (c)가 정답이다.

해석
우리는 제공한다 / 우리의 모든 고객에게 / 무료의 대리 주차 서비스를. 그러나, 당신은 지불해야 한다 / 주차요금을. 만일 당신이 차를 가져왔다면, / 당신은 찾을 수 있었다 / 우리의 주차 요원을 / 정문 앞에서.

어휘
provide 타 제공하다
complimentary 형 무료의
valet parking 명 대리 주차
agent 명 대리인

04 should 생략   정답 (a) delete

If you want to be intact and increase your self-esteem, experts agree that you 동사원형 social media apps for a while. It is not only very addictive but also forces you to compare yourself to others' painted images.

Step by Step

STEP 1 선택지에 동사원형이 있고, 빈칸 앞에 '동사/형용사+that+주어'가 있으므로 should 생략 문제이다.

STEP 2 should가 생략된 동사원형 형태인 (a)가 정답이다.

해석
만일 당신이 원한다면 / 온전하기를 / 그리고 높이기를 / 당신의 자존감을, / 전문가들은 동의한다 / 당신이 삭제해야 한다고 / 소셜미디어 앱을 / 잠시. 그것은 매우 중독적일 뿐만 아니라 / 또한 강요한다 / 당신이 / 비교하도록 / 자기 자신을 / 다른 사람들의 꾸며진 이미지와.

어휘
intact 형 온전한, 전혀 다치지 않은
self-esteem 명 자존감
expert 명 전문가
addictive 형 중독성의, 중독성이 있는
force 타 강요하다
compare 타 비교하다
painted 형 겉치장한, 꾸며진

05 조동사 ★   정답 (a) should

Bill found an injured mole in his own backyard and treated it well. In fact, He wanted to keep it as a pet. However, after doing some research he realized that one 의무 not keep wild animals as one's pet.

Step by Step

STEP 1 선택지 4개가 모두 조동사이므로 조동사 문제이다.

STEP 2 (d)의 shall은 우선적으로 소거한다.

STEP 3 빈칸 문장의 주절 시제가(realized) 과거이므로 현재조동사 (b)는 일단 빼둔다. (나머지 선택지 중 적합한 것 없으면 나중에 다시 확인)

STEP 4 해석: Bill은 자신의 집 뒷마당에서 다친 두더지를 발견하고 잘 치료해 주었다. 사실, 그는 그 두더지를 애완동물로 키우고 싶었다. 하지만, 몇 가지 조사를 한 후 야생 동물을 애완동물로 (키워서는 안 된다는 / 키우지 않을 거란) 것을 깨달았다.

STEP 5 앞 문장에서 제시된 내용은 그가 두더지를 키우고 싶어 했다는 것이다. 그리고 역접의 접속부사 However이 연결되어 있으므로 그 뒤에는 그의 소망과 반대되는 내용이 나와야한다. 소망이 좌절되는 상황의 표현으로는 '키우지 않을 것'이라는 예정보다는 '키워서는 안 된다'는 '의무'를 나타내는 (a)가 더 자연스럽다.

TIP one은 일반적인 사람을 가리키는 대명사로 종종 쓰인다.

해석
Bill은 발견했다 / 다친 두더지를 / 자신의 집 뒷마당에서 /

그리고 치료했다 / 그것을 / 잘. 사실, 그는 기르고 싶었다 / 두더지를 / 애완동물로. 하지만, / 몇 가지 조사를 한 후 / 그는 깨달았다 / 누구든 길러서는 안 된다 / 야생 동물들을 / 애완동물로.

어휘
injure 타 부상을 입히다
mole 명 두더지
backyard 명 뒷마당
treat 타 치료하다
wild 형 야생의

06 가정법   정답 (a) would not have been

Dave believes that he and his girlfriend are a match made in heaven. His father asked her to date his son when he saw her at the subway station. **Had it not been for** his courage and willpower, they 과거조동사+have p.p. together.

Step by Step
STEP 1 ▶ 선택지 4개가 모두 동사이고 ~ing로 끝나는 선택지가 2개 미만이므로 가정법 문제이다.

STEP 2 ▶ 빈칸은 주절이며, if절의 동사를 찾아보니 if가 없고 had p.p. 사이에 주어가 있으므로 가정법 과거완료 도치이다.

STEP 3 ▶ 가정법 과거완료의 주절 동사로 '과거조동사+have p.p.'인 (a)가 정답이다.

해석
Dave는 믿는다 / 그와 그의 여자친구는 천생연분이라고. 그의 아버지는 요청했다 / 그녀에게 / 그의 아들과 데이트를 해달라고 / 그가 그녀를 보았을 때 / 지하철역에서. 만약 그의 용기와 의지력이 없었다면, / 그들은 함께 있지 않았을 것이다.

어휘
match 명 어울리는 사람
courage 명 용기
willpower 명 의지력

07 준동사   정답 (a) to try

Today Eric took second prize at a scientific invention contest. He created a funny spoon for dogs and it made many people laugh. His mother allowed **him to v** it out for her dog after she was certain it's not dangerous.

Step by Step
STEP 1 ▶ 선택지 안에 동명사(V+ing)와 부정사(to V)가 있으므로 준동사 문제이다. have p.p.는 무조건 소거한다.

STEP 2 ▶ 빈칸 앞에는 명사 him이 있으므로 명사 뒤에 부정사를 넣어야 한다.

STEP 3 ▶ 부정사 현재시제인 (a)가 정답이다.

해석
오늘 Eric은 2등상을 받았다 / 과학 발명 대회에서. 그는 만들었다 / 재미있는 숟가락을 / 개들을 위한 / 그리고 그것은 만들었다 / 많은 사람들을 / 웃도록. 그의 어머니는 허락했다 / 그가 / 그것을 시험해보도록 / 그녀의 개에게 / 그녀가 확신한 후에 / 그것이 위험하지 않다고.

어휘
scientific 형 과학적인, 과학의
invention 명 발명품
convention 명 대회
laugh 자 웃다
certain 형 확신하는

08 조동사 ★   정답 (b) will

Jack has delivered popular lectures as a part-time instructor, all of which have received ratings exceeding four out of five. In recognition of his devotion, he has been selected as a faculty member. **Starting from the upcoming fall**, he 예정 teach a mandatory course.

Step by Step
STEP 1 ▶ 선택지 4개가 모두 조동사이므로 조동사 문제이다.

STEP 2 ▶ (c)의 shall은 우선적으로 소거한다.

STEP 3 ▶ 빈칸 문장의 Starting from the upcoming fall은 미래를 뜻하므로 과거조동사 (d)는 일단 빼둔다. (나머지 선택지 중 적합한 것 없으면 나중에 다시 확인)

STEP 4 ▶ 해석: 잭은 시간강사로서 인기 있는 강의를 진행했으며, 모든 강의는 5점 만점에 4점 이상의 평점을 받았다. 그는 그 헌신을 인정받아 교직원으로 선택되었다. 다가오는 가을부터 그는 필수 과목을 (가르쳐야 한다 / 가르칠 것이다).

STEP 5 ▶ 잭은 좋은 평가로 교수가 된 상황이다. 빈칸은 교수가 된 다음 학기에 일어날 일로, '필수 과목을 강의하는 것'은 교수가 싫지만 지켜야만 하는 의무가 아니라 교수진이라면 누구나 갖고 싶어 하는 기회에 가깝다. 이 일반적인 사실을 잘 따져보아야 한다. 미래에 대한 예상으로 (b)가 가장 자연스럽다.

해석
Jack은 제공했다 / 인기 있는 강의를 / 시간강사로, / 그리고 모든 그의 강의는 평가를 받았다 / 4점 넘게 / 5점 만점에서. 인정받아 / 그의 헌신을, / 그는 선택되었다 / 교직원으로. 돌아오는 가을부터, / 그는 가르칠 것이다 / 필수 과목을.

어휘
deliver 타 (연설·강연 등을) 하다
instructor 명 강사
rating 명 순위, 평가
recognition 명 인정
devotion 명 공헌
faculty 명 교수단
coming 형 다가오는
mandatory 형 의무적인

09 가정법   정답 (d) could have gotten

Jay purchased the new smartphone yesterday. There were many kinds of discount, but he didn't bring his purse with him so that he should pay full price. If he had had a student ID, he 과거조동사+have P.P. a student discount.

Step by Step

STEP 1 ▷ 선택지 4개가 모두 동사이고 ~ing로 끝나는 선택지가 2개 미만이므로 가정법 문제이다.

STEP 2 ▷ 빈칸은 주절이며, if절의 동사는 had had(had p.p.)이므로 가정법 과거완료이다.

STEP 3 ▷ 가정법 과거완료의 주절 동사로 '과거조동사 +have p.p.'인 (d)가 정답이다.

TIP ▷ 항상 동사는 덩어리로 묶어서 보는 습관을 가져야한다. had had는 일반동사 have(가지다)의 had p.p. 형태이다.

해석
Jay는 구입했다 / 새 스마트폰을 / 어제. 거기에는 여러 가지 종류의 할인이 있었다, / 하지만 그는 가져오지 않았다 / 그의 지갑을 / 그래서 그는 지불해야했다 / 전액을. 만약 그가 가지고 있었다면 / 학생증을, / 그는 받을 수 있었을 것이다 / 학생 할인을.

어휘
purchase 타 구매하다, 구입하다
discount 명 할인
bring 타 가져오다

10 시제   정답 (c) has been waiting

Yesterday Mary came across her old friend from high school. She was very glad to meet her first love and they exchanged phone numbers. Since then, she has been ~ing for her phone to ring, lost in old memories.

Step by Step

STEP 1 ▷ 선택지 4개가 모두 동사이고 ~ing로 끝나는 선택지가 2개 이상이므로 시제 문제이다.

STEP 2 ▷ ~ing로 끝나지 않는 선택지 (b)를 소거한다.

STEP 3 ▷ 빈칸은 주절의 두 번째 동사이며, 기간을 나타내는 표현 'since then'이 있으므로 완료시제가 아닌 (d)를 소거한다.

STEP 4 ▷ 시작 시간인 'then'은 앞문장의 '어제'이다. 하지만 이와 관련 없이 끝나는 시점이 언급되어 있지 않으므로 '이 말을 하고 있는 현재까지'를 뜻하는 현재완료진행 (c)가 정답이다.

해석
어제 Mary는 우연히 만났다 / 고등학교의 옛 친구를. 그녀는 매우 기뻤다 / 첫사랑을 만나게 되어서 / 그리고 그들은 교환했다 / 전화번호를. 그 이후, 그녀는 기다리고 있다 / 전화벨이 울리기를, / 옛 추억에 잠긴 채.

어휘
come across 통 우연히 마주치다
exchange 타 교환하다
ring 자 울리다
lost in ~에 빠진, ~에 잠긴

11 준동사   정답 (d) to calm

Twirling your hair is part of a group of behaviors called "fidgets." Children, especially, may twirl their hair as a way of self-soothing to v anxiety, wind down before bedtime, or simply deal with boredom.

Step by Step

STEP 1 ▸ 선택지 안에 동명사(V+ing)와 부정사(to V)가 있으므로 준동사 문제이다. have p.p.는 무조건 소거한다.

STEP 2 ▸ 빈칸 앞에는 명사 self-soothing(동명사)이 있으므로 명사 뒤에 부정사를 넣어야 한다. (self-soothing이 명사라는 것은 형태 뿐 아니라 앞에 있는 전치사로도 알 수 있다. 전치사 뒤에는 항상 명사 덩어리가 온다.)

STEP 3 ▸ 부정사 현재시제인 (d)가 정답이다.

해석

머리카락을 빙빙 돌리는 것은 / 행동들 중의 일부이다 / (그게 뭐냐면) "피짓"이라고 불리운다. 아이들은, / 특히, / 그들의 머리카락을 돌릴지도 모른다 / 한 방법으로서 / 자기 진정의 / 불안감을 가라앉히거나, / 긴장을 풀거나 / 잠자리에 들기 전에, / 혹은 단순히 해결하기 위해서 / 지루함을.

어휘

twirl 타 빙글빙글 돌리다
fidget 명 잠시도 가만히 못 있는 사람
soothe 타 달래다, 누그러뜨리다
calm 타 진정시키다
anxiety 명 불안
wind down 동 긴장을 풀다
boredom 명 지루함, 따분함

12 관계사 **정답** (d) which needs to be suppressed

Stimming is part of the diagnostic criteria for autism. However, stimming is not always related to autism. It isn't necessarily a bad thing, which 관계사절. But it should be addressed when it's disruptive to others and interferes with quality of life.

Step by Step

STEP 1 ▸ 선택지 4개가 모두 관계사로 시작하므로 관계사 문제이다.

STEP 2 ▸ 선행사 'a bad thing'이 있으므로 관계사 what으로 시작하는 (a)를 소거한다.

STEP 3 ▸ 선행사 'a bad thing' 뒤에 쉼표(,)가 있으므로 관계사 that으로 시작하는 (b)를 소거한다.

STEP 4 ▸ 선행사 'a bad thing'은 사람이 아니므로 관계사 who로 시작하는 (c)를 소거한다.

STEP 5 ▸ 남은 선택지 (d)에 관계대명사 which의 관계사절로 주어가 생략된 불완전한 문장이 있으므로 문법상 올바르다.

해석

자기 자극 행동은 진단 기준의 일부이다 / 자폐증에 대한. 하지만, 자기 자극 행동이 항상 관련이 있는 것은 아니다 / 자폐증과. 그것은 반드시 나쁜 것만은 아니다, (그게 뭐냐면) 억제될 필요가 있다. 하지만 다루어져야만 한다 / 그것이 지장을 줄 때 / 다른 사람들에게 / 그리고 방해할 때 / 삶의 질을.

어휘

stimming 명 자기 자극 행동
diagnostic 형 진단의
criteria 명 기준
autism 명 자폐증
necessarily 부 필연적으로, 어쩔 수 없이
address 타 (문제에 대해) 고심하다, 다루다
disruptive 형 지장을 주는
interfere with 동 방해하다
suppress 타 억제하다, 진압하다

13 준동사 **정답** (d) to discuss

I have just found out that our plan has a serious problem with its effectiveness. Please do not hesitate to contact me if you wish to V the matter.

Step by Step

STEP 1 ▸ 선택지 안에 동명사(V+ing)와 부정사(to V)가 있으므로 준동사 문제이다. have p.p.는 무조건 소거한다.

STEP 2 ▸ 빈칸 앞에는 동사 wish가 있으므로 wish의 목적어를 묻는 문제이다.

STEP 3 ▸ wish는 목적어로 부정사를 받는 타동사이다. (암기하자!) 부정사 현재시제인 (d)가 정답이다.

해석

나는 방금 발견했다 / (그게 뭐냐면) 우리의 계획은 심각한 문제를 가지고 있다 / 그 효과성에 대해서. 주저하지 말아라 / 나에게 연락하는 것을 / 만일 네가 희망한다면 / 그 문제에 대해 논의하는 것을.

어휘

find out 동 발견하다
effectiveness 명 효과성
hesitate 동 주저하다, 망설이다
matter 명 문제

14 시제 ★   정답 (c) had been making

For several days, the refrigerator had made annoying noises. And then, it just stopped working. Jerry rushed to order the new one, but he still needed someplace to keep groceries cool. All afternoon he had been ~ing an ice pool.

🚶 Step by Step

STEP 1 ▷ 선택지 4개가 모두 동사이고 ~ing로 끝나는 선택지가 2개 이상이므로 시제 문제이다.

STEP 2 ▷ ~ing로 끝나지 않는 선택지 (b)를 소거한다.

STEP 3 ▷ 빈칸의 시제 힌트인 'All afternoon'은 '오후 내내'라는 뜻으로 기간을 표현한다. 완료시제가 아닌 (a), (d)를 소거한다.

STEP 4 ▷ 남은 선택지 과거완료진행 (c)가 정답이다. (앞문장들에서 냉장고가 고장나고 새 냉장고를 주문한 것 모두가 과거라는 것도 확인 가능하다)

TIP ▷ 기간을 나타내는 표현으로 'for+숫자기간'이나 'since ~'이 주로 쓰이나 (출제 비율 90% 이상) 1년에 한두 번 'until+특정시점'이나 all night, all afternoon, all day, five days/months/years straight 등의 기간 표현이 나올 때도 있다. 차분하게 기간 힌트를 찾아보자!

해석

며칠 동안, / 냉장고는 거슬리는 소리를 냈다. 그러고 나서, 그것은 작동을 멈췄다. Jerry는 서둘러서 주문했다 / 새 냉장고를, / 하지만 그는 여전히 필요했다 / 장소가 / 식료품을 시원하게 보관할. 오후 내내 그는 만들어왔다 / 얼음 웅덩이를.

어휘

refrigerator 명 냉장고
annoying 형 짜증스러운, 거슬리는
rush to RV 서둘러 ~하다
grocery 명 식료품 및 잡화

---

15 가정법   정답 (c) would not have slept

Jenna likes to go on a last-minute trip, loving that something unexpected amazes her. However, her last trip was not full of only fabulous events. Had she made a reservation at any accommodations, she 과거조동사+have P.P. in her car.

🚶 Step by Step

STEP 1 ▷ 선택지 4개가 모두 동사이고 ~ing로 끝나는 선택지가 2개 미만이므로 가정법 문제이다.

STEP 2 ▷ 빈칸은 주절이며, if절의 동사를 찾아보니 if가 없고 had p.p. 사이에 주어가 있으므로 가정법 과거완료 도치이다.

STEP 3 ▷ 가정법 과거완료의 주절 동사로 '과거조동사+have p.p.'인 (c)가 정답이다.

해석

Jenna는 좋아한다 / 즉흥적인 여행을 가는 것을, / 사랑하기 때문에 / 예상치 못한 어떤 것이 / 그녀를 놀라키는 것을. 하지만, 그녀의 마지막 여행은 가득하지 않았다 / 오직 멋진 일들로만. 만약 그녀가 예약했다면 / 어떤 숙소에든, / 그녀는 잠을 잘 필요가 없었을 것이다 / 그녀의 차에서.

어휘

last-minute 형 마지막 순간의, 막바지의
unexpected 형 예기치 않은, 예상 밖의
amaze 타 놀라게 하다
fabulous 형 기막히게 좋은, 엄청난
reservation 명 예약
accommodation 명 거처, 숙소, 숙박 시설

---

16 시제   정답 (a) was announcing

Last night he was watching American Idol. Suddenly the power outage happened, making him embarrassed. When the show host was ~ing the winner, he missed it. He had to stay off the Internet in order not to be given a spoiler.

🚶 Step by Step

STEP 1 ▷ 선택지 4개가 모두 동사이고 ~ing로 끝나는 선택지가 2개 이상이므로 시제 문제이다.

STEP 2 ▷ ~ing로 끝나지 않는 선택지 (c), (d)를 소거한다.

STEP 3 ▷ 빈칸은 시간/조건부사절(when절)의 동사이며, 주절은 과거시제(missed)로 과거를 표현하므로 과거시제가 아닌 (b)를 소거한다.

STEP 4 ▷ 남아있는 과거진행 (a)가 정답이다. 빈칸 문장에 기간을 나타내는 'for+숫자기간'이나 'since ~' 등의 표현도 없다.

해석
어젯밤 그는 보고 있었다 / 아메리칸 아이돌을. 갑자기 정전이 일어났고, / (그것은) 그를 당황하게 만들었다. 쇼 진행자가 발표하고 있었을 때 / 우승자를, / 그는 그것을 놓쳤다. 그는 멀리해야 했다 / 인터넷을 / 받지 않기 위해서 / 스포일러를.

어휘
power outage 명 정전
embarrass 타 당황스럽게 만들다
announce 타 발표하다
stay off 동 ~를 멀리하다
spoiler 명 스포일러

17 가정법   정답 (b) could not receive

He has never been late for his daughter's vaccinations. He had anxiety about the flu and other diseases. If his daughter were not on his health insurance plan, she 과거조동사+동사원형 all of the age-appropriate vaccinations.

Step by Step
STEP 1〉 선택지 4개가 모두 동사이고 ~ing로 끝나는 선택지가 2개 미만이므로 가정법 문제이다.

STEP 2〉 빈칸은 주절 동사이며, if절의 동사는 were(과거시제)이므로 가정법 과거이다. (were은 대표적인 가정법 과거의 if절 동사)

STEP 3〉 가정법 과거의 주절 동사로 '과거조동사+동사원형'인 (b)가 정답이다.

해석
그는 늦은 적이 없다 / 그의 딸의 예방접종에. 그는 걱정했다 / 독감과 다른 질병에 대해. 만일 그의 딸이 포함되지 않았다면, / 그의 건강보험에, / 그녀는 받을 수 없었을 것이다 / 나이에 맞는 모든 예방접종을.

어휘
vaccination 명 백신 접종
anxiety 명 불안(감), 염려
flu 명 독감
disease 명 질병
insurance 명 보험
appropriate 형 적당한, 적절한

18 준동사   정답 (b) eating

My grandmother was diagnosed with bone thinning and the doctor said she needs to intake much more omega-3 than she did. She thought that V+ing salmon is ideal and went to the market to purchase it.

Step by Step
STEP 1〉 선택지 안에 동명사(V+ing)와 부정사(to V)가 있으므로 준동사 문제이다. have p.p.는 무조건 소거한다.

STEP 2〉 빈칸은 that절(새로운 문장)이 시작되는 자리로 주어 자리이거나 부사 자리일 수 있다. 선택지의 동사 'eat'을 넣어 문장 구조를 살펴보면 'eat salmon' 뒤에 동사인 is가 나오므로 빈칸이 주어 자리인 것을 알 수 있다.

STEP 3〉 주어 자리에는 동명사가 들어가야 하므로 동명사 현재시제인 (b)가 정답이다.

TIP〉 ❶ 지텔프 준동사 문제에 한해서 주어 자리는 항상 동명사가 정답이다.
❷ 주어/부사 자리 여부를 묻는 이런 문제는 2년에 1회 정도 출제되는 고난도 문제이다. 문장 구조를 파악하기가 어렵다면 다른 준동사 문제를 모두 푼 후, 숫자 맞추기로 정답을 유추하는 것도 좋은 전략이다.

해석
나의 할머니는 진단받았다 / 뼈가 얇아진다는 / 그리고 의사는 말했다 / 그녀가 섭취해야 한다고 / 훨씬 더 많은 오메가-3를 / 그녀가 섭취했던 것보다. 그녀는 생각했다 / 연어를 먹는 것이 이상적이라고 / 그리고 갔다 / 시장에 / 연어를 구입하기 위해서.

어휘
diagnose 타 진단하다
bone 명 뼈
intake 타 흡수하다
salmon 명 연어
ideal 형 이상적인
purchase 타 구매하다, 구입하다

19 should 생략 　　　　　　　**정답** (d) not use

Most of you have a few frying pans lying around. It is important that you 동사원형 metal on your frying pan. Unless you've purchased a dense, diamond-crusted pan, metal utensils will easily scratch and ruin a frying pan's surface.

🚶 Step by Step

STEP 1 ▷ 선택지에 동사원형이 있고, 빈칸 앞에 '동사/형용사+that+주어'가 있으므로 should 생략 문제이다.

STEP 2 ▷ should가 생략된 동사원형 형태인 (d)가 정답이다.

TIP ▷ should 생략 문제의 정답을 고를 때 어려움을 느낀다면 모든 선택지 앞에 'should'를 넣어보자. 쉽게 판별이 가능하다.

해석
여러분 중 대부분은 가지고 있다 / 몇 개의 프라이팬을 / (그게 뭐냐면) 주변에 놓여 있는. 그것은 중요하다 / (그게 뭐냐면) 당신은 사용해서는 안 된다 / 금속을 / 당신의 프라이팬에. 만약 당신이 구입하지 않았다면 / 밀도가 높고, 다이아몬드가 박힌 팬을, / 금속 도구들은 / 쉽게 긁고 망가뜨릴 것이다 / 프라이팬 표면을.

어휘
lie around 동 되는대로 놓여있다
metal 명 금속
dense 형 밀도가 높은
crusted 형 덮여진, 박혀있는
utensil 명 (가정에서 사용하는) 기구, 도구
scratch 타 긁다
ruin 타 망가뜨리다, 손상시키다
surface 명 표면

20 준동사 　　　　　　　**정답** (b) receiving

Mary had the last job interview and the rest of her family wished her luck. Although she arrived so early that she had to wait in the lobby, in the meantime she spent her time imagining V+ing a letter of acceptance.

🚶 Step by Step

STEP 1 ▷ 선택지 안에 동명사(V+ing)와 부정사(to V)가 있으므로 준동사 문제이다. have p.p.는 무조건 소거한다.

STEP 2 ▷ 빈칸 앞에는 동명사 imagining이 있으므로 imagine의 목적어를 묻는 문제이다.

STEP 3 ▷ imagine은 목적어로 동명사를 받는 타동사이다. (암기하자!) 동명사 현재시제인 (b)가 정답이다.

해석
Mary는 마지막 면접을 보았다 / 그리고 나머지 가족들은 빌었다 / 그녀에게 / 행운을. 비록 그녀는 도착했지만 / 너무 일찍 / 그래서 그녀는 기다려야 했지만 / 로비에서, 그동안 / 그녀는 보냈다 / 그녀의 시간을 / 상상하면서 / 받는 것을 / 합격 통지서를.

어휘
rest 명 나머지
meantime 명 그동안
imagine 타 상상하다
a letter of acceptance 명 합격 통지서

21 연결사 ★ 　　　　　　　**정답** (d) whenever

Last night, my young son begged me for a Snickers, and I couldn't help smiling as childhood memories flooded back. My younger brother and I used to share various snacks, including his favorite Snickers, 반복적 선후 we came across them.

🚶 Step by Step

STEP 1 ▷ 선택지 4개가 모두 연결사이므로 연결사 문제이다.

STEP 2 ▷ 해석: 어젯밤 어린 아들이 스니커즈를 사달라고 졸랐고, 나는 어린 시절의 추억이 떠올라 미소 지을 수밖에 없었다. 남동생과 나는 그가 제일 좋아하는 스니커즈를 비롯해서 다양한 과자를 나눠 먹곤 했다 / (그것들을 발견했기 때문에 / 그것들을 발견했음에도 불구하고 / 그래서 그것들을 발견했다 / 그것들을 발견할 때마다).

STEP 3 ▷ 빈칸을 기준으로 앞 내용은 '남동생이 가장 좋아하는 스니커즈를 포함해 다양한 과자를 나누어 먹음', 뒤의 내용은 '과자들을 발견함'이다. 이 둘은 인과관계가 성립하지 않고, 시간적인 전후관계만 성립한다. 인과관계는 '열심히 공부함' → 그래서 '시험에 합격함'과 같이 일반적이고 보편적인(대부분의 경우에 일어나는) 원인과 결과의 관계를 뜻하기 때문이다. 나누어 먹었기 '때문에' 과자를 발견했다는 것도, 과자를 발견했기 '때문에' 나누어 먹었다는 것도 논리에 어긋나므로 인과관계의 (a), (c)는 물론이고 역접의 (b)도

정답이 될 수 없다.

STEP 4 〉 남동생과 화자 사이에서 '반복적으로' 일어난 선후관계를 연결하는 'whenever'이 정답이다.

TIP 〉 선택지 중 so는 등위접속사, 나머지는 종속접속사이다. 각 접속사의 해석 방법을 정확하게 알아두자. 종속접속사는 종속절의 동사와 붙여서 한꺼번에 해석하는 것이 실수를 줄일 수 있다.
ex) after I ran: 그 후에 나는 뛰었다(×), 내가 뛴 후에(○)

해석

어젯밤 내 어린 아들은 나에게 애원했다 / 스니커즈 하나를, / 그리고 나는 미소 지을 수밖에 없었다 / 어린 시절 기억이 / 밀려들었기 때문에. 내 남동생과 나는 나눠먹었다 / 모든 종류의 과자를, / 그가 가장 좋아하는 스니커즈를 포함해서, / 우리가 과자들을 발견할 때마다.

어휘

beg 타 애원하다
can't help ~ing   ~하지 않을 수 없다
flood back   밀려들다, 눈앞에 어른거리다
share 타 함께 쓰다, 나누다, 공유하다

22 준동사   정답 (c) using

A lot of farms use chemical pesticides to control a wide variety of insects. However, organic farming **requires** not v+ing pesticides to produce nutrient-rich fruits, vegetables, or herbs in harmony with the seasons.

Step by Step

STEP 1 〉 선택지 안에 동명사(V+ing)와 부정사(to V)가 있으므로 준동사 문제이다. have p.p.는 무조건 소거한다.

STEP 2 〉 빈칸 앞에는 동사 requires가 있으므로 require의 목적어를 묻는 문제이다.

STEP 3 〉 require는 목적어로 동명사를 받는 타동사이다. (암기하자!) 동명사 현재시제인 (c)가 정답이다.

TIP 〉 ❶ 문장 구조를 볼 때 부사(not)는 빼놓고 생각하면 편하다.
❷ require는 be p.p.의 형태로도 종종 출제되는데, 그 때는 정답이 부정사가 되므로 항상 동사 덩어리를 확인하는 습관을 들이자.

해석

많은 농장들은 사용한다 / 화학 농약을 / 통제하기 위해서 / 매우 다양한 종류의 곤충을. 하지만, / 유기농법은 요구한다 / 농약을 사용하지 않는 것을 / 생산하기 위해서 / 영양분이 풍부한 과일, 채소, 풀을 / 제철에 맞는.

어휘

chemical 형 화학적인
pesticide 명 농약, 살충제
a variety of 형 다양한
nutrient-rich 형 영양분이 풍부한

23 시제 ★   정답 (c) is planning

Raymond has a baby sister who has a huge age gap. When he was 16 years old, the baby was born, and taking care of her was one of his duties in the family. Next weekend he will go out of town for college and he is ~ing to give her a parting gift now.

Step by Step

STEP 1 〉 선택지 4개가 모두 동사이고 ~ing로 끝나는 선택지가 2개 이상이므로 시제 문제이다.

STEP 2 〉 ~ing로 끝나지 않는 선택지 (d)를 소거한다.

STEP 3 〉 빈칸 문장은 and를 기준으로 앞뒤의 시제가 달라진다. 앞부분의 시제는 '다음 주말'에 해당하는 미래이지만, and 뒷부분에는 현재의 표현인 now(지금, 현재)가 있다. 현재시제가 아닌 (a)를 소거한다.

STEP 4 〉 and 뒤에 기간을 나타내는 'for+숫자기간'이나 'since ~' 등의 표현이 없으므로 현재진행인 (c)가 정답이다.

TIP 〉 대충 보면 실수할 수 있는 문제다. and의 앞/뒤 시제는 꼭 일치시킬 필요가 없다. (ex: 나는 어제 늦게 잤고, 내일은 일찍 잘 것이다) 빈칸에 영향을 주는 시제 힌트를 차분하게 찾아보자.

해석

Raymond는 여동생이 있다 / (그게 누구냐면) 나이 차이가 많이 난다. 그가 16살이었을 때, / 아기가 태어났다, / 그리고 그녀를 돌보는 것은 / 그의 의무 중 하나였다 / 가족 내에서. 다음 주말에 그는 마을을 떠날 것이다 / 대학을 가기 위해 / 그리고 그는 계획 중이다 / 그녀에게 이별 선물을 주는 것을 / 지금.

어휘

gap 명 공백, 격차
duty 명 의무, 직무, 임무
parting 명 이별, 작별

24 연결사   정답 (a) In addition

Recording more deaths than births is a serious problem for any country. There can be rising pressure on public spending increases for healthcare systems and pensions. 첨가, a declining youth population leads to labor shortages.

🚶 Step by Step

STEP 1 ▷ 선택지 4개가 모두 접속부사이므로 접속부사 문제이다.

STEP 2 ▷ 해석: 출생률보다 사망률이 더 많다는 것은 어느 나라에서나 심각한 문제이다. 의료 시스템과 연금을 위한 공공 지출에 대해 압박이 커질 수 있다. (또한 / 그러므로 / 사실 / 하지만) 청년 인구 감소는 노동력 부족으로 이어진다.

STEP 3 ▷ 세 문장은 '원인+결과(1)+결과(2)'의 구조이다. 첫 번째 문장은 '출생률 < 사망률'이라는 문제점을 제시, 두 번째 문장은 '의료 시스템, 연금에 대한 공공 소비 압박 증가'로 이 둘은 인과관계에 해당한다(사망률이 더 높으면 일어날 수 있는 결과). 빈칸 뒤 마지막 문장의 내용은 '청년 인구의 감소 → 노동력 부족'으로 두 번째 문장과 중복되지 않는 또 하나의 결과에 해당한다. 접속부사는 앞 문장과 해당 문장을 이어 그 관계를 보여주어야 하므로 '하나의 결과'와 그와 겹치지 않는 '또 다른 결과'를 연결사는 첨가의 'In addition'이 정답이다.

TIP ▷ 'In fact'는 첨가가 아닌 부연의 접속부사로, 앞문장의 내용을 반복하여 풀어서 설명할 때 사용한다.

해석

더 많은 사망을 기록하는 것은 / 출산률보다 / 심각한 문제이다 / 어떤 나라에든. 늘어나는 압박이 있다 / 공공 소비 증가에 대한 / 헬스 케어 시스템과 연금을 위한. 게다가, / 감소하는 청년 인구는 이어진다 / 노동력 부족으로.

어휘

serious 형 심각한
rising 형 증가하는
pressure 명 압력
increase 명 증가
pension 명 연금
declining 형 기우는, 쇠퇴하는
population 명 인구, 주민
lead to 동 야기하다, 초래하다, ~로 이어지다
labor 명 노동력
shortage 명 부족

25 시제 ★★   정답 (c) will be announcing

This morning, the Boston laboratory presented a miniaturized robot to make surgery safer and more affordable. With this, a surgeon can operate using VR controls that re-create the robot's view in the body. It will be ~ing another innovation the day after the demonstration.

🚶 Step by Step

STEP 1 ▷ 선택지 4개가 모두 동사이고 ~ing로 끝나는 선택지가 2개 이상이므로 시제 문제이다.

STEP 2 ▷ ~ing로 끝나지 않는 선택지 (b)를 소거한다.

STEP 3 ▷ 빈칸은 주절의 동사이며, 시제 힌트로 제시된 'the day after the demonstration'은 '시연 다음 날'이라는 의미이다. '시연'이 언제 일어났는지 해석으로 찾아본다.

STEP 4 ▷ 첫 문장에서 '오늘 아침'에 로봇을 시연했다고 했다. 그렇다면 '그다음 날'은 내일, 즉 미래이므로 유일한 미래시제 (c)가 정답이다.

TIP ▷ 간혹 해석을 요구하는 시제문제가 출제되는데, 당황할 필요 없이 다른 문제들을 먼저 풀어보자. 마지막에 숫자맞추기를 통해 충분히 정답을 유추할 수 있다.

해석

오늘 아침, / 보스턴 연구소는 선보였다 / 소형 로봇을 / 수술을 더 안전하고 저렴하게 만드는. 이를 통해, / 외과의사는 수술할 수 있다 / VR 컨트롤을 이용해 / (그게 뭐냐면) 재현한다 / 로봇의 시야를 / 몸 안에서. 연구소는 발표할 것이다 / 또 다른 혁신을 / 시연 다음 날.

어휘

laboratory 명 실험실
surgery 명 수술
affordable 형 입수 가능한, (가격이) 알맞은
operate 자 수술하다
announce 타 발표하다, 알리다
innovation 명 혁신, 쇄신
demonstration 명 시연

26 가정법   정답 (b) could have

Water is so essential to many bodily functions and makes up about 60% of our body's composition. However, many people do not drink enough each day. If one were not to take in 11-15 cups of water, you 과거조동사+동사원형 muscle aches or headaches.

Step by Step

STEP 1 > 선택지 4개가 모두 동사이고 ~ing로 끝나는 선택지가 2개 미만이므로 가정법 문제이다.

STEP 2 > 빈칸은 주절 동사이며, if절의 동사는 did not take(과거시제)이므로 가정법 과거이다.

STEP 3 > 가정법 과거의 주절 동사로 '과거조동사+동사원형'인 (b)가 정답이다.

해석

물은 필수적이다 / 많은 신체 기능에 / 그리고 차지한다 / 약 60%를 / 우리 몸의 구성의. 그러나, 많은 사람들은 마시지 않는다 / 매일 충분히. 만일 누군가가 섭취하지 않으면 / 11-15컵의 물을, / 당신은 근육통이나 두통을 가질 수 있다.

어휘

essential 형 필수적인
function 명 기능, 능력
make up 동 이루다, 차지하다
composition 명 구성
take in 명 섭취하다
muscle ache 명 근육통

TEST 9 실전 모의고사 정답 및 해설

실전 모의고사 p. 44

빠른 정답

01	02	03	04	05	06	07	08	09	10
(a)	(b)	(c)	(c)	(a)	(a)	(b)	(d)	(c)	(d)
11	12	13	14	15	16	17	18	19	20
(c)	(c)	(a)	(b)	(b)	(a)	(b)	(b)	(c)	(c)
21	22	23	24	25	26				
(d)	(b)	(d)	(a)	(a)	(d)				

01 준동사　　　정답 (a) to make

A recent study found that 25% of all primary school students need corrective lenses. Appropriate glasses or contacts must be worn to v them concentrate on their studies.

Step by Step

STEP 1〉 선택지 안에 동명사(V+ing)와 부정사(to V)가 있으므로 준동사 문제이다. have p.p.는 무조건 소거한다.

STEP 2〉 빈칸 앞의 동사는 'must be worn'으로 be p.p. 뒤에는 to V가 들어가야 한다.

STEP 3〉 부정사 현재시제인 (d)가 정답이다.

TIP〉 be p.p. 뒤에는 to V가 정답이지만, 예외의 경우가 두가지 있다. be caught ~ing, be finished ~ing은 따로 암기해두자.

해석
최근의 조사는 발견했다 / (그게 뭐냐면) 25%가 / 모든 초등학생들의 / 필요로 한다 / 시력 교정 렌즈를. 적절한 안경이나 렌즈가 착용되어야 한다 / 만들기 위해서 / 그들을 / 집중하도록 / 그들의 공부에.

어휘
recent 형 최근의
primary school 명 초등학교
corrective 형 바로잡는, 수정하는
appropriate 형 적절한
contact 명 콘택트 렌즈
concentrate 동 집중하다

02 시제　　　정답 (b) is having

Laura is a big fan of her granddaughter and she always tries to take best care of her. However, today the baby's parents went out and Laura had a dinner plan as well. As of this moment, the baby is ~ing a great time with her grandfather.

Step by Step

STEP 1〉 선택지 4개가 모두 동사이고 ~ing로 끝나는 선택지가 2개 이상이므로 시제 문제이다.

STEP 2〉 ~ing로 끝나지 않는 선택지 (c)를 소거한다.

STEP 3〉 현재의 표현인 as of this moment(지금, 현재)가 있다. 현재시제가 아닌 (a)를 소거한다.

STEP 4〉 기간을 나타내는 'for+숫자기간'이나 'since ~' 등의 표현이 없으므로 현재진행인 (b)가 정답이다.

해석
Laura는 그녀의 손녀를 매우 좋아한다 / 그리고 그녀는 항상 노력한다 / 그녀를 가장 잘 돌보려고. 하지만, 오늘 아기의 부모는 외출했다 / 그리고 Laura는 저녁 약속이 있었다 / 또한. 바로 지금, 아기는 즐거운 시간을 보내고 있다 / 그녀의 할아버지와.

어휘
take care of 동 ~을 돌보다, ~에 주의하다
as of this moment 바로 지금

03 조동사 ★　　　정답 (c) would

Grey's Anatomy is my favorite television series that has been broadcast since 2005. I always loved the characters exchanged cynical jokes. They 반복 행위 talk about their love and life self-mockingly.

Step by Step

STEP 1 〉 선택지 4개가 모두 조동사이므로 조동사 문제이다.

STEP 2 〉 빈칸의 They를 받는 앞 문장 characters의 동사가 과거(exchanged)이므로 현재조동사 (a), (b)는 일단 빼둔다. (나머지 선택지 중 적합한 것 없으면 나중에 다시 확인!)

STEP 3 〉 해석: Grey's Anatomy는 2005년부터 방영된 내가 가장 좋아하는 TV 시리즈이다. 나는 항상 등장인물들이 냉소적인 농담을 주고받는 것을 좋아했다. 그들은 자신의 사랑과 삶에 대해 자조적으로 (이야기하곤 했다 / 이야기해야 했다).

STEP 4 〉 드라마에서 캐릭터들이 했던 행동을 묘사하고 있다. 캐릭터들의 농담은 '의무, 당위'일 수 없고, 과거에 반복되었던 일을 묘사하는 would가 가장 자연스럽다.

TIP 〉 will이나 would는 보통 '미래에 대한 예정'이나 '화자의 의지'를 설명한다. 하지만 반복적으로 일어난 일을 설명할 때에도 쓰이며, 난도가 높은 조동사 문제에 종종 등장한다. will은 현재에도 반복적으로 일어나는, 즉 일반적 사실이나 진리에, would는 과거에 반복해서 일어난 일에 쓰이는 것을 꼭 기억해두자!

해석
Grey's Anatomy는 내가 가장 좋아하는 텔레비전 시리즈이다 / (그게 뭐냐면) 방영된 / 2005년부터. 나는 항상 좋아했다 / 등장인물들이 주고받는 것을 / 냉소적인 농담을. 그들은 이야기하곤 했다 / 그들의 사랑과 삶에 대해 / 자조적으로.

어휘
broadcast 타 방영하다
exchange 타 교환하다, 주고받다
cynical 형 냉소적인
self-mockingly 부 자조적으로

---

04 시제   **정답** (c) will be working

Lucas has enrolled in a highly competitive aeronautical engineering program. In just two years, he _____ on real-world aircraft systems as part of his university's hands-on internship program.

Step by Step

STEP 1 〉 선택지 4개가 모두 동사이고 ~ing로 끝나는 선택지가 2개 이상이므로 시제 문제이다.

STEP 2 〉 ~ing로 끝나지 않는 선택지 (b)를 소거한다.

STEP 3 〉 'in+숫자기간'은 '~ 동안'이라는 뜻이 아닌, '~ 후에'라는 뜻이다. 현재로부터 2년 후는 미래를 표현하므로 미래시제가 아닌 (a), (d)를 소거한다.

STEP 4 〉 남아있는 미래진행 (c)가 정답이다. 빈칸 문장에 기간을 나타내는 'for+숫자기간'이나 'since ~' 등의 표현도 없다.

해석
Lucas는 등록했다 / 매우 경쟁이 치열한 항공 공학 프로그램에. 2년 후, 그는 일하게 될 것이다 / 실제 항공기 시스템에서 / 대학의 실습 인턴십 프로그램의 일환으로.

어휘
enroll 자 입학하다, 등록하다
competitive 형 경쟁을 하는
aeronautical 형 항공학의, 비행술의
hands-on 형 직접 해보는, 실천하는

---

05 준동사   **정답** (a) to feel

Mary was cheerless and felt depressed. Moreover, she lay awake for three days so that she went to the doctor. After taking the medicine the doctor gave her, she seemed to v better and sleep soundly.

Step by Step

STEP 1 〉 선택지 안에 동명사(V+ing)와 부정사(to V)가 있으므로 준동사 문제이다. have p.p.는 무조건 소거한다.

STEP 2 〉 빈칸 앞에는 동사 seemed가 있다.

STEP 3 〉 seem은 뒤에 부정사를 받는 자동사이다. (암기하자!) 부정사 현재시제인 (a)가 정답이다.

해석
Mary는 기운이 없었다 / 그리고 우울함을 느꼈다. 게다가, 그녀는 깨어있었다 / 3일 동안 / 그래서 그녀는 찾아갔다 / 의사에게. 약을 먹고 나서 / (그게 뭐냐면) 의사가 준 / 그녀에게, / 그녀는 기분이 더 나은 것 같다 / 그리고 자는 것 같다 / 깊이.

어휘
cheerless 형 생기 없는, 칙칙한
depressed 형 우울한
lie awake 동 잠이 깬 채 누워있다
soundly 부 깊이, 곤하게

06 가정법   정답 (a) would have been

The third Monday in January is called Blue Monday. It's supposed to be the saddest day of the year. However, it turns out there is no science behind it at all. If people had not heard this superstition, it 과거조동사+have p.p. better.

🚶 Step by Step

STEP 1 ▶ 선택지 4개가 모두 동사이고 ~ing로 끝나는 선택지가 2개 미만이므로 가정법 문제이다.

STEP 2 ▶ 빈칸은 주절이며, if절의 동사는 had heard (had p.p.)이므로 가정법 과거완료이다.

STEP 3 ▶ 가정법 과거완료의 주절 동사로 '과거조동사 +have p.p.'인 (a)가 정답이다.

해석
세 번째 월요일은 1월의 / 불린다 / 우울한 월요일이라고. 그것은 가장 슬픈 날로 되어있다 / 일년 중. 하지만, 그것은 밝혀졌다 / 거기에는 과학이 없다고 / 그 이면에 / 전혀. 만약 사람들이 듣지 않았다면 / 이 미신을, / 더 좋았을 것이다.

어휘
be supposed to RV ~하기로 되어있다
turn out 통 ~인 것으로 드러나다, 밝혀지다
superstition 명 미신

07 should 생략   정답 (b) use

We are consuming faster than we produce. The process of turning a tree from 'a sustainable forest' into a toilet roll or hand towel is far from sustainable. Environmentalists require that people 동사원형 washcloths rather than paper towels.

🚶 Step by Step

STEP 1 ▶ 선택지에 동사원형이 있고, 빈칸 앞에 '동사/형용사+that+주어'가 있으므로 should 생략 문제이다.

STEP 2 ▶ should가 생략된 동사원형 형태인 (b)가 정답이다.

해석
우리는 소비하고 있다 / 더 빠르게 / 우리가 생산하는 것보다. 바꾸는 과정은 / 나무를 / '지속가능한 숲'에서 / 화장실 휴지나 핸드타월로 / 거리가 멀다 / 지속가능한 것과는. 환경보호론자들은 요구한다 / 사람들이 사용해야 한다고 / 수건을 / 핸드타월보다는.

어휘
consume 타 소비하다
process 명 과정
sustainable 형 지속가능한
environmentalist 명 환경보호론자

08 연결사 ★   정답 (d) On the other hand

Harry's limited edition cassette of his favorite singer was missing while moving house. He tried to purchase the new ones, but he couldn't find the packaged ones. 대조, there were a few secondhand ones online.

🚶 Step by Step

STEP 1 ▶ 선택지 4개가 모두 접속부사이므로 접속부사 문제이다.

STEP 2 ▶ 해석: Harry가 좋아하는 가수의 한정판 카세트가 이사하던 중에 분실되었다. 그는 새 카세트를 구입하려고 했지만, 포장된 카세트를 찾을 수 없었다. (그럼에도 불구하고 / 곧 / 다시 말해서 / 반면에), 중고 카세트는 온라인에 몇 개 있었다.

STEP 3 ▶ 앞 내용은 '새 제품을 구하려고 했지만 찾지 못함', 뒤의 내용은 '온라인에 중고제품 있음'이다. 새 제품과 중고제품 사이에는 인과관계가 성립하지 않으므로 역접의 (a)는 정답이 될 수 없다. 동시성이 강조되는 관계가 아니므로 시간을 나타내는 (b)도 부적절하다. 또한, 앞 문장의 내용을 반복하여 풀어 설명하고 있지 않으므로 부연의 (c)도 정답이 아니다. 앞 문장의 '존재하지 않는 것(새 제품)'과 뒤 문장의 '존재하는 것(중고제품)', 즉 서로 대조되는 상황을 연결해주는 접속부사 'On the other hand'가 정답이다.

TIP ▶ 인과관계는 '열심히 공부함' → 그래서 '시험에 합격함'과 같이 일반적이고 보편적인(대부분의 경우에 일어나는) 원인과 결과의 관계를 뜻한다. 역접은 이 일반적이고 보편적인 결과가 반대로 연결되어 '열심히 공부함' → 그럼에도 불구하고 '시험에 떨어짐'을 뜻한다. 이 문제에서 역접의 관계가 성립하기 위해서는 '새 제품이 없다면, 당연히 중고제품도 없어야 한다'라는 명제가 일반적이고 보편적인 사실이어야 하는데 그렇지 않다. 그러므로 이 두 정보는 인과나 역접으로 연결될 수 없다.

해석
Harry의 한정판 카세트들이 / 그가 가장 좋아하는 가수의 / 사라졌다 / 이사하는 동안. 그는 구입하려고 노력했다 / 새로운 카세트들을, / 하지만 그는 찾을 수 없었다 / 포장을 뜯지 않은 것들을. 반면에, 몇 개의 중고 제품이 있었다 / 온라인에는.

어휘
limited 형 한정적인, 제한적인
cassette 명 카세트 테이프
missing 형 없어진, 실종된
purchase 타 구매하다
packaged 형 포장된
secondhand 형 중고의

09 준동사   정답 (c) learning

Mr. Evan is getting married next weekend and his students are preparing a dance performance at his wedding. All the students are excited to celebrate his wedding and thank for *v+ing* from such a great guy.

Step by Step

STEP 1 > 선택지 안에 동명사(V+ing)와 부정사(to V)가 있으므로 준동사 문제이다. have p.p.는 무조건 소거한다.

STEP 2 > 빈칸 앞에 전치사 for이 있으므로 전치사의 목적어로 동명사를 골라야 한다.

STEP 3 > 동명사 현재시제인 (c)가 정답이다.

해석
Evan 씨는 결혼할 예정이다 / 다음 주말에 / 그리고 그의 학생들은 준비하고 있다 / 댄스 공연을 / 그의 결혼식에서의. 모든 학생들은 들떠있다 / 그의 결혼을 축하하는 것에 / 그리고 감사한다 / 배운 것에 대하여 / 그렇게 훌륭한 남자로부터.

어휘
performance 명 공연
excited 형 신이 난, 들뜬
celebrate 타 축하하다

10 연결사   정답 (d) while

This year I presented each flower bouquet to my parents on their wedding anniversary. My father really liked it 대조 my mother seemed to want a more practical gift. I should have prepared a voucher.

Step by Step

STEP 1 > 선택지 4개가 모두 종속접속사이므로 종속접속사 문제이다.

STEP 2 > 해석: 올해 나는 부모님의 결혼기념일에 각각 꽃다발을 선물했다. 어머니는 좀 더 실용적인 선물을 원하시는 것처럼 (보였기 때문에 / 보였던 경우를 대비하여 / 보였던 후에 / 보였던 반면에), 아버지는 정말로 그것을 좋아하셨다. 나는 상품권을 준비했어야 했다.

STEP 3 > 선물한 꽃다발에 대한 아버지와 어머니의 상반된 반응을 연결하는 자리이다. 주절은 아버지의 긍정적 반응을, 종속절은 어머니의 부정적 반응을 묘사하고 있으며, 아무런 인과관계나 시간 전후 관계가 성립하지 않는다. 대조의 종속접속사인 'while'이 해석상 가장 적절하다.

TIP > 선택지에 등장하는 연결사들은 모두 정확한 뜻을 알고 있어야 한다. in case(~할 상황에 대비하여)는 만약의 상황과 그에 대비하여 일어나는 일을 연결한다.
ex) I am here in case you need me. (네가 나를 필요로 할 상황에 대비하여 나는 여기에 있다)

해석
올해 나는 선물했다 / 꽃다발을 / 부모님께 / 그들의 결혼기념일에. 아버지는 그것을 정말 좋아하셨다 / 반면에 / 어머니는 원하는 것처럼 보였다 / 좀 더 실용적인 선물을. 나는 준비했어야 했다 / 상품권을.

어휘
present 타 주다
bouquet 명 부케, 꽃다발
anniversary 명 기념일
practical 형 실용적인
should have p.p. ~했어야 했는데(못 했다)
voucher 명 상품권

11 조동사 정답 (c) may

Insomnia is a sleep disorder in which you have trouble falling asleep. It can be caused by mobile phone use in bed. Also, a person who stares at his or her mobile phone over five hours per day 질병 인과 experience shorter sleep duration.

Step by Step

STEP 1 〉 선택지 4개가 모두 조동사이므로 조동사 문제이다.

STEP 2 〉 본문이 전부 일반적인 사실을 서술하는 현재이므로 과거조동사 (d)는 일단 빼둔다. (나머지 선택지 중 적합한 것 없으면 나중에 다시 확인)

STEP 3 〉 해석: 불면증은 잠드는 데 어려움을 겪는 수면 장애이다. 그것은 잠자리에서의 휴대폰 사용으로 발생할 수 있다. 또한 하루에 5시간 이상 휴대전화를 응시하는 사람은 짧아진 수면 시간을 (경험해야 한다 / 경험할지도 모른다).

STEP 4 〉 질병의 인과관계이다. 주어는 불면증의 원인이 될 수 있는 행동, 서술부는 불면증의 증상에 해당하므로 의무/당위에 해당하는 '경험해야 한다'는 해석상 부적절하다. 질병의 인과관계를 연결하는 can, may 중 선택지에 있는 may가 정답이다.

TIP 〉 질병의 인과관계는 can, may가 정답이 되고 질병에 관련된 유의사항은 must, should가 정답이 됨을 기억하자! 질병 관련 100% 적용되는 출제 포인트로, 둘이 헷갈릴 때에는 '주어-서술부'의 관계를 잘 살펴보자.

해석
불면증은 수면 장애이다 / (그 장애에서) 당신은 어려움을 겪는다 / 잠드는 데. 그것은 발생할 수 있다 / 휴대폰 사용으로 인해 / 침대에서의. 또한, 사람은 / (그게 누구냐면) 응시하는 / 그들의 휴대전화를 / 하루에 5시간 이상 / 경험할지도 모른다 / 짧아진 수면 시간을.

어휘
insomnia 명 불면증
disorder 명 장애
fall 자 떨어지다
stare 자 응시하다
duration 명 지속, 기간

12 시제 정답 (c) was contemplating

Amy's family came home from an amusement park. Once laying him in bed, the baby boy started to whine, asking for his blanket. Her husband found it behind the front seat while she was ~ing digging the trunk again.

Step by Step

STEP 1 〉 선택지 4개가 모두 동사이고 ~ing로 끝나는 선택지가 2개 이상이므로 시제 문제이다.

STEP 2 〉 ~ing로 끝나지 않는 선택지 (a), (d)를 소거한다.

STEP 3 〉 빈칸은 while절의 동사이며, 주절의 동사는 과거시제(found)로 과거를 표현한다.

STEP 4 〉 기간을 나타내는 'for+숫자기간'이나 'since ~' 등의 표현이 없으므로 과거진행인 (c)가 정답이다.

해석
Amy의 가족은 집으로 돌아왔다 / 놀이공원에서. 일단 그를 침대에 눕히자, / 그 남자아이는 칭얼거리기 시작했다, / 그의 담요를 달라고. 그녀의 남편은 담요를 발견했다 / 앞 좌석 뒤에서 / 그녀가 고려하고 있을 때 / 트렁크를 다시 뒤져보는 것을.

어휘
amusement park 명 놀이공원
whine 자 칭얼대다
blanket 명 담요
front seat 명 앞좌석
dig 자 뒤지다, 헤집다
contemplate 타 고려하다

13 준동사 정답 (a) losing

Today the class had a debate about the novel *The Plague* written by Albert Camus. Many students agreed that the author depicted v+ing one's hope as the most miserable thing. Thanking for a little happiness in daily lives makes one see anything is possible.

Step by Step

STEP 1 〉 선택지 안에 동명사(V+ing)와 부정사(to V)가 있으므로 준동사 문제이다. have p.p.는 무조건 소거한다.

STEP 2 〉 빈칸 앞에는 동사 depicted가 있으므로 depict의 목적어를 묻는 문제이다.

STEP 3 〉 depict는 목적어로 동명사를 받는 타동사이다. (암기하자!) 동명사 현재시제인 (a)가 정답이다.

[해석]
오늘 그 반은 토론을 했다 / 소설 페스트에 대해서 / (그게 뭐냐면) 쓰여졌다 / 알베르 카뮈에 의해서. 많은 학생들은 동의했다 / (그게 뭐냐면) 저자가 묘사했다 / 누군가가 희망을 잃는 것을 / 가장 비참한 것으로. 감사하는 것은 / 작은 행복에 / 일상 생활에서 / 만든다 / 사람이 / 알도록 / 어떤 것이든 가능하다는 것을.

[어휘]
debate 명 토론
agree 자 동의하다
depict 타 묘사하다
miserable 형 비참한

14 가정법   **[정답]** (b) would take

Luke's colocasia was getting too big for a little pot. He 과거조동사+동사원형 his time to repot the plant if he were not busy. However, he had an important date tonight, and he left home, feeling sorry about its lifeless leaves.

Step by Step

STEP 1 〉 선택지 4개가 모두 동사이고 ~ing로 끝나는 선택지가 2개 미만이므로 가정법 문제이다.

STEP 2 〉 빈칸은 주절 동사이며, if절의 동사는 were (과거시제)이므로 가정법 과거이다. (were은 대표적인 가정법 과거의 if절 동사)

STEP 3 〉 가정법 과거의 주절 동사로 '과거조동사+동사원형'인 (b)가 정답이다.

[해석]
Luke의 콜로카시아는 너무 커지고 있었다 / 작은 화분에는. 그는 시간을 냈을 것이다 / 분갈이를 하기 위해서 / 그 식물을 / 만약 그가 바쁘지 않다면. 하지만, 그는 중요한 데이트가 있었다 / 오늘 밤, / 그리고 그는 집을 떠났다 / 미안함을 느끼면서 / 그것의 기운 없는 잎사귀에 대해서.

[어휘]
repot 타 분갈이하다
lifeless 형 활기 없는, 기운 없는

15 준동사   **[정답]** (b) eating

James always takes care of the ingredients in everything he eats. Most people can think he is such a fussy eater, but he just dreads v+ing shrimp because he has an allergy to the crustacean.

Step by Step

STEP 1 〉 선택지 안에 동명사(V+ing)와 부정사(to V)가 있으므로 준동사 문제이다. have p.p.는 무조건 소거한다.

STEP 2 〉 빈칸 앞에는 동사 dreads가 있으므로 dread의 목적어를 묻는 문제이다.

STEP 3 〉 dread는 목적어로 동명사를 받는 타동사이다. (암기하자!) 동명사 현재시제인 (b)가 정답이다.

[해석]
James는 항상 신경쓴다 / 재료들을 / 그가 먹는 모든 것에 들어있는. 대부분의 사람들은 생각할 수 있다 / 그가 매우 식성이 까다롭다고. / 하지만 그는 단지 두려워한다 / 새우를 먹는 것을 / 왜냐하면 그는 알레르기를 가지고 있다 / 갑각류에.

[어휘]
ingredient 명 재료
fussy 형 까다로운, 신경질적인
dread 타 두려워하다
allergy 명 알레르기
crustacean 명 갑각류

16 관계사   **[정답]** (a) that gained an Oscar nomination

Cicely Tyson, the pioneering Black actress that 관계사절 and won a Tony Award, died in 2021. As a onetime model, she began her screen career with bit parts but gained fame in the early 1970s.

Step by Step

STEP 1 〉 선택지 4개가 모두 관계사로 시작하므로 관계사 문제이다.

STEP 2 〉 선행사 'actress(여배우)'가 있으므로 관계사 what으로 시작하는 (b)를 소거한다.

STEP 3 〉 선행사 'actress'는 사람이므로 관계사 which로 시작하는 (d)를 소거한다.

STEP 4 〉 남은 선택지 (a)와 (c)의 관계절을 확인한다. 둘 모두 관계대명사로 시작하며 (a)에는 주어가 빠진 불완전한 문장, (c)에는 완벽한 문장이 있으므로 (c)는 문법상 오답이다.

STEP 5 〉 관계대명사 that의 관계사절로 주어가 생략된 불완전한 문장이 있는 (a)가 정답이다.

해석

Cicely Tyson은, / (그게 누구냐면) 선구적인 흑인 배우이다 / 오스카상 후보에 오른 / 그리고 토니상을 수상한, / 세상을 떠났다 / 2021년에. 한때 모델이었던, / 그녀는 스크린 활동을 시작했다 / 단역들로 / 하지만 명성을 얻었다 / 1970년대 초에.

어휘

pioneering 형 개척적인
win 타 얻다, 따다
bit part 명 단역
gain 타 얻다
fame 명 명성

---

17 시제 〉 **정답** (b) will have been keeping

The Statue of Liberty is a colossal sculpture on Liberty Island in New York Harbor. The copper statue, a gift from France to the United States, was dedicated in 1886. By 2050 it will have been ~ing the place for more than 250 years.

Step by Step

STEP 1 〉 선택지 4개가 모두 동사이고 ~ing로 끝나는 선택지가 2개 이상이므로 시제 문제이다.

STEP 2 〉 ~ing로 끝나지 않는 선택지 (c)를 소거한다.

STEP 3 〉 미래 시점을 나타내는 'By 2050'이 있다. 미래시제가 아닌 (a), (d)를 소거한다.

STEP 4 〉 남아있는 미래완료진행 (b)가 정답이다. 빈칸 문장에 기간을 나타내는 'for+숫자기간'이 있는 것도 확인하자.

해석

자유의 여신상은 거대한 조각이다 / 리버티섬에 있는 / 뉴욕항의. 그 구리 동상은, (그게 뭐냐면) 선물이다 / 프랑스가 미국에 준, / 헌정되었다 / 1886년에. 2050년이 되면 / 자유의 여신상은 그 자리를 지키고 있을 것이다 / 250년 이상.

어휘

Statue of Liberty 명 자유의 여신상
colossal 형 거대한, 엄청난
sculpture 명 조각상
harbor 명 항구, 항만
copper 명 구리, 동
dedicate 타 바치다, 헌정하다

---

18 준동사 〉 **정답** (b) to obstruct

Pedestrians should not jaywalk, which is moving into the path of a driver. This offense to v path or other people leads to a serious accident so that the maximum penalty is a fine of $72 or $2,200 if contested in court.

Step by Step

STEP 1 〉 선택지 안에 동명사(V+ing)와 부정사(to V)가 있으므로 준동사 문제이다. have p.p.는 무조건 소거한다.

STEP 2 〉 빈칸 앞에는 명사 offense가 있으므로 명사 뒤에 부정사를 넣어야 한다.

STEP 3 〉 부정사 현재시제인 (b)가 정답이다.

해석

보행자들은 무단횡단을 해서는 안 된다, / (그게 뭐냐면) 이동하는 것이다 / 운전자의 길로. 이 범죄는 / 방해하는 / 길이나 다른 사람을 / 이어진다 / 심각한 사고로 / 그래서 최대 처벌은 벌금이다 / 72달러 또는 2,200달러의 / 만일 이의가 제기된다면 / 법정에서.

어휘

pedestrian 명 보행자
jaywalk 자 무단횡단하다
path 명 경로, 길
offense 명 범죄, 공격 행위
obstruct 타 방해하다
lead to 동 야기하다, 초래하다, ~로 이어지다
serious 형 심각한
penalty 명 처벌, 벌금
fine 명 벌금
contest 타 이의를 제기하다
court 명 법정, 법원

19 가정법   정답 (c) would go

Mary forgot that last night was her niece's ballet recital. She just remembered it and felt guilty to miss it. If a time machine **were** possible, she 과거조동사+동사원형 back to yesterday and be the first to arrive.

Step by Step

STEP 1 ▷ 선택지 4개가 모두 동사이고 ~ing로 끝나는 선택지가 2개 미만이므로 가정법 문제이다.

STEP 2 ▷ 빈칸은 주절 동사이며, if절의 동사는 were (과거시제)이므로 가정법 과거이다. (were은 대표적인 가정법 과거의 if절 동사)

STEP 3 ▷ 가정법 과거의 주절 동사로 '과거조동사+동사원형'인 (c)가 정답이다.

해석

Mary는 잊었다 / 어젯밤이 그녀의 조카의 발레 발표회라는 것을. 그녀는 막 그것을 기억했다 / 그리고 죄책감을 느꼈다 / 그것을 놓쳐서. 만약 타임머신이 가능하다면, / 그녀는 어제로 돌아갈 것이다 / 그리고 첫 번째로 도착할 것이다.

어휘

niece 명 조카
recital 명 발표회
guilty 형 죄책감이 드는, 유죄의

20 가정법   정답 (c) could not have strapped

Jake and his brother worked together to convert their backyard into an outdoor rink. If they **had not come up** with this smart way, they 과거조동사+have P.P. their skates whenever they wanted.

Step by Step

STEP 1 ▷ 선택지 4개가 모두 동사이고 ~ing로 끝나는 선택지가 2개 미만이므로 가정법 문제이다.

STEP 2 ▷ 빈칸은 주절이며, if절의 동사는 had not come up(had p.p.)이므로 가정법 과거완료이다(동사 come의 과거형은 came, 과거완료형은 come이다).

STEP 3 ▷ 가정법 과거완료의 주절 동사로 '과거조동사+have p.p.'인 (c)가 정답이다.

해석

Jake와 그의 형은 함께 작업했다 / 바꾸기 위해서 / 그들의 뒷마당을 / 야외 아이스 링크로. 만약 그들이 생각해내지 않았다면 / 이런 현명한 방법을, / 그들은 스케이트 끈을 매지 못했을 것이다 / 그들이 원할 때마다.

어휘

convert 타 전환시키다
backyard 명 뒷마당, 뒤뜰
outdoor 형 옥외의
rink 명 아이스링크
come up with 떠올리다, 생각해내다
strap 타 끈을 매다

21 시제 ★★   정답 (d) had been working

He started accounting work at his father's company and he decided to run his own one. After starting a business with his friend, he **quit** helping his father. **Before that**, he had been ~ing as an accountant **for 5 years**.

Step by Step

STEP 1 ▷ 선택지 4개가 모두 동사이고 ~ing로 끝나는 선택지가 2개 이상이므로 시제 문제이다.

STEP 2 ▷ ~ing로 끝나지 않는 선택지 (b)를 소거한다.

STEP 3 ▷ 빈칸은 주절의 동사이며, 기간을 나타내는 표현으로 'for+숫자기간'이 있으므로 완료시제가 아닌 (c)를 소거한다.

STEP 4 ▷ 빈칸 문장에 또 다른 시간 힌트인 'Before that'에서 'that'의 시제를 찾아야한다. 해석이 필요한 부분으로, that은 앞 문장의 '그가 그만둔 것(he quit)'을 가리켜 과거에 끝났음(before의 의미는 '~까지')을 의미한다. 과거완료진행시제인 (d)가 정답이다.

TIP ▷ 'he quit'의 동사인 quit은 원형, 과거형, 과거완료형이 모두 quit-quit-quit으로 동일하다. 만일 quit이 현재시제라면, 주어인 he가 3인칭 단수이므로 'quits'가 되었어야 한다. 즉, 이 문장의 quit은 과거시제라는 것을 알 수 있다.

TIP ▷ 간혹 해석을 요구하는 시제문제가 출제되는데, 당황할 필요 없이 다른 문제들을 먼저 풀어보자. 마지막에 숫자맞추기를 통해 충분히 정답을 유추할 수 있다.

해석

그는 시작했다 회계 업무를 / 아버지의 회사에서, / 그리고 그는 결심했다 / 자신의 회사를 운영하기로. 사업을 시작한 후 / 친구와 함께, / 그는 그만두었다 / 아버지를 돕는 것을. 그 전에, 그는 일해왔다 / 회계사로서 / 5년 동안.

어휘

accounting 명 회계
run 타 운영하다
accountant 명 회계사

22 should 생략   정답 (b) be put

Musical instruments are very sensitive to temperature changes. It is best that they 동사원형 in a specially designed case. Direct light and humidity also can cause them to contract, leading to a range of issues.

Step by Step

STEP 1 〉 선택지에 동사원형이 있고, 빈칸 앞에 '동사/형용사+that+주어'가 있으므로 should 생략 문제이다.

STEP 2 〉 should가 생략된 동사원형 형태인 (b)가 정답이다.

해석

악기는 매우 민감하다 / 온도 변화에. 그것은 가장 좋다 / (그게 뭐냐면) 악기들은 / 넣어져야 한다 / 특별하게 디자인된 케이스에. 직사광선과 습도 또한 초래할 수 있다 / 악기들이 수축하는 것을, / (그리고) 이어진다 / 다양한 문제들로.

어휘

instrument 명 기구, 악기
sensitive 형 예민한, 민감한
temperature 명 온도
humidity 명 습도
contract 자 수축하다
lead to 동 야기하다, 초래하다, ~로 이어지다
a range of 다양한

23 가정법   정답 (d) could have treated

I was five minutes away from but stuck in traffic. At that time, I got a call from home saying that my five-year-old little boy fell and hurt his forehead. I 과거조사+have p.p. his cut right away, if I had been with him.

Step by Step

STEP 1 〉 선택지 4개가 모두 동사이고 ~ing로 끝나는 선택지가 2개 미만이므로 가정법 문제이다.

STEP 2 〉 빈칸은 주절이며, if절의 동사는 had been (had p.p.)이므로 가정법 과거완료이다.

STEP 3 〉 가정법 과거완료의 주절 동사로 '과거조사+have p.p.'인 (d)가 정답이다.

해석

나는 5분 거리에 있었다 / 하지만 꼼짝도 못 했다 / 차가 막혀서. 그때, / 나는 연락을 받았다 / 집에서 / (그게 뭐냐면) 말했다 / 나의 다섯 살짜리 꼬마가 넘어졌다고 / 그래서 그의 이마를 다쳤다고. 나는 치료할 수 있었을 텐데 / 그의 상처를 / 즉시, / 만약 내가 그와 함께 있었다면.

어휘

stuck 형 ~에 갇힌
fall 자 떨어지다
forehead 명 이마
treat 타 치료하다, 처치하다
cut 명 상처, 자상

24 가정법 ★★   정답 (a) would not do

Jake is taking a midterm for American History. The professor emphasized specific chapters in his lessons, but there are many questions concerning topics beyond them. If he had not read the book thoroughly, he 과거조사+동사원형 well now.

Step by Step

STEP 1 〉 선택지 4개가 모두 동사이고 ~ing로 끝나는 선택지가 2개 미만이므로 가정법 문제이다.

STEP 2 〉 빈칸은 주절이며, if절의 동사는 had not read (had p.p.)이므로 가정법 과거완료로 (c) would not have done을 선택했을 수 있지만, 마지막에 숫자맞추기 확인 후 '과거조사+have p.p.'를 선택했던 문제 4개를 모두 점검해봐야 한다.

STEP 3 〉 해당 문장의 주절에 'now'가 들어있으므로 주절의 시제는 현재, 즉 가정법 과거의 법칙에 따라야 하는 혼합 가정법이다.

STEP 4 〉 가정법 과거의 주절 동사로 '과거조사+동사원형'인 (a)가 정답이다.

TIP 〉 ❶ if절과 주절의 시제가 서로 다른 혼합 가정법은 2년에 한 번 정도 출제된다. 하지만 그것도 항상 '과거조사+동사원형' 정답이 3문제, '과거조사+have p.p.' 정답이 3문제인 출제 패턴을 해치지 않는다. 3+3 숫자맞추기를 확인한 후 차분하게 주절에 있는 시제 힌트를 찾아보자.
❷ 동사 read는 과거형도 과거완료형도 똑같은 read이다.

해석

Jake는 중간고사를 보고 있다 / 미국역사에 관한. 교수님은 강조했다 / 특정한 챕터를 / 그의 수업에서, / 하지만 많은 질문들이 있다 / 주제에 대한 / 그것들 외에도. 만약 그가 읽지 않았다면 / 그 책을 / 꼼꼼하게, / 그는 잘하지 못했을 것이다 / 지금.

어휘
midterm 명 중간고사
emphasize 타 강조하다
specific 형 구체적인, 명확한
concerning 전 ~에 관한
thoroughly 부 완전히, 철저하게

25 시제 정답 (a) has been organizing

The girl scout leader's most important responsibility is to help develop girls' leadership skills on an individual or group basis. As a girl scout leader, Rose <u>has been ~ing</u> camping and other activities <u>since last year</u>.

🚶 Step by Step

STEP 1 ▸ 선택지 4개가 모두 동사이고 ~ing로 끝나는 선택지가 2개 이상이므로 시제 문제이다.

STEP 2 ▸ ~ing로 끝나지 않는 선택지 (c)를 소거한다.

STEP 3 ▸ 빈칸은 주절 동사이며, 기간을 나타내는 표현 'since 과거시점'이 있으므로 완료시제가 아닌 (b)를 소거한다.

STEP 4 ▸ 시작 시간은 작년인 '과거'이다. 하지만 이와 관련 없이 끝나는 시점이 언급되어 있지 않으므로 '이 말을 하고 있는 현재까지'를 뜻하는 현재완료진행 (a)가 정답이다.

해석
걸스카우트 리더의 가장 중요한 책임은 / 돕는 것이다 / 개발하는 것을 / 소녀들의 리더쉽 기술을 / 개인 또는 그룹 단위에서. 걸스카우트 리더로서, Rose는 조직해왔다 / 캠핑과 다른 활동들을 / 지난해부터.

어휘
responsibility 명 책임
individual 형 각각의, 개인의
organize 타 구성하다

26 관계사 정답 (d) which will provide medical aid

Mr. Oliver's family has volunteered to spend two years on <u>a Mercy Ship</u>, <u>which 관계사절</u> to people in the west of the continent. The family will live, eat and sleep on the ship, and go to school on board. On weekends they'll get the chance to explore ashore.

🚶 Step by Step

STEP 1 ▸ 선택지 4개가 모두 관계사로 시작하므로 관계사 문제이다.

STEP 2 ▸ 선행사 'a Mercy Ship'이 있으므로 관계사 what으로 시작하는 (b)를 소거한다.

STEP 3 ▸ 선행사 'a Mercy Ship' 뒤에 쉼표(,)가 있으므로 관계사 that으로 시작하는 (c)를 소거한다.

STEP 4 ▸ 남은 선택지의 관계절을 살펴보았을 때, (a)의 where이 가리키는 선행사 'Mercy선'과 관계부사절의 주어 it이 가리키는 'Mercy선'이 일치하므로 해석상 비문이다(Mercy선에서 / Mercy선은 제공할 것이다 / 의료적인 도움을 – 비문)

STEP 5 ▸ '의료적인 도움을 제공할'이라는 뜻의 (d)는 문법상으로도, 해석상으로도 올바르다.

해석
Oliver씨의 가족은 자원했다 / 2년을 보내는 것을 / Mercy 선에서, / (그게 뭐냐면) 제공할 것이다 / 의료적인 도움을 / 대륙 서부의 사람들에게. 가족은 생활하고, 먹고, 잘 것이다 / 배에서, / 그리고 학교에 갈 것이다 / 선상의. 주말이면 / 그들은 기회를 얻을 것이다 / 해안가를 탐험할.

어휘
volunteer 타 자원하다
continent 명 대륙
on board 부 선상에서
explore 타 탐험하다
ashore 부 해안으로
provide 타 제공하다
medical aid 명 의료적 도움

TEST 10 실전 모의고사 정답 및 해설

실전 모의고사 p. 49

빠른 정답

01	02	03	04	05	06	07	08	09	10
(a)	(c)	(a)	(c)	(d)	(a)	(d)	(b)	(c)	(b)
11	12	13	14	15	16	17	18	19	20
(c)	(a)	(d)	(d)	(a)	(b)	(a)	(b)	(c)	(a)
21	22	23	24	25	26				
(b)	(d)	(c)	(c)	(b)	(a)				

01 준동사   정답 (a) discarding

After watching the reality television series 'Hoarders', we were shocked by the people who **have difficulty v+ing** their possessions. There was even a man who has collected gum's wrapping paper.

🚶 Step by Step

STEP 1 ▷ 선택지 안에 동명사(V+ing)와 부정사(to V)가 있으므로 준동사 문제이다. have p.p.는 무조건 소거한다.

STEP 2 ▷ 빈칸 앞에는 동사구 have difficulty가 있으므로 have difficulty와 호응하는 형태를 묻는 문제이다.

STEP 3 ▷ 동사구 have difficulty는 동명사와 호응한다. 동명사 현재시제인 (a)가 정답이다.

해석
시청한 후에 / 리얼리티 텔레비전 시리즈 'Hoarders'를, / 우리는 충격을 받았다 / 사람들로 인해서 / (그게 누구냐면) 어려움을 겪는다 / 그들의 소유물을 버리는데. 심지어 한 남자가 있었다 / (그게 누구냐면) 수집했다 / 껌의 포장지를.

어휘
shock 타 충격을 주다
possession 명 소유물
collect 타 수집하다
wrapping 명 포장

02 시제   정답 (c) has been anticipating

The government **announced** that individuals would be given a subsidy or discount if they buy an electric car. **Since then** Tesla, Inc. **has been ~ing** the sales of electric motors will rise more than 13 percent, increasing the production.

🚶 Step by Step

STEP 1 ▷ 선택지 4개가 모두 동사이고 ~ing로 끝나는 선택지가 2개 이상이므로 시제 문제이다.

STEP 2 ▷ ~ing로 끝나지 않는 선택지 (d)를 소거한다.

STEP 3 ▷ 빈칸은 주절 동사이며, 기간을 나타내는 표현 'since then'이 있으므로 완료시제가 아닌 (b)를 소거한다.

STEP 4 ▷ 시작 시간인 'then'은 앞문장의 '정부가 발표한 때(announced)'인 '과거'이다. 하지만 이와 관련 없이 끝나는 시점이 언급되어 있지 않으므로 '이 말을 하고 있는 현재까지'를 뜻하는 현재완료진행 (c)가 정답이다.

해석
정부는 발표했다 / 개인이 받을 것이라고 / 보조금이나 할인을 / 만일 그들이 구입한다면 / 전기차를. 그 이후로 Tesla, Inc.는 예상해왔다 / 전기차의 판매가 늘어날 것으로 / 13% 이상, / (그리고) 증가시켰다 / 생산량을.

어휘
announce 타 발표하다, 알리다
individual 명 개인, 사람
subsidy 명 보조금
anticipate 타 예상하다
sale 명 판매
increase 타 증가시키다, 늘리다

96 | 문제풀이는 Skill 빠르게 푸는 전략!

03 should 생략   정답 (a) not be segregated

Rosa Parks was an activist in the civil rights movements. She insisted that the train **동사원형** according to the Supreme Court. She led a group of African-American students to show that all people should be treated the same.

🚶 Step by Step

STEP 1 〉 선택지에 동사원형이 있고, 빈칸 앞에 '동사/형용사+that+주어'가 있으므로 should 생략 문제이다.

STEP 2 〉 should가 생략된 동사원형 형태인 (a)가 정답이다.

해석
Rosa Parks는 운동가였다 / 시민권 운동의. 그녀는 주장했다 / 열차는 분리되지 않아야 한다고 / 대법원에 따라서. 그녀는 이끌었다 / 한 무리의 아프리카계 미국인 학생들을 / 보여주기 위해서 / 모든 사람들이 대우받아야 한다는 것을 / 똑같이.

어휘
segregate 타 분리하다
treat 타 대하다

04 시제 ★★   정답 (c) will be performing

Broadway musical "Wicked" has been one of the hottest ones this summer. The production announced that Idina Menzel, who received critical acclaim, is included in the coming international tours. She **will be ~ing** Elphaba all over the world.

🚶 Step by Step

STEP 1 〉 선택지 4개가 모두 동사이고 ~ing로 끝나는 선택지가 2개 이상이므로 시제 문제이다.

STEP 2 〉 ~ing로 끝나지 않는 선택지 (b), (d)를 소거한다.

STEP 3 〉 빈칸 문장에는 시제 힌트가 없다. 해석이 필요한 문제이다. 앞 문장에서 그녀가 합류하는 것이 'coming(다가오는)' 투어라고 하였으므로 빈칸 문장에서 공연하는(perform) 것은 미래이다. 유일한 미래시제 (c)가 정답이다.

TIP 〉 간혹 해석을 요구하는 시제문제가 출제되는데, 당황할 필요 없이 다른 문제들을 먼저 풀어보자. 마지막에 숫자맞추기를 통해 충분히 정답을 유추할 수 있다.

해석
브로드웨이 뮤지컬 "위키드"는 / 하나이다 / 가장 인기 있는 뮤지컬들 중의 / 올여름에. 제작진은 발표했다 / Idina Menzel이, / (그게 누구냐면) 받았다 / 비평가들의 찬사를, / 포함된다고 / 돌아오는 국제 투어에. 그녀는 연기할 것이다 / Elphaba를 / 전 세계에서

어휘
production 명 제작사, 제작진
announce 타 발표하다
receive 타 받다
critical 형 비평가들의, 평단의
acclaim 명 찬사, 칭찬
coming 형 다가오는, 다음의
perform 타 행하다, 공연[연기]하다

05 조동사   정답 (d) will

Rock climbing is a sport in which people climb up, down or across natural rock formations or artificial rock walls. They should remember the pre-defined route so that they **예정** reach the summit without falling.

🚶 Step by Step

STEP 1 〉 선택지 4개가 모두 조동사이므로 조동사 문제이다.

STEP 2 〉 (c)의 shall은 우선적으로 소거한다.

STEP 3 〉 본문이 전부 일반적인 사실을 서술하는 현재이므로 과거조동사 (a)는 일단 빼둔다. (나머지 선택지 중 적합한 것 없으면 나중에 다시 확인)

STEP 4 〉 해석: 암벽 등반은 자연 암석이나 인공 암벽을 오르내리거나 가로질러 등반하는 스포츠다. 등반가들은 미리 정해진 경로를 기억해야 떨어지지 않고 정상에 (도달해야 한다 / 도달할 것이다).

STEP 5 〉 so that은 '그래야 ~할 수 있다(목적)' 혹은 '그래서 ~하다(결과)'로 해석된다. '미리 정해진 경로를 기억'한다는 조건이 충족되었을 때, 정상에 도달하는 것은 의무가 아닌 예정에 가깝다. will이 문맥상 더 자연스럽다.

TIP 〉 so that은 필연적인 결과를 설명하는 등위접속사 역할을 하며 보통 can과 함께 잘 쓰인다. 선택지에 will 말고 can이 있었다면 can이 정답이다.

해석

암벽 등반은 스포츠이다 / (그 스포츠에서) 사람들은 오르거나, 내려가거나, 혹은 가로지른다 / 자연 암벽 형태들을 / 혹은 인공 암벽을. 그들은 기억해야 한다 / 미리 정해진 경로를 / 그래야 그들은 도달할 것이다 / 정상에 / 떨어지지 않고.

어휘

formation 명 형태
artificial 형 인공의
pre-defined 형 미리 정해진
summit 명 정상
fall 자 떨어지다

06 준동사　　　　정답 (a) to consider

She has her own rules to make her life organized. Whenever she makes a decision, the first thing to v is its priority. She tries to fill her life with what is truly needed for herself and her family.

Step by Step

STEP 1 〉 선택지 안에 동명사(V+ing)나 부정사(to V)가 있으므로 준동사 문제이다.

STEP 2 〉 빈칸 앞에는 명사 the first thing이 있으므로 명사 뒤에 부정사를 넣어야 한다.

STEP 3 〉 부정사 현재시제인 (a)가 정답이다.

해석

그녀는 자신만의 규칙을 가진다 / 만드는 / 자신의 삶을 / 체계적으로. 그녀가 어떤 결정을 내릴 때마다, / 첫 번째 것은 / 고려할 / 그것의 우선 순위이다. 그녀는 노력한다 / 채우기 위해서 / 그녀의 삶을 / 진정으로 필요한 것으로 / 그녀 자신과 그녀의 가족에게.

어휘

rule 명 규칙
organized 형 체계적인, 정리된, 계획된
decision 명 결정
consider 타 고려하다
priority 명 우선순위
fill A with B　A를 B로 채우다

07 가정법　　　　정답 (d) would influence

Any noticeable health benefits or drawbacks of drinking coffee are directly connected to caffeine. Moreover, the effects of caffeine can vary depending on the person. If you were sensitive to it, it 과거조동사+동사원형 you for even 10 hours.

Step by Step

STEP 1 〉 선택지 4개가 모두 동사이고 ~ing로 끝나는 선택지가 2개 미만이므로 가정법 문제이다.

STEP 2 〉 빈칸은 주절 동사이며, if절의 동사는 were (과거시제)이므로 가정법 과거이다. (were은 대표적인 가정법 과거의 if절 동사)

STEP 3 〉 가정법 과거의 주절 동사로 '과거조동사+동사원형'인 (d)가 정답이다.

해석

모든 눈에 띄는 건강상의 이점이나 단점은 / 커피를 마시는 것의 / 직접적으로 연관되어 있다 / 카페인과. 게다가, / 카페인의 효과는 / 다를 수 있다 / 사람에 따라. 만약 당신이 민감하다면 / 카페인에, / 그것은 영향을 미칠 것이다 / 10시간 동안이나.

어휘

noticeable 형 뚜렷한, 현저한, 분명한
benefit 명 혜택, 이득
drawback 명 결점, 문제점
directly 부 직접적으로
sensitive 형 민감한
influence 타 영향을 끼치다

08 should 생략　　　　정답 (b) set aside

It's important to remember that maintenance costs for a car are periodic expenses, as your car will get serviced every few months. My father proposed that I 동사원형 at least $100 per month besides fuel or insurance.

Step by Step

STEP 1 〉 선택지에 동사원형이 있고, 빈칸 앞에 '동사/형용사+that+주어'가 있으므로 should 생략 문제이다.

STEP 2 〉 should가 생략된 동사원형 형태인 (b)가 정답이다.

TIP 〉 should 생략 문제에서 'should'가 생략되지 않고 남아있는 선택지는 오답으로 출제된 적이 있다. 언제나 should가 생략된 동사원형 형태를 선택하자!

해석

중요하다 / 기억하는 것은 / (그게 뭐냐면) 유지관리 비용은 / 차량에 대한 / 정기적인 비용이다. / 왜냐하면 당신의 차는 수리될 것이다 / 몇 개월마다. 나의 아버지는 제안했다 / 내가 따로 떼어둬야 한다고 / 최소 100달러씩 / 매달 / 연료나 보험 외에.

어휘

maintenance 명 유지, 유지관리
cost 명 비용
periodic 형 주기적인, 정기적인
expense 명 비용
set aside 동 곁에 두다, 챙겨두다, 확보하다

09 시제 ★   **정답** (c) was seeing

Richard was requested to speak to his fans about how he started writing and created an appealing story. Filled with deep, varied, and thought-provoking material, his first novel was ~ing huge success when it hit stores this spring.

Step by Step

STEP 1〉 선택지 4개가 모두 동사이고 ~ing로 끝나는 선택지가 2개 이상이므로 시제 문제이다.

STEP 2〉 ~ing로 끝나지 않는 선택지 (a)를 소거한다.

STEP 3〉 빈칸은 주절의 동사이며, 시간/조건부사절 (when절)의 동사는 과거시제(hit)로 과거를 표현하므로 과거시제가 아닌 (b), (d)를 소거한다.

STEP 4〉 남아있는 과거진행 (c)가 정답이다. 기간을 나타내는 'for+숫자기간'이나 'since ~' 등의 표현도 없다.

TIP〉 'it hit'의 동사인 hit은 원형, 과거형, 과거완료형이 모두 hit-hit-hit으로 동일하다. 만일 hit이 현재시제라면, 주어인 it이 3인칭 단수이므로 'hits'가 되었어야 한다. 즉, 이 문장의 hit은 과거시제라는 것을 알 수 있다.

해석

Richard는 요청을 받았다 / 그의 팬들에게 말해달라고 / 어떻게 그가 글을 쓰기 시작했는지 / 그리고 창작했는지 / 호소력있는 이야기를. / 깊고, 다양하고, 시사하는 바가 많은 소재들로 가득한, / 그의 첫 번째 소설은 / 큰 성공을 거두었다 / 그것이 발매되었을 때 / 올봄에.

어휘

request 타 요청하다
appealing 형 매력적인, 흥미로운
varied 형 다양한, 다채로운
thought-provoking 형 시사하는 바가 많은
novel 명 소설
hit store 출시되다, 판매되다

10 가정법   **정답** (b) would have gotten

Many people ask him about the secret of his great-looking skin. He said that had he not stopped popping his pimples, he 과거조동사+have P.P. lots of scars on his skin. This makes sense because when he was a teenager, he suffered from skin problems.

Step by Step

STEP 1〉 선택지 4개가 모두 동사이고 빈칸이 포함된 that절의 문장이 동사로 시작하면서 의문문이 아니므로 가정법 도치 문제이다.

STEP 2〉 빈칸은 주절이며, if절의 동사를 찾아보니 if가 없고 had p.p. 사이에 주어가 있으므로 가정법 과거완료 도치이다.

STEP 3〉 가정법 과거완료의 주절 동사로 '과거조동사+have p.p.'인 (b)가 정답이다.

TIP〉 가정법 문장이 that절 안에 들어있어 문장 구조를 파악하기가 힘들었을 수 있다. 하지만 먼저 선택지 분석을 통해 가정법 문제임을 파악했다면 if가 없는 이런 문제에서 훨씬 더 능동적으로 '가정법 과거완료 도치' 구문을 찾아낼 수 있다. 언제나 문제 유형 파악이 가장 먼저임을 잊지 말자.

해석

많은 사람들이 묻는다 / 그에게 / 비밀에 관해서 / 그의 멋져 보이는 피부의. 그는 말했다 / 만일 그가 멈추지 않았다면 / 여드름을 터뜨리는 것을, / 그는 얻었을 것이다 / 많은 상처를 / 피부에. 이것은 말이 된다 / 왜냐하면 그가 10대였을 때, / 그는 고생했다 / 피부 문제들로.

어휘

pop 타 터뜨리다
pimple 명 여드름, 뾰루지
scar 명 흉터
make sense 동 타당하다, 의미가 통하다
suffer 자 시달리다, 고통받다

11 준동사 정답 (c) losing

As the production line stopped and cash flow slowed down, he risked [v+ing] his house when his company goes bankrupt. If he doesn't succeed in coming up with the money, he would be deprived of everything.

Step by Step

STEP 1 〉 선택지 안에 동명사(V+ing)와 부정사(to V)가 있으므로 준동사 문제이다. have p.p.는 무조건 소거한다.

STEP 2 〉 빈칸 앞에 동사 risked가 있으므로 risk의 목적어를 묻는 문제이다.

STEP 3 〉 risk는 목적어로 동명사를 받는 타동사이다. (암기하자!) 동명사 현재시제인 (c)가 정답이다.

해석

생산라인이 멈추면서 / 그리고 현금 흐름이 둔화되면서, / 그는 위험을 무릅썼다 / 그의 집을 잃을 / 그의 회사가 부도났을 때. 만일 그가 성공하지 못한다면 / 돈을 마련하는 데에, / 그는 빼앗길 것이다 / 모든 것을.

어휘

production 명 생산
cash flow 명 현금 흐름
risk 타 위태롭게 하다, ~의 위험을 무릅쓰다
bankrupt 명 파산
come up with ~을 찾아내다, 내놓다
deprive A of B A에게서 B를 빼앗다

12 준동사 정답 (a) to leave

I was hoping [to v] work early today because there's my son's ballet recital tonight. However, an urgent matter has come up in my office and requires my immediate attention.

Step by Step

STEP 1 〉 선택지 안에 동명사(V+ing)와 부정사(to V)가 있으므로 준동사 문제이다. have p.p.는 무조건 소거한다.

STEP 2 〉 빈칸 앞에는 동사 was hoping이 있으므로 hope의 목적어를 묻는 문제이다. (was hoping은 be ~ing, 즉 진행형 시제의 표현으로 수동태 be p.p. 와 아무런 관련이 없다.)

STEP 3 〉 hope는 목적어로 부정사를 받는 타동사이다. (암기하자!) 부정사 현재시제인 (a)가 정답이다.

해석

나는 희망하고 있었다 / 일찍 퇴근하는 것을 / 오늘 / 내 아들의 발레 발표회가 있기 때문에 / 오늘 밤에. 하지만, 급박한 문제가 발생했다 / 사무실에 / 그리고 필요로 한다 / 나의 즉각적인 관심을.

어휘

leave work 퇴근하다
recital 명 발표회
urgent 형 급박한
come up 동 생기다, 발생하다
immediate 형 즉각적인
attention 명 관심, 주목

13 시제 정답 (d) had been waiting

Dr. Ellie is widely recognized as a world-class cardiac surgeon. She performed over 20,000 cardiac surgeries including over 3,000 high-risk surgeries. One of her patients said that he [had been ~ing] to be treated by her for three years.

Step by Step

STEP 1 〉 선택지 4개가 모두 동사이고 ~ing로 끝나는 선택지가 2개 이상이므로 시제 문제이다.

STEP 2 〉 ~ing로 끝나지 않는 선택지 (c)를 소거한다.

STEP 3 〉 빈칸은 목적어 that절의 동사이며, 기간을 나타내는 표현 'for+숫자기간'이 있으므로 완료시제가 아닌 (b)를 소거한다.

STEP 4 〉 주절 시제가 과거(said)이므로 말하고 있던 당시(과거)까지를 의미하는 과거완료진행 (d)가 정답이다.

해석

Ellie 박사는 널리 알려져 있다 / 세계적인 심장외과 의사로. 그녀는 수행했다 / 20,000건 이상의 심장 수술을 / (그게 뭐냐면) 포함한다 / 3,000건 이상의 매우 위험한 수술을. 그녀의 환자 중 한 명은 말했다 / 그가 기다려 왔다고 / 그녀에게 치료를 받기 위해 / 3년 동안.

어휘

recognize 타 인정하다, 인지하다
cardiac 형 심장의
surgeon 명 외과의사
surgery 명 수술
patient 형 환자
treat 타 치료하다, 다루다

14 관계사   정답 (d) which is the tallest dog

Freddy, which 관계사절 in the world, died at the age of 8-and-a-half years old. Freddy's owner Claire Stoneman said he was not just the tallest dog but the dog with the most love and the biggest heart.

🚶 Step by Step

STEP 1 > 선택지 4개가 모두 관계사로 시작하므로 관계사 문제이다.

STEP 2 > 선행사 'Freddy'가 있으므로 관계사 what으로 시작하는 (a)를 소거한다.

STEP 3 > 선행사 'Freddy' 뒤에 쉼표(,)가 있으므로 관계사 that으로 시작하는 (b)를 소거한다.

STEP 4 > 선행사 'Freddy'가 사람인지 아닌지 확인한다. 선택지에 있는 관계절에 '가장 키가 큰 개'라고 나와 있으므로 사람이 아니다. 관계대명사 who로 시작하는 (c)를 소거한다.

STEP 5 > 남은 선택지 (d)에 관계대명사 which의 관계사절로 주어가 생략된 불완전한 문장이 있으므로 문법상, 해석상 올바르다.

해석

Freddy는, (그게 뭐냐면) 가장 키가 큰 개이다 / 세계에서, / 죽었다 / 8살 반의 나이로. Freddy의 주인 Claire Stoneman은 말했다 / 그는 단지 가장 키가 큰 개였을 뿐만 아니라 / 개였다고 / 가장 많은 사랑과 가장 큰 마음을 가진.

어휘

owner 명 주인

---

15 시제   정답 (a) will have been playing

Many analysts, fans, and players consider Efren Reyes to be the greatest pool player of all time. Reyes is nicknamed "The Magician" for his ability on the pool table. By September he will have been ~ing pool for 18 years.

🚶 Step by Step

STEP 1 > 선택지 4개가 모두 동사이고 ~ing로 끝나는 선택지가 2개 이상이므로 시제 문제이다.

STEP 2 > ~ing로 끝나지 않는 선택지 (c), (d)를 소거한다.

STEP 3 > 빈칸 문장에 미래를 가리키는 전치사 'by(~쯤에)'와 함께 'September'가 쓰였으므로, 9월은 아직 다가오지 않은 미래이다. 미래시제가 아닌 (b)를 소거한다.

STEP 4 > 남아있는 미래완료진행 (a)가 정답이다. 빈칸 문장에 기간을 나타내는 'for+숫자기간'이 있는 것도 확인하자.

해석

많은 분석가들, 팬들, 그리고 선수들은 생각한다 / Efren Reyes를 / 역대 최고의 당구 선수라고. Reyes는 별명이 붙여졌다 / "마법사"라고 / 그의 능력으로 / 당구대 위에서의. 9월쯤이면 / 그는 당구를 쳐왔을 것이다 / 18년 동안.

어휘

analyst 명 분석가
pool 명 포켓볼, 당구
nickname 타 별명을 붙이다

---

16 연결사 ★★   정답 (b) Otherwise

When Jack was riding a bicycle in the park, he stumbled on a stone and fell from bicycle. This had his knee skinned and made his bicycle broken. 반대가정, he wouldn't have to walk his bicycle.

🚶 Step by Step

STEP 1 > 선택지 4개가 모두 접속부사이므로 접속부사 문제이다.

STEP 2 > 해석: 잭이 공원에서 자전거를 타고 있을 때, 돌에 걸려 자전거에서 떨어졌다. 이로 인해 무릎이 까지고 자전거가 망가졌다. (사실 / 그렇지 않았다면 / 하지만 / 그럼에도 불구하고) 그는 자전거를 끌고 갈 필요가 없었을 것이다.

STEP 3 > 앞 문장 내용은 '넘어져서 다치고 자전거 고장남', 뒤의 문장 내용은 '자전거를 끌고 갈 필요가 없었을 것이다'. 여기서 중요한 포인트는 뒤 문장의 동사가 'did not have to ~(~할 필요가 없었다)'가 아니라 'would not have to ~(~할 필요가 없었을 것이다)'라는 점이다. 앞의 일이 일어나지 않았을 때(넘어지지 않아서 다치지 않고 자전거가 부러지지 않았다면) 생길 수 있는 일(끌고 갈 필요가 없었을 것)을 연결해주는 반대가정의 접속부사 'Otherwise'가 해석상 가장 적절하다.

TIP > 모든 연결사 문제가 그렇지만, 이 문제는 특히 본문을 정확하게 해석해야 하고 각 연결사들의 정확한 뜻 또한 알고 있어야 한다.

❶ In fact는 '사실은'이라는 뜻으로 앞 문장의 내용을 반복하여 풀어서 설명하는 부연의 접속부사
❷ However은 '하지만'이라는 뜻으로 논조가 다른 새로운 사실을 제시하는 대조의 접속부사, 혹은 앞 문장의 내용(원인)에 따른 합당한 결과가 아닌 반대 결과가 일어났음을 설명하는 반대인과(역접)의 접속부사
❸ Nevertheless는 '그럼에도 불구하고'라는 뜻으로 앞 문장의 내용(원인)에 따른 합당한 결과가 아닌 반대 결과가 일어났음을 설명하는 반대인과(역접)의 접속부사

해석

Jack이 타고있을 때 / 자전거를 / 공원에서, / 그는 돌에 걸렸다 / 그리고 자전거에서 떨어졌다. 이것은 만들었다 / 그의 무릎이 까지도록 / 그리고 만들었다 / 그의 자전거가 부러지게. 그렇지 않았다면, 그는 끌고 갈 필요가 없었을 것이다 그의 자전거를.

어휘

stumble 자 발이 걸리다, 비틀거리다
fall 자 떨어지다
skin 타 껍질을 벗기다, 가죽을 벗기다
walk 타 걷게 하다, 산책시키다, ~을 끌고 가다

17 가정법　　　　　　　　**정답** (a) would have tried

It was the third time Jarrad had a big argument with classmates. If his parents had been aware of this situation, they 과거조동사+have P.P. to find ways to help him. However, teachers didn't call them because Jarrad promised not to.

🚶 Step by Step

STEP 1 > 선택지 4개가 모두 동사이고 ~ing로 끝나는 선택지가 2개 미만이므로 가정법 문제이다.

STEP 2 > 빈칸은 주절이며, if절의 동사는 had been (had p.p.)이므로 가정법 과거완료이다.

STEP 3 > 가정법 과거완료의 주절 동사로 '과거조동사 +have p.p.'인 (a)가 정답이다.

해석

그것은 세 번째였다 / Jarrad가 크게 다툰 것이 / 반 친구들과. 만약 그의 부모가 알았다면 / 이 상황을, / 그들은 노력했을 것이다 / 그를 도울 방법을 찾으려고. 하지만, 선생님들은 전화하지 않았다 / 그들에게 / 왜냐하면 Jarrad가 그러지 않겠다고 약속했기 때문에.

어휘

argument 명 논쟁, 언쟁, 말다툼
situation 명 상황
be aware of ~을 알다, 알아차리다

18 조동사　　　　　　　　**정답** (b) should

Hypnosis can be used to help you gain control over undesired behaviors or to help you cope better with anxiety or pain. Though, it 의무 only last a few hours for your hunger and other bodily functions.

🚶 Step by Step

STEP 1 > 선택지 4개가 모두 조동사이므로 조동사 문제이다.

STEP 2 > 본문이 전부 일반적인 사실을 서술하는 현재이므로 과거조동사 (c)는 일단 빼둔다. (나머지 선택지 중 적합한 것 없으면 나중에 다시 확인)

STEP 3 > 해석: 최면은 당신이 원치 않는 행동을 통제하거나 불안이나 고통에 더 잘 대처하는 데 도움을 주기 위해 사용될 수 있다. 하지만 배고픔과 기타 신체 기능을 위해 몇 시간 정도만 (지속될지도 모른다 / 지속되어야 한다 / 지속될 수 있다).

STEP 4 > 첫 문장에서 최면의 긍정적인 면을 설명한 후, 역접의 접속부사인 though가 사용되었다. 즉, 최면의 부정적인 면을 드러내는 내용이어야 한다. 최면의 최소 지속 능력/가능성을 묘사하는 can, may는 '배고픔과 신체 기능' 면에서 최면의 부정적인 면을 드러낼 수 없다. 배고픔과 신체 기능에 부정적 영향을 미치는 최면은 지속 시간이 제한되어야 한다는 'should'가 문맥상 가장 적절하다.

해석

최면은 사용될 수 있다 / 돕기 위해서 / 당신이 얻을 수 있도록 / 통제력을 / 원하지 않는 행동에 대한 / 혹은 돕기 위해서 / 당신이 더 잘 대처할 수 있도록 / 불안이나 고통에. 하지만, 그것은 지속되어야 한다 / 몇 시간만 / 당신의 배고픔과 다른 신체 기능을 위해서.

어휘

hypnosis 명 최면
gain 타 얻다
undesired 형 바라지 않은
behavior 명 행동
cope with ~에 대처하다
anxiety 명 불안, 염려
last 자 지속되다

hunger 명 굶주림, 기아
function 명 기능

19 가정법   정답 (c) would not buy

A lot of people are extra cautious about using in-store makeup testers because other people have already used them. However, there are many cases that if one **didn't have** the opportunity to use them, they 과거조동사+동사원형 them.

Step by Step

STEP 1 선택지 4개가 모두 동사이고 ~ing로 끝나는 선택지가 2개 미만이므로 가정법 문제이다.

STEP 2 빈칸은 주절이며, if절의 동사는 did not have (과거시제)이므로 가정법 과거이다.

STEP 3 가정법 과거의 주절 동사로 '과거조동사+동사원형'인 (c)가 정답이다.

해석
많은 사람들은 / 각별히 조심한다 / 사용하는 것에 대해 / 매장 내의 화장품 테스터를 / 왜냐하면 다른 사람들이 이미 사용했기 때문에 / 그것들을. 하지만, 많은 경우들이 있다 / (그게 뭐냐면) 만일 누가 기회를 갖지 않았다면 / 그것들을 사용할, / 그들은 사지 않을 것이다 / 그것들을.

어휘
extra 부 추가로, 더
cautious 형 조심스러운, 신중한
in-store 형 매장 내의
opportunity 명 기회

20 시제   정답 (a) is letting up

A snow warning was posted for Ohio three days ago, and since then the snow was coming thicker and thicker. This cut off travel links across the state. **Right now** the snow is ~ing and people are trying to shovel it.

Step by Step

STEP 1 선택지 4개가 모두 동사이고 ~ing로 끝나는 선택지가 2개 이상이므로 시제 문제이다.

STEP 2 ~ing로 끝나지 않는 선택지 (b), (d)를 소거한다.

STEP 3 빈칸 문장에 현재를 나타내는 표현 right now(바로 지금)가 있으므로 현재시제이다.

STEP 4 빈칸 문장에 기간을 나타내는 'for+숫자기간'이나 'since ~' 등의 표현이 없으므로 현재진행인 (a)가 정답이다.

해석
대설주의보가 발표되었다 / 오하이오주에 / 사흘 전에, / 그리고 그 이후로 / 눈이 오고 있었다 / 점점 더 심하게. 이것은 차단했다 / 구간 통행을 / 주 전역의. 현재 눈이 약해지고 있다 / 그리고 사람들은 노력하고 있다 / 눈을 치우는 것을.

어휘
snow warning 명 대설주의보
cut off 동 차단하다, 가로막다
travel link 명 구간 통행
let up 동 약해지다, 느슨해지다
shovel 타 삽으로 파다, 삽질하다

21 가정법   정답 (b) could have made

Julie went to her friend's housewarming party yesterday. Four of her friends gathered in two years. She had to complete the article commissioned by a journal but it was too fun to leave. If she **had come back** home earlier, she 과거조동사+have P.P. the deadline.

Step by Step

STEP 1 선택지 4개가 모두 동사이고 ~ing로 끝나는 선택지가 2개 미만이므로 가정법 문제이다.

STEP 2 빈칸은 주절이며, if절의 동사는 had come (had p.p.)이므로 가정법 과거완료이다(동사 come의 과거형은 came, 과거완료형은 come이다).

STEP 3 가정법 과거완료의 주절 동사로 '과거조동사 +have p.p.'인 (b)가 정답이다.

해석
Julie는 갔다 / 친구의 집들이에 / 어제. 그녀의 친구 네 명이 모였다 / 2년 만에. 그녀는 완성해야 했다 / 기사를 / (그게 뭐냐면) 의뢰받았다 / 저널로부터 / 하지만 그것이 너무 즐거웠다 / 떠나기에는. 만약 그녀가 돌아왔더라면 / 집에 / 더 일찍, / 그녀는 맞출 수 있었을 것이다 / 마감일을.

어휘
housewarming 몡 집들이
gather 자 모이다
complete 타 완성하다
article 몡 기사
commission 타 의뢰하다
deadline 몡 기한, 마감 시한

22 연결사 ★ 정답 (d) but

Bamboo plant is wonderfully sustainable 대조 bamboo fabric isn't so easy to recycle. The plant bamboo is the natural fastest growing grass without any chemical process. However, the fabric bamboo needs chemical washing.

Step by Step

STEP 1 〉 선택지 4개가 모두 등위접속사이므로 등위접속사 문제이다.

STEP 2 〉 해석: 대나무가 놀라울 정도로 (지속 가능하고 / 지속 가능하지 않다면 / 지속 가능하므로 / 지속 가능하지만) 대나무 직물은 재활용이 쉽지 않다. 대나무는 화학적 처리 없이 가장 빠르게 자라는 자연적인 식물이다. 그러나 대나무 천은 화학적 세척이 필요하다.

STEP 3 〉 앞 절은 '지속 가능한 식물 대나무', 뒤 절은 '재활용이 어려운 직물 대나무'에 대해 이야기하고 있다. 둘은 서로 반대되는 성질을 가지고 있는 대조 관계로 'but'이 가장 잘 어울린다.

TIP 〉 한글로 해석했을 때에는 'and'도 잘 어울린다고 느낄 수 있다. 올바른 해석을 했을 때 자연스러워 보이는 연결사가 2개 이상이라면 그다음은 논리관계를 살펴보아야 한다. 해석 단계에서는 확실한 오답만 제거할 수 있을 뿐이고, 사실상 지텔프 연결사에서 묻는 것은 두 내용 덩어리의 논리 관계이다.

해석
대나무는 / 지속 가능하다 / 놀라울 정도로 / 하지만 대나무 천은 쉽지 않다 / 재활용하기가. 대나무는 자연적인 가장 빨리 자라는 풀이다 / 어떠한 화학적 처리없이. 하지만, 대나무 천은 필요하다 / 화학적인 세척이.

어휘
bamboo 몡 대나무
sustainable 형 (환경 파괴 없이) 지속 가능한
fabric 몡 직물, 천
recycle 타 재활용하다
natural 형 천성의, 본성의; 자연적인

chemical 형 화학적인
process 몡 과정, 처리
washing 몡 세탁, 세척

23 관계사 정답 (c) where one can create one's own scent

The professor of perfume, Conan Fee opened a perfume shop where 관계사절. Using his chemical engineering background, he has developed a system that simplifies the perfume-making process.

Step by Step

STEP 1 〉 선택지 4개가 모두 관계사로 시작하므로 관계사 문제이다.

STEP 2 〉 선행사 'a perfume shop'이 있으므로 관계사 what으로 시작하는 (d)를 소거한다.

STEP 3 〉 남은 선택지의 관계절을 살펴보았을 때, 관계대명사 which와 that 뒤에 완벽한 문장이 오는 (a), (b)는 문법상 틀렸다.

STEP 4 〉 남은 선택지 (c)에 관계부사 where의 관계사절로 완벽한 문장이 있으므로 문법상, 해석상 올바르다.

해석
향수 박사인, Conan Fee는 향수 가게를 열었다 / (거기가 어디냐면) 누구나 창조할 수 있다 / 자신만의 향기를. 그의 화학 공학에의 배경을 이용해서, / 그는 시스템을 개발했다 / (그게 뭐냐면) 단순화시킨다 / 향수 제조 과정을.

어휘
perfume 몡 향수
chemical 형 화학의
engineering 몡 공학
simplify 타 단순화시키다
scent 몡 향기

24 준동사 정답 (c) to shape

In crafting ceramic pieces, there are two main pottery techniques. The first is pottering using only your hands and some simple tools. The second technique is using a potter's wheel to v clay.

Step by Step

STEP 1 〉 선택지 안에 동명사(V+ing)와 부정사(to V)가 있으므로 준동사 문제이다. have p.p.는 무조건 소거한다.

STEP 2 〉 빈칸 앞에는 명사 wheel이 있으므로 명사 뒤에 부정사를 넣어야 한다.

STEP 3 〉 부정사 현재시제인 (c)가 정답이다.

해석

만들 때 / 도자기를, / 두 가지 주된 도예 기술이 있다. 첫 번째는 도예하는 것이다 / 사용해서 / 오직 당신의 손만 / 그리고 몇 가지 간단한 도구들만. 두 번째 기술은 사용하는 것이다 / 도자기 물레를 / 빚기 위해서 / 점토를.

어휘

craft 타 공들여 만들다
ceramic 명 도자기
piece 명 한 개
pottery 명 도예, 도자기
wheel 명 물레, 바퀴
shape 타 (어떤) 모양, 형태로 만들다
clay 명 점토, 찰흙

---

25 가정법   정답 (b) would rent

Ken was assigned to the Tokyo branch as a regional director. The branch office offers a company apartment, but he <u>과거조동사+동사원형</u> a large house to live with his family if he <u>had</u> enough money.

Step by Step

STEP 1 〉 선택지 4개가 모두 동사이고 ~ing로 끝나는 선택지가 2개 미만이므로 가정법 문제이다.

STEP 2 〉 빈칸은 주절 동사이며, if절의 동사는 had(일반동사 have의 과거시제)이므로 가정법 과거이다.

STEP 3 〉 가정법 과거의 주절 동사로 '과거조동사+동사원형'인 (b)가 정답이다.

TIP 〉 항상 동사는 덩어리로 묶어서 보는 습관을 가져야한다. had 뒤에 목적어인 enough money가 나오므로 had p.p. 형태가 아니다.

해석

Ken은 배치되었다 / 도쿄 지사에 / 지역 책임자로. 그 지점은 제공한다 / 회사 아파트를, / 하지만 그는 임대했을 것이다 / 큰 집을 / 그의 가족들과 함께 살 / 만일 그가 충분한 돈을 가졌다면.

어휘

assign 타 배치하다, 맡기다, 선임하다
branch 명 지사
regional 형 지역의
offer 타 제공하다
rent 타 임대하다

---

26 준동사   정답 (a) shredding

Harry admires his father who is a chef at a popular restaurant. He practiced <u>v+ing</u> with his father every night and this inspired him to create his own menu. His dream is to run his own restaurant.

Step by Step

STEP 1 〉 선택지 안에 동명사(V+ing)와 부정사(to V)가 있으므로 준동사 문제이다. have p.p.는 무조건 소거한다.

STEP 2 〉 빈칸 앞에는 동사 practiced가 있으므로 practice의 목적어를 묻는 문제이다.

STEP 3 〉 practice는 목적어로 동명사를 받는 타동사이다. (암기하자!) 동명사 현재시제인 (a)가 정답이다.

해석

Harry는 존경한다 / 그의 아버지를 / (그게 누구냐면) 요리사이다 / 유명한 레스토랑의. 그는 연습했다 / 채써는 것을 / 그의 아버지와 함께 / 매일 밤 / 그리고 이것은 영감을 주었다 / 그에게 / 자신만의 메뉴를 만들도록. 그의 꿈은 운영하는 것이다 / 자신만의 식당을.

어휘

admire 타 존경하다
chef 명 요리사
shred 타 자르다, 채를 썰다
inspire 타 영감을 주다
run 타 운영하다

오랫동안 꿈을 그리는 사람은 마침내 그 꿈을 닮아간다.

- 앙드레 말로 -

좋은 책을 만드는 길, 독자님과 함께하겠습니다.

2026 시대에듀 10회 만에 끝내는 지텔프(G-TELP) 문법 모의고사

개정4판1쇄 발행	2025년 10월 15일 (인쇄 2025년 08월 12일)
초 판 발 행	2021년 04월 05일 (인쇄 2021년 03월 18일)
발 행 인	박영일
책 임 편 집	이해욱
저 자	케이티
편 집 진 행	박종옥 · 장민영
표지디자인	조혜령
편집디자인	박지은 · 하한우
발 행 처	(주)시대고시기획
출 판 등 록	제10-1521호
주 소	서울시 마포구 큰우물로 75 [도화동 538 성지 B/D] 9F
전 화	1600-3600
팩 스	02-701-8823
홈 페 이 지	www.sdedu.co.kr
I S B N	979-11-383-9737-7 (13740)
정 가	15,000원

※ 이 책은 저작권법의 보호를 받는 저작물이므로 동영상 제작 및 무단전재와 배포를 금합니다.
※ 잘못된 책은 구입하신 서점에서 바꾸어 드립니다.